COMPUTACIÓN Y SMARTPHONES PARA ADULTOS

LA TECNOLOGÍA DIGITAL AL ALCANCE DE TODOS

por Virginia Caccuri

RedUSERS

USERS

TÍTULO: Computación y smartphones para adultos

AUTOR: Virginia Caccuri

COLECCIÓN: Manual

FORMATO: 24 x 17 cm

PÁGINAS: 320

ISBN 978-987-46518-0-8

Caccuri, Virginia
Computación y smartphones para adultos / Virginia Caccuri. - 1a ed . - Ciudad Autónoma de Buenos Aires : Six Ediciones, 2017.
320 p. ; 24 x 17 cm. - (Manual Users ; 280)

ISBN 978-987-46518-0-8

1. Computación. 2. Educación de Adultos. 3. Adultos. I. Título.
CDD 005.1

UNA ÉPOCA ANSIADA
REALIDAD VIRTUAL Y AUMENTADA
RedUSERS PREMIUM
POWER
USERS Realidad virtual
USERS Tu vida Nube
REDES WIRELESS
MOTOS
Bootstrap
Huerta Fácil TOMATE
Maquillaje
COCINA
El libro del embarazo

Virginia Caccuri

La autora es docente por profesión y escritora por vocación. Desde su formación como maestra de Nivel Inicial, primero, y luego como profesora de Informática y de Administración de Empresas, ha transitado todos los niveles educativos, desde Inicial hasta Superior, con más de treinta años de trayectoria.

Se ha desempeñado como capacitadora docente en el área de Informática Educativa en la Ciudad Autónoma de Buenos Aires y en la provincia de Buenos Aires, donde descubrió que los cambios en educación solo pueden ser promovidos desde la formación de sus principales actores: los docentes.

A partir de ello, y gracias al apoyo de esta editorial, ha publicado varios libros de informática, y los tres últimos, *Computación para docentes*, *Educación con TIC* (para docentes de nivel inicial y primario) y *Recursos TIC* (para docentes de niveles secundario y superior), continúan el camino de la capacitación docente en el uso de herramientas informáticas.

Agradecimientos

En primer lugar a la editorial que, a través de Matías Duarte, confió nuevamente en mí para este proyecto.

En segundo lugar, pero no por ello menos importante, a Claudio Peña Millahual, mi editor en todo este proceso quien, con sus aportes, cordialidad y respeto, fue uno de los artífices fundamentales para lograr la mayor calidad del contenido que hoy llega a sus manos.

Y en tercer lugar, a todas las personas de la "edad dorada" que me inspiraron por su capacidad de superación y por demostrarme que nunca dejamos de aprender.

Prólogo

Marc Prensky, en su libro *Nativos digitales* (2001), define con esta denominación a quienes nacieron en una cultura nueva, mientras que los "nativos no digitales" son aquellos que provienen del mundo anterior, pues surgieron en la era analógica y se ven obligados a inmigrar al mundo digital, para lo que deben invertir tiempo y esfuerzo si pretenden entenderlo y vivirlo.

En los últimos veinte años hemos asistido a una verdadera explosión de la tecnología; en poco tiempo, la computadora pasó de ser un artefacto de lujo a un elemento de primera necesidad, e internet dejó de ser solo un espacio de jóvenes para considerarse un ambiente esencial para la comunicación.

Es un hecho que, en ningún momento de la historia, la tecnología había sido tan importante ni había acaparado un interés tal que la convirtiera en un componente generacionalmente transversal. Los avances han sido y seguirán siendo vertiginosos, por lo que tanto nativos como inmigrantes digitales debemos saber que el cambio constante será la clave en todo momento.

En la actualidad, cuando los teléfonos inteligentes con sus aplicaciones y las computadoras personales han pasado a convertirse en una extensión del cuerpo, quienes somos inmigrantes digitales debemos esforzarnos aún más por mantenernos al día y ser capaces de sacar el máximo provecho de lo que nos ofrecen las tecnologías actuales.

Aunque para los nativos digitales es una norma, para los adultos y para todos quienes no nacimos en la era digital, conectarnos con el mundo mediante smartphones y redes sociales requiere de habilidades similares al aprendizaje de un nuevo idioma.

Para ser exitosos en la adquisición de estas habilidades, los inmigrantes digitales de todas las generaciones debemos guiarnos por expertos que sean capaces de enseñar, paso a paso, todo lo que necesitamos para entender e insertarnos de la mejor forma en la acelerada era digital. Virginia Caccuri es la guía ideal para iluminarnos en este camino. Ella también es una inmigrante digital que entiende las frustraciones y los miedos de enfrentarnos a un mundo tecnologizado. Virginia es capaz de acompañarnos con eficacia en este fascinante viaje de descubrimiento.

Claudio Peña Millahual
Editor RedUsers

El libro de un vistazo

El objetivo de esta obra es brindar al adulto mayor un acercamiento positivo a las tecnologías digitales de su entorno, con un enfoque simple y claro que le permita manejar con seguridad desde un teléfono celular hasta un Smart TV.

01

TECNOLOGÍAS DIGITALES Y VIDA COTIDIANA

Las pantallas han pasado a formar parte de nuestra vida cotidiana. Pero detrás de ellas hay complejos y potentes dispositivos. Por eso, en este capítulo nos proponemos descubrir qué hay detrás de cada pantalla y cuáles son las principales características de las computadoras, los dispositivos móviles y los televisores inteligentes. Asimismo, se ofrecen consejos prácticos para descubrir cuál es la tecnología más adecuada según nuestras necesidades y preferencias, y qué debemos tener en cuenta antes de comprar una nueva.

02

COMPUTADORAS DE ESCRITORIO Y PORTÁTILES

En este capítulo conoceremos las computadoras de escritorio y las portátiles. Aprenderemos a identificar sus principales componentes, a realizar algunas prácticas con el sistema operativo y a saber qué tipos de programas podemos ejecutar en ellas.

03

DISPOSITIVOS MÓVILES: TABLETS Y SMARTPHONES

Los dispositivos móviles son el tipo de tecnología digital más personal, inmediata y accesible para mantenernos conectados e informados. En este capítulo aprenderemos a configurar un dispositivo Android, administrar contactos y a buscar e instalar aplicaciones. También se ofrece un listado de apps increíblemente útiles para la tercera edad, que pueden ser aprovechadas en diferentes aspectos, como la salud, el ejercicio físico y mental, o el entretenimiento.

04

WHATSAPP

WhatsApp se ha convertido en una aplicación imprescindible para mantenernos conectados en todo momento con familiares y amigos. En este capítulo aprenderemos los conceptos clave y algunos trucos de este programa de mensajería.

05

INTERNET

Internet es el centro neurálgico de las tecnologías digitales y está presente en casi todas ellas. Para comprender este fenómeno, aprenderemos qué es un navegador web, una dirección URL y un buscador. Además, se ofrece un listado de sitios web clave, que toda persona de la tercera edad debe conocer, vinculados con el cuidado de la salud, los viajes o la búsqueda de pareja, entre otros.

06

EL CORREO ELECTRÓNICO

Una cuenta de correo electrónico no solo nos permite comunicarnos con muchas personas, sino que también es la puerta de acceso a otros servicios de internet, como las redes sociales. En este capítulo aprenderemos a crear una cuenta en Gmail, a leer y redactar correos, y a cuidar la seguridad al emplear este medio.

07

REDES SOCIALES

Las redes sociales se han convertido en un fenómeno que transformó la manera en la que nos relacionamos. Para las personas mayores no solo son un entretenimiento, sino también un medio para alejar la soledad. Conoceremos las características de las redes sociales más utilizadas y aprenderemos a dominar los principales aspectos de Facebook. También se ofrecen consejos para usar las redes sociales de forma segura.

08

SKYPE

Skype nos permite romper las barreras de la distancia. Comunicarnos cara a cara con otra persona a través de una pantalla permite mantener el contacto de un modo que ningún otro medio nos ofrece. Para aprovechar sus ventajas, aprenderemos a descargar e instalar este programa, a buscar y agregar contactos, a realizar una videollamada y las acciones que podemos ejecutar durante su transcurso.

09

INFORMACIÓN ÚTIL

En este último capítulo se ofrece información sobre temas diversos, vinculados con el uso de las tecnologías digitales. Aprenderemos a mantener una postura correcta cuando usamos la computadora y los dispositivos móviles, a gestionar nuestro homebanking y a manejar un Smart TV.

Contenido

03

DISPOSITIVOS MÓVILES: TABLETS Y SMARTPHONES

04

WHATSAPP

05

INTERNET

06

EL CORREO ELECTRÓNICO

Introducción

Las tecnologías digitales forman parte de nuestra vida diaria. Nos encontramos con ellas en todas partes. Y aunque al llegar a una cierta edad puedan parecernos extrañas, conocerlas nos permite sentirnos más seguros y con mayores recursos para enfrentar el presente, más actualizados y en sintonía con las nuevas generaciones, en particular con nuestros hijos y nietos, pero también con nuestros pares que lograron entender y disfrutar estos nuevos recursos del presente.

A partir de esta premisa, se seleccionaron los diferentes temas incluidos en este libro, teniendo en cuenta las necesidades y las características de aquellas personas que no crecieron junto con las nuevas tecnologías, es decir, los nativos no digitales. Esta obra también está pensada para que los adultos mayores puedan enfrentar los miedos y las inseguridades que el uso de la tecnología puede generar. Estamos convencidos de que las tecnologías digitales promueven la integración, el intercambio de ideas e informaciones, reducen el aislamiento y favorecen la estimulación mental. Y sabemos que incorporar nuevos esquemas para la comprensión de estos lenguajes que se imponen en un mundo rodeado de pantallas puede resultar menos sencillo para los adultos mayores que para otras edades, pero no es imposible. Solo exige más tiempo, más dedicación y más ganas de aprender.

Este libro es para todos aquellos que, después de haber disfrutado de muchas cosas, no quieren perderse nada del mundo actual. Es para todos los que piensan y sienten que tener 60, 70, 80 o, incluso, 90 años es solo una cuestión de juventud acumulada, por eso mantienen el cerebro activo y sus ganas de aprender y pertenecer intactas. Pero también para los más jóvenes que quieren actualizarse: para todos ellos, este libro pretende ser una guía y un acompañamiento paso a paso, con instrucciones fáciles, claras y precisas, sin complicaciones ni tecnicismos, que nos ayuden a acercarnos a todas las posibilidades que ofrecen las variadas tecnologías digitales presentes en nuestro entorno.

Virginia Caccuri
virginiacaccuri@gmail.com

01 Tecnologías digitales y vida cotidiana

La tecnología llegó para quedarse y hacer nuestra vida más fácil; sin embargo, por temor o desconocimiento, podemos sentirnos abrumados por los nuevos dispositivos que han transformado todo lo que hasta ahora era conocido. Acercarnos a las nuevas tecnologías es el primer paso para vencer las resistencias y descubrir los beneficios que nos ofrecen.

UN MUNDO LLENO DE PANTALLAS

Vivimos rodeados de pantallas. En nuestras casas, en las calles, en los medios de transporte o en centros comerciales, las pantallas forman parte de nuestro entorno cotidiano. Queramos o no, somos parte de lo que algunos autores denominan **sociedad multipantalla**, porque estas se han convertido en las intermediarias casi inevitables en las relaciones con el mundo y con los demás.

Las pantallas –de formas, funcionalidades y tamaños diferentes– han pasado a ser los accesorios más importantes de nuestras vidas, porque son el contacto con la mayoría de las actividades que realizamos de forma cotidiana: comunicarnos con otros, informarnos, entretenernos, retirar dinero de un cajero automático, ver películas, e incluso, leer un libro.

Este universo de posibilidades puede ser también una barrera. Las pantallas son solo la parte visible de complejos y potentes dispositivos que, a veces, se tornan más amenazantes que amigables, si no nos

Figura 1. ¿Recuerda usted cuáles fueron sus sensaciones y emociones al encontrarse por primera vez frente a la pantalla de un cajero automático?

atrevemos a "enfrentarlos" y a apropiarnos de ellos. Computadoras, tablets, dispositivos móviles y televisores inteligentes son solo algunos ejemplos de las tecnologías digitales que nos rodean a diario y conforman un escenario diferente al que crecimos, nos educamos y trabajamos en épocas anteriores.

Es cierto que la evolución vertiginosa de la tecnología que nos rodea colacobora para que no seamos capaces de comprender aún con exactitud lo que está sucediendo a nuestro alrededor; pero no es menos cierto que, si no estamos preparados para enfrentar estos cambios, difícilmente podremos integrarnos y adaptarnos a esta realidad.

Por eso, en este capítulo nos proponemos descubrir qué hay detrás de cada pantalla y cuáles son las características de algunas de las tecnologías digitales que atraviesan nuestra vida cotidiana.

COMPUTADORAS DE ESCRITORIO

Las pantallas de las computadoras son, tal vez, las más conocidas. Estamos habituados a verlas en nuestro hogar, en los comercios, en las oficinas, en los aeropuertos o en el banco; están presentes en nuestra vida desde hace varias décadas. En sus orígenes, fueron diseñadas para ser instaladas en una ubicación fija (como un escritorio, de ahí su nombre), y aunque la evolución de los dispositivos móviles ha hecho que se estanque un poco su desarrollo actual, continúan vigentes y siguen siendo una gran opción para los más tradicionales, para los que

LA ERA POST-PC

El término **Post-PC** fue introducido por Steve Jobs en el año 2010 cuando presentó el iPad y aseguró que la computadora personal sería reemplazada totalmente por los dispositivos móviles. Y en parte es cierto, porque desde un smartphone o una tablet podemos enviar y recibir correos electrónicos, navegar por internet, realizar videollamadas, escuchar música, editar archivos y fotografías, entre otras tareas. Sin embargo, aunque la PC ha dejado de ser el centro, seguimos utilizándola para la mayoría de las actividades principales.

no necesitan trasladar el equipo y prefieren trabajar sentados frente a una pantalla de mayor tamaño, utilizando un teclado más cómodo y un mouse más amigable. Son también la opción más accesible para los que les gusta escribir o llevar el control de su contabilidad personal, comunicarse a través del correo electrónico o las redes sociales, buscar información en la Web, editar imágenes o videos, entre otras opciones.

Dentro de esta categoría encontramos tres tipos de computadoras: **PC**, **Mac** y **All in One**. Aunque comparten características comunes, también presentan diferencias que es importante tener en cuenta, especialmente si estamos pensando en adquirir una.

PC

El término PC (siglas en inglés para *Personal Computer*) es utilizado universalmente para definir a las computadoras personales. Y aunque dentro de esta definición también podemos incluir a los equipos portátiles, el concepto ha quedado ligado a las computadoras de escritorio que emplean el sistema operativo **Windows**.

Por lo tanto, identificaremos como PC a una computadora de escritorio, en la que se pueden ejecutar programas para el

Figura 2. Las computadoras de escritorio ofrecen la posibilidad de trabajar con ellas cómodamente sentados.

procesamiento de textos, la gestión de planillas de cálculo y bases de datos, la navegación en internet, el envío y la recepción de correo electrónico, la reproducción de medios digitales, juegos, entre otras actividadeas, compatibles con Windows.

Una PC está formada por una serie de elementos conectados entre sí para el funcionamiento del sistema; los principales son:

- El gabinete: consiste en una "caja" que contiene en su interior la fuente de alimentación, la placa base, el disco duro y, frecuentemente, una unidad de disco óptico.
- Monitor o pantalla: es el elemento de visualización de la computadora. Las pantallas actuales pueden ser **LCD** (de cristal líquido) o **LED** (pantalla plana), de diferentes dimensiones que pueden llegar hasta las 32 pulgadas.
- Teclado: es, tal vez, una de las mayores ventajas de las computadoras de escritorio. Es más amplio que en otros dispositivos y facilita las tareas de introducción de texto. La disposición de las teclas del alfabeto sigue la misma distribución de las antiguas máquinas de escribir, aunque se han agregado teclas para adecuarlos a las funciones de una computadora.

Figura 3. El teclado y el mouse de una computadora de escritorio son los dispositivos más cómodos para el ingreso o la selección de datos y texto. Esta comodidad es una de las ventajas frente a otros dispositivos.

- Mouse: se ha convertido en un elemento indispensable para operar sobre las interfaces gráficas actuales. Es un pequeño dispositivo que controla el movimiento de un puntero en dos dimensiones y convierte los desplazamientos (hacia atrás y hacia adelante, izquierda y derecha) en señales electrónicas que se utilizan para mover el puntero. Dicho en otras palabras, replica los movimientos realizados por nuestra mano. También permite seleccionar objetos en pantalla pulsando los botones, en procedimientos que se conocen como **clic** y **doble clic**.

Mac

Macintosh o Mac es una computadora de escritorio diseñada y comercializada por la compañía **Apple Inc.**, que también desarrolló un **sistema operativo exclusivo** para este tipo de equipos, conocido como **OS X**, aunque actualmente las computadoras Mac pueden ejecutar otros sistemas operativos, como Windows o Linux.

Las computadoras Mac son equipos muy potentes, de gran diseño, y más seguras y estables que las PC. Y aunque podemos hacer con

Figura 4. A simple vista, no existen grandes diferencias entre una computadora Mac y una PC. Sin embargo, las primeras pueden ser más adecuadas para usuarios especializados.

ellas prácticamente lo mismo, es importante tener en cuenta algunas características que las diferencian:

- **Precio**: en líneas generales, son más costosas, aunque su precio está íntimamente vinculado con la calidad que ofrecen.
- **Aplicaciones**: las computadoras Mac son adecuadas para un público especializado, sobre todo dedicado al diseño gráfico y la edición de multimedia.
- **Mantenimiento**: requieren de un servicio técnico especializado.
- **Integración con otros dispositivos**: si tenemos un iPhone o un iPad, la computadora Mac se integrará en un ecosistema perfecto.

All-in-One

All-in-One o **AIO** es la expresión que se utiliza comúnmente para las computadoras de escritorio integradas o **todo en uno**. Es decir que el monitor –generalmente de pantalla táctil– tiene incorporados los principales componentes que, en una computadora de escritorio convencional, se encuentran dentro del gabinete: la placa base, el microprocesador y el disco duro. Esta característica le añade valor estético porque se eliminan los cables exteriores, pero trae también algunos inconvenientes. Al integrar todo en un monitor, estos equipos tienden a recalentarse y pierden potencia.

Las computadoras All-in-One fueron diseñadas para facilitar al usuario su conexión y puesta en funcionamiento. Sin embargo, la mayoría de los equipos todo-en-uno presentan dificultades y limitaciones para personalizar o actualizar los componentes internos,

BOOT CAMP

Boot Camp es un programa que permite instalar y ejecutar diferentes versiones de Windows (XP, Vista, 7, 8, 10) y el sistema operativo Linux en una computadora Mac sin que esta pierda su propio sistema operativo original Mac OS. El programa crea una **partición** en el disco (un sector específico) para Windows o Linux, y de ese modo, se puede intercambiar entre los sistemas operativos y utilizar el que se necesite para ejecutar una aplicación determinada.

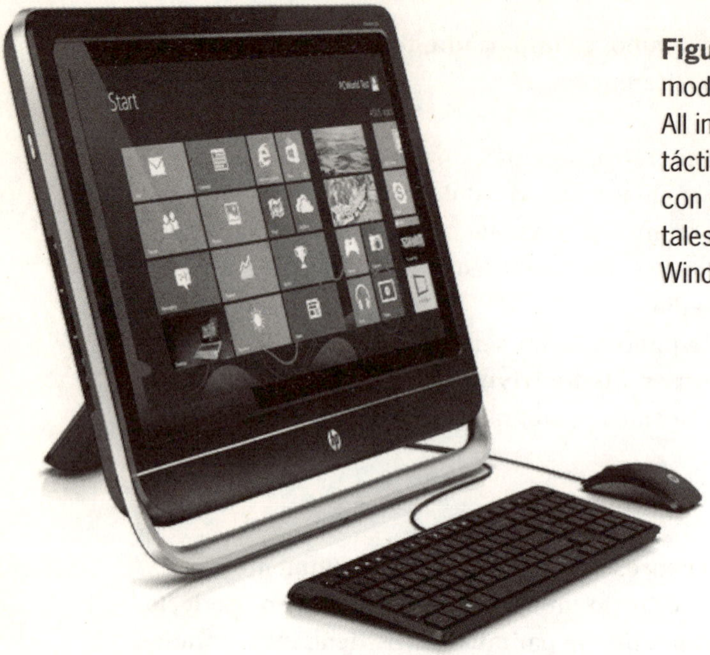

Figura 5. Algunos modelos de computadoras All in One incluyen pantalla táctil para ser compatibles con sistemas operativos tales como Windows 8 y Windows 10.

porque el chasis del sistema no proporciona fácil acceso, y, por lo tanto, la falla de algunos componentes puede significar que todo el equipo deba ser sustituido, en forma independiente del estado de los componentes restantes.

Dentro de este grupo debemos distinguir dos categorías: las PC All-in-One, que utilizan sistema operativo Windows; y las iMac, que son computadoras Mac todo-en-uno y utilizan el sistema operativo Mac OS X.

¿Cuál es la mejor?

¿PC, Mac o Todo-en-Uno? La mejor computadora es aquella que resulta más conveniente para nuestras necesidades y preferencias, más allá de la última moda tecnológica. Es necesario reiterar que los tres tipos mencionados ofrecen similares posibilidades y prestaciones; pero tienen algunas diferencias importantes que se pueden convertir en ventajas o desventajas, de acuerdo con nuestras expectativas.

Para determinar cuál de ellas será la más adecuada, podemos consultar la **Tabla 1** que se encarga de sintetizar las principales características de los tres tipos de computadoras, para compararlas y analizarlas críticamente.

COMPARACIÓN DE LAS PRINCIPALES COMPUTADORAS DE ESCRITORIO			
▼ ASPECTOS POR CONSIDERAR	▼ PC	▼ MAC	▼ ALL - IN - ONE
Precio	La amplia variedad de marcas y modelos, y la alta competencia del mercado hacen que se presenten como las más accesibles.	Debido a la alta calidad de sus componentes, son las más caras.	Su precio es similar al de una notebook.
Sistema operativo	Windows o Linux.	Mac OS X, con posibilidad de instalar Windows o Linux.	Windows para las PC All-in-One y Mac OS X para las iMac.
Pantalla	Los tamaños comunes de pantalla oscilan entre las 15 y las 32 pulgadas.	Las computadoras de escritorio Mac Mini y Mac Pro, no incluyen pantalla y es necesario adquirirla por separado.	Los tamaños oscilan entre las 19 y las 27 pulgadas. Algunos modelos incluyen pantalla táctil.
Juegos	La más amplia variedad.	Limitados y con pocas actualizaciones.	Debido a las posibilidades gráficas de la pantalla, se destacan los juegos en 3D.
Mas adecuada para...	Usuarios de nivel básico que desean realizar tareas comunes.	Usuarios especializados que necesitan de una mayor capacidad para la edición de multimedia.	Los que buscan diseños novedosos y de alto valor estético.
Desventajas	Sistemas más inestables con mayor vulnerabilidad (fallos inesperados, vírus, etcétera).	Mantenimiento y reparación solo con servicio técnico especializado.	Se recalientan con facilidad y tienen limitaciones para su reparación.

Tabla 1. La decisión de comprar una computadora de escritorio no se debe basar en "modas", sino en lo que creemos que funciona mejor para nosotros.

COMPUTADORAS PORTÁTILES

Una computadora portátil no es otra cosa que una computadora personal móvil o transportable. Esta característica es posible gracias a la reducción de su tamaño y peso, pero, fundamentalmente, debido a la incorporación de una batería que permite que funcione, sin estar conectada a la red eléctrica.

Resulta interesante la traducción del término que se utiliza en inglés para denominar a estos dispositivos, **laptop**, en el que se diferencian dos palabras: **lap** que significa 'regazo' y **top**, que se traduce como 'encima'. Es decir que se trata de una computadora que podemos utilizar apoyándola sobre nuestras piernas.

El impacto que han tenido estos dispositivos provocó el estancamiento en el desarrollo de las computadoras de escritorio; los usuarios adoptaron muy rápido estas tecnologías que ofrecen las mismas prestaciones que sus antecesoras, pero añaden la ventaja de la movilidad. En muchos casos, se utilizan como computadoras de escritorio porque no existe la necesidad de transportarlas, y se aprecia como ventaja distintiva que ocupan muy poco espacio e, incluso, pueden cerrarse y guardarse en el estante de una biblioteca.

Otra característica interesante es que tienen un consumo de energía mucho menor que el de una computadora de escritorio, aun cuando la utilicemos conectada a la red eléctrica.

Figura 6. La principal ventaja de una computadora portátil es que puede ser utilizada en cualquier lugar.

Más allá de su éxito, estos equipos presentan algunas desventajas que es necesario tener en cuenta:

- **Limitaciones para la actualización**: al igual que en las computadoras todo-en-uno, no es sencillo reparar o reemplazar componentes, o mejorar la memoria; esto requiere que, muchas veces, sea necesario cambiar todo el equipo.
- **Posición de la pantalla**: por lo general se sitúa por debajo de la línea de visión, lo que implica que debemos inclinar la cabeza constantemente, postura que puede provocar molestias en la zona cervical.
- **Mouse**: el mouse táctil, integrado al teclado de estos equipos, es muy difícil de controlar. Si tenemos la posibilidad de usar el equipo portátil apoyado sobre una mesa o un escritorio, es recomendable conectar un mouse convencional.

Aunque comparten características comunes, no todas las computadoras portátiles son iguales. Existen categorías que sirven, entre otras cosas, para diferenciarlas tanto por sus capacidades como por el tipo de usuarios a los que están dirigidas.

Notebooks

Las notebooks son las computadoras portátiles más grandes y costosas, pero son aquellas que ofrecen las mismas prestaciones que una computadora de escritorio, incluyendo lectograbadoras de medios ópticos, como CDs y DVDs. Son también las que poseen las pantallas más grandes, que pueden llegar hasta las 17 pulgadas. El tamaño de la pantalla incide necesariamente sobre el tamaño del equipo (porque todos los componentes están integrados) y, por lo tanto, en su peso, que puede alcanzar hasta los 4 kilogramos. Las pantallas de 14 o 15 pulgadas son las más comunes.

Dentro de este grupo encontramos dos líneas de productos: los que tiene sistema operativo Windows o Linux, y las **MacBook**, con sistema operativo Mac OS X. Las primeras son fabricadas

Aunque son costosas, las notebook ofrecen las mismas prestaciones que una PC de escritorio.

Figura 7. Desde el año 2008 todas las notebooks poseen conexión WiFi para acceder a internet de forma inalámbrica, en cualquier lugar en el que esté disponible este servicio.

por diversas compañías, como HP, Sony, Lenovo, Dell, Toshiba, solo por mencionar a las más conocidas, mientras que las MacBook son fabricadas únicamente por Apple.

La mayoría de estos equipos presenta limitaciones en cuanto a la duración de la batería, que ofrece hasta 3 horas de autonomía. A pesar de esto son los equipos más utilizados en el campo laboral y también se ha acrecentado su uso en los hogares. En líneas generales, son las más adecuadas para los que buscan toda la potencia de una computadora de escritorio, pero con menor tamaño y portabilidad.

Ultrabooks

Las ultrabooks son computadores portátiles más livianas y delgadas que las notebooks, con un peso inferior a los dos kilogramos y un grosor que no supera los dos centímetros. **MacBook Air** fue la primera ultrabook, desarrollada por Apple en el año 2008. En la actualidad, se ofrece en dos modelos, con pantallas de 11 o 13 pulgadas y con un peso de 1,08 y 1,35 kg, respectivamente. Es uno de los pocos equipos portátiles que ofrece 12 horas de autonomía.

Figura 8. De acuerdo con Apple, MacBook Air es la portátil más respetuosa con el medio ambiente, ya que su cubierta es de aluminio, y su monitor no contiene arsénico ni mercurio.

Posteriormente, empresas como EXO, Lenovo y Samsung desarrollaron modelos ultradelgados, impulsados por la compañía fabricante de microprocesadores Intel, para competir con MacBook Air. Como ya hemos visto en los casos anteriores, una de las principales diferencias es el sistema operativo: mientras que todas las computadoras de Apple utilizan el Mac OS X, en las restantes encontraremos Windows. Con respecto al tiempo de autonomía de estos equipos, este oscila entre 8 y 10 horas, que es mucho más de lo que ofrecen las notebooks.

LAS PORTÁTILES Y LOS DOLORES CERVICALES

Expertos en traumatología, cirugía de mano, kinesiología y fisiatría coinciden en que, en los últimos años, aumentaron las consultas por dolores cervicales. Para los especialistas, la causa es que la posición del monitor en una computadora portátil obliga a adelantar la cabeza y redondear la columna lumbar, lo que provoca modificaciones en las curvas normales necesarias para el buen funcionamiento de la columna.

Debido a su peso y a la mayor autonomía de la batería, se han convertido en las preferidas de aquellos que necesitan trasladarse constantemente con su equipo, aprovechando toda la potencia y el rendimiento de una computadora de escritorio o de una notebook.

Netbooks

Las netbooks son computadoras portátiles de **tamaño más pequeño** que las notebooks o las ultrabooks, y de menor precio. Su mismo nombre nos anticipa que es un equipo adecuado para navegar por internet (*net* significa 'red' en inglés), aunque también podemos realizar otras tareas, como escribir y recibir correos electrónicos, utilizar un procesador de textos o una hoja de cálculo, entre otras. Por lo tanto, su principal función es la de brindar un equipo fácilmente transportable para la realización de tareas básicas desde cualquier lugar.

Figura 9. Las netbooks fueron concebidas para ofrecer un tipo de computadora portátil de bajo costo y tamaño reducido.

Si revisamos la descripción anterior, enseguida notaremos que sus prestaciones no difieren demasiado de lo que actualmente podemos realizar con una tablet o un smartphone; sin embargo, a diferencia de estos dispositivos, tienen un teclado completo, aunque más reducido que el de las notebook o las ultrabooks. Las pantallas de estos equipos también son menores, y oscilan entre las 7 y las 11 pulgadas.

Al tener que integrar todos sus elementos físicos en un espacio reducido, se ven afectadas en otros aspectos, como por ejemplo, no cuentan con unidades ópticas para lectura y escritura de CDs y DVDs, además su rendimiento es menor. En la mayoría de los casos, poseen una webcam incorporada, puerto USB, Bluetooth, conexión WiFi, parlantes y micrófonos; de esta manera, nosa ofrecen un completo equipo portátil para mantenernos conectados a internet en forma permanente. La autonomía de la batería llega aproximadamente a las 2 horas.

Los escasos recursos de memoria y procesador de estos equipos hace que sea difícil ejecutar los sistemas operativos más actuales, como Windows 7, 8 o 10. Pero funcionan muy bien con versiones anteriores de Windows o Linux.

Su bajo costo hizo posible su distribución gratuita a estudiantes y docentes de escuelas públicas, a través de planes gubernamentales de inclusión digital. No obstante, pueden ser adecuadas para aquellos usuarios que buscan una computadora portátil para navegar por internet y más cómoda que un dispositivo móvil para escribir o consultar el correo electrónico.

Sin embargo, debemos tener en cuenta que el tamaño reducido de la pantalla puede ser una desventaja si utilizamos el equipo varias horas por día. Es importante aclarar que las empresas de tecnología han dejado de fabricar este tipo de dispositivo, ya que fueron reemplazos por smartphones que cumplen la misma función.

Los equipos convertibles ofrecen una experiencia de notebook y tablet en un mismo dispositivo.

Convertibles

También denominadas **2 en 1** o **híbridas**, funcionan como tablet y notebook al mismo tiempo. Estos equipos delgados y ultralivianos –con un grosor que no supera los dos centímetros y con un peso menor a los dos

Figura 10. Las portátiles **2 en 1** se caracterizan porque la pantalla puede girar 180° o plegarse, de manera que podemos transformarla fácilmente en una tablet.

kilogramos– presentan un diseño que permite tanto su rotación como el desprendimiento del teclado, para transformar la pantalla táctil del equipo en una tablet. Es decir, que ofrecen las prestaciones de una tablet, sin resignar las herramientas productivas propias de una notebook. Aunque desde la pantalla táctil de una tablet podemos realizar actividades de escritura, esta tarea puede resultar un poco difícil desde el teclado táctil; por lo tanto, estas computadoras convertibles están orientadas al usuario móvil que aprecia las ventajas de una interfaz táctil, pero requiere del uso de un teclado convencional para ejecutar determinadas tareas.

¿Cuál es la más adecuada para mí?

Si no tenemos una computadora y decidimos adquirir una, nos enfrentamos a una ardua batalla publicitaria y a las sugerencias de familiares y amigos, que intentarán recomendarnos "lo mejor" basados en sus propias experiencias. Lo primero que debemos analizar es para qué queremos una computadora, y cuáles son nuestros usos y prácticas habituales. Aquí es necesario enfatizar que las computadoras de escritorio –de cualquiera de los tres tipos mencionados antes– son las más adecuadas para quienes no dependen de la movilidad porque no necesitan trasladarlas, para quienes necesitan de pantallas más grandes para asegurar una mejor calidad de visión, y para quienes prefieren escribir, jugar y trabajar con el equipo sentados a un escritorio. Además, las computadoras de escritorio son las más potentes y ofrecen la ventaja de ser **expansibles**, es decir, podemos agregar memoria o dispositivos para mejorar su rendimiento.

Pero si preferimos trasladar nuestra computadora a distintos lugares para, por ejemplo, controlar nuestros gastos diarios en una planilla de cálculo mientras tomamos el desayuno en la cocina o en un bar, o queremos consultar en internet, desde el sillón de nuestro living o desde el dormitorio, diferentes opciones para planificar un viaje, debemos pensar en un equipo portátil. A su vez, estos equipos son recomendables para ambientes pequeños, ya que no necesitan de un escritorio o de grandes espacios para ser utilizados.

COMPARACIÓN DE COMPUTADORAS PORTÁTILES

▼ ASPECTOS POR CONSIDERAR	▼ NOTEBOOK	▼ ULTRABOOK	▼ NETBOOK	▼ CONVERTIBLE
Peso	Entre 2 y 4 kg.	Entre 1 y 2,5 kg.	Entre 1 y 1,5 kg.	Desde menos de 1 hasta 2 kg.
Grosor	Entre 2 y 4 cm.	Entre 1,8 y 2,5 cm.	2 cm o menos.	Entre 1 y 1,8 cm.
Pantalla	Entre 11 y 17 pulgadas.	Entre 11 y 14 pulgadas.	Entre 7 y 10 pulgadas.	Entre 10 y 13 pulgadas.
Autonomía	Menos de 4 horas.	Hasta 12 horas.	3 horas o menos.	Hasta 8 horas.
Mas adecuada para...	Usuarios que desean todas las ventajas de una PC y disponen de poco espacio.	Quienes desean una notebook más liviana.	Quienes desean un equipo básico para navegar por internet y realizar tareas sencillas.	Usuarios a quienes no les alcanza una tablet, pero priorizan la movilidad.

Tabla 2. Los datos proporcionados en esta tabla son solo orientativos y pueden variar debido a que constantemente aparecen nuevos modelos.

En la **Tabla 2** se exponen, de forma sintética, algunas de las principales características de los diferentes tipos de computadoras portátiles, para ayudarnos a elegir cuál es la más adecuada a nuestras posibilidades y preferencias.

En esta comparación hemos dejado de lado el precio, ya que este puede tener grandes variaciones según la marca y el modelo. En todos los casos, las netbooks son las de menor precio.

Tal vez, lo primero que debemos plantearnos antes de elegir una computadora portátil es el tamaño de la pantalla. Si vamos a pasar muchas horas delante del equipo, si la mayor parte del tiempo lo utilizaremos en casa sin desplazarlo o tenemos dificultades de visión, una pantalla grande es más adecuada, aunque implique un mayor peso. Es preferible cargar con un poco más de peso cuando nos desplacemos, a cambio de trabajar más cómodos.

¿Qué mirar antes de comprar?

Tanto si deseamos comprar una computadora de escritorio como una portátil, nos enfrentamos a una serie de especificaciones técnicas que, a simple vista, resultan difíciles de comprender. Cuando buscamos en internet o leemos algún aviso impreso, aparece un listado de términos como “procesador” o “memoria RAM” acompañados además de medidas como “Ghz” o “GB”, que pueden desorientarnos si no comprendemos su significado.

Las características o especificaciones técnicas que se describen a continuación están presentes tanto en las computadoras de escritorio como en las portátiles, y nos permitirán tomar una decisión informada en el momento de comprar una nueva computadora.

¿QUÉ SIGNIFICA *AUTONOMÍA*?

La autonomía de la batería es el tiempo que dura encendido el dispositivo sin necesidad de estar conectado a la corriente. Este concepto se aplica tanto a las computadoras portátiles como a los dispositivos móviles (teléfonos celulares y tablets), porque es lo que, precisamente, permite la movilidad. Esta autonomía se mide en horas, y su duración varía si el equipo está en funcionamiento activo o en reposo.

Figura 11. Las especificaciones técnicas de una computadora pueden parecer totalmente ininteligibles. Sin embargo, estas características son las que describen a un equipo, y es importante tenerlas en cuenta.

IMAGEN	
TAMAÑO DE PANTALLA	14"
PANTALLA TÁCTIL	NO
PLACA DE VIDEO	INTEL HD GRAPHICS SOPORTA MICROSOFT DIRECTX 11
RESOLUCIÓN DE PANTALLA	1366 X 768
CONECTIVIDAD	
BLUETOOTH	NO
PUERTOS HDMI	SI
PLACA DE RED	SI
PUERTOS USB	3
WI-FI	SI

CAMARA	SI
TECLADO NUMÉRICO	NO
SISTEMA OPERATIVO	
SISTEMA OPERATIVO	WINDOWS 10
MEMORIA	
DISCO RÍGIDO	500 GB
MEMORIA RAM	4 GB
PROCESADOR	
PROCESADOR	INTEL CELERON
MOD. PROCESADOR	N3540 BAYTRAIL

Procesador

El procesador –también denominado **microprocesador** o simplemente, **micro**– es el circuito integrado más complejo del sistema, a tal punto que suele ser comparado con el cerebro humano. La marca, el modelo y la velocidad del procesador determinan en gran medida el precio del equipo, pero también su rendimiento.

Las dos principales compañías fabricantes de procesadores son Intel y AMD. Los procesadores Intel son los de mejor calidad (también los más caros), de alto rendimiento y mayor duración. Los procesadores AMD son más económicos, y su rendimiento puede ser similar a los Intel, pero duran menos y en los equipos portátiles se recalientan con más facilidad, lo que puede afectar la vida útil del equipo.

Intel ofrece tres versiones de procesadores, denominados **Core i3**, **Core i5** y **Core i7**; este último es el más potente y el más caro.

Figura 12. Aunque el proceso de fabricación de un microprocesador es muy complejo, su componente principal es el silicio, que se extrae de la arena.

En cuanto a AMD, ofrece diferentes versiones para las computadoras de escritorio (AMD FX. AMD Athlon, AMD APU Serie A, AMD APU Athlon y AMD APU Sempron), y AMD Phenom Triple Core y AMD APU para computadoras portátiles.

No siempre el último modelo o el más caro es el más adecuado para nosotros. Sin embargo, una característica que debemos considerar es la velocidad del procesador, que no es otra cosa que la capacidad de procesar información. Un procesador más rápido podrá ejecutar mayor cantidad de tareas en menor tiempo. La velocidad del procesador se mide en **gigahercios** (**Ghz**). Debido a la complejidad de los programas actuales y a la cantidad de aplicaciones simultáneas que solemos ejecutar en una computadora, actualmente no es recomendable un procesador inferior a los 2 Ghz.

Memoria RAM

La memoria RAM (*Random Access Memory*, por sus siglas en inglés) puede definirse como 'memoria de trabajo', porque es la que permite la ejecución de los programas y archivos. En palabras sencillas, es

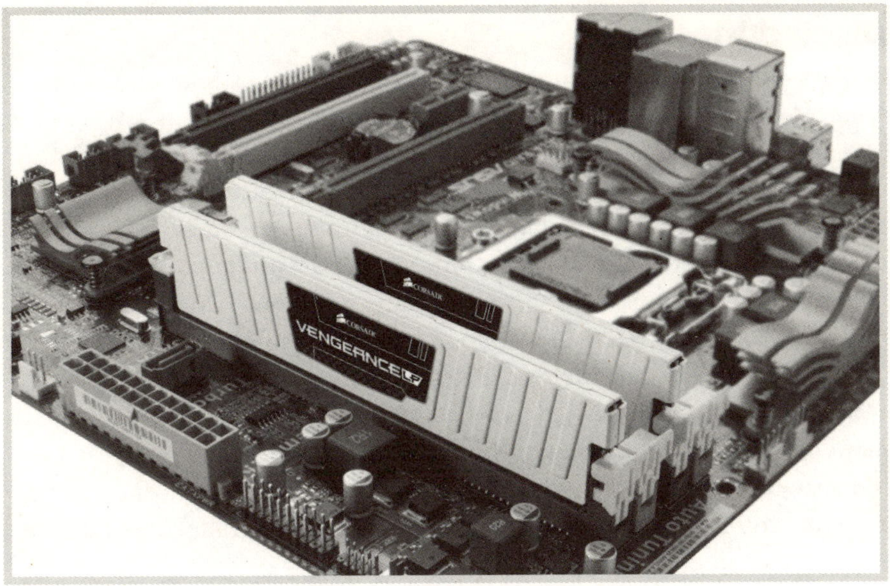

Figura 13. La memoria RAM se compone de circuitos integrados, soldados sobre un circuito impreso.

la que utiliza el equipo para ejecutar un programa. La cantidad de memoria RAM se mide en **gigabytes** (**GB**) y es esta cantidad la que determina: la posibilidad de usos de menor o mayor nivel, como por ejemplo, el uso simultáneo de varios programas; la velocidad de conexión a internet, y el funcionamiento general del equipo. En la actualidad, la cantidad de memoria RAM recomendada es más de 8 GB, aunque si tenemos una computadora con una cantidad inferior, es posible agregar unidades de memoria para aumentar el rendimiento.

Una característica distintiva de la memoria RAM es que depende de la conexión a una fuente de energía (eléctrica o batería); es decir, si se apaga la computadora, se perderá todo el contenido que no hayamos guardado. Por fortuna, algunos programas, como por ejemplo Word o Excel, incluyen funciones que nos permiten recuperar los archivos que no guardamos en el momento de la interrupción repentina de la energía o el apagado del equipo.

La cantidad de memoria RAM determina la posibilidad de uso que nos ofrece una computadora.

Disco duro

El disco duro –también denominado **disco rígido**– es una unidad de almacenamiento que permite guardar programas y archivos a través de un sistema de grabación magnética. Su capacidad de almacenamiento se mide en **gigabytes** (GB) y actualmente podemos encontrar discos de 500 GB o más. La capacidad del disco duro incide en el costo del equipo, especialmente en las computadoras portátiles; por lo tanto, solo deberíamos optar por discos de gran capacidad si vamos a instalar muchos programas o a guardar muchas fotos o videos.

Una opción recomendable es elegir un equipo con un disco de capacidad media (aproximadamente 250 GB) y recurrir a otros dispositivos para almacenar archivos multimedia, como pendrives o discos duros externos. Esto nos permite, además, resguardar nuestras fotos y videos más entrañables de posibles fallos que puedan presentarse en el equipo o en su disco interno.

Como una alternativa a los discos duros tradicionales, el mercado nos ofrece unidades de estado sólido, de tecnología mejor y más estable que los discos tradicionales. Estos dispositivos, más conocidos como SSD, utilizan memoria no volátil en lugar de los platos magnéticos presentes en los discos duros convencionales.

Figura 14. Las unidades de estado sólido o SSD son menos sensibles a los golpes y ofrecen una mejora en los tiempos de carga de los sistemas operativos.

Procesador gráfico

Junto con el tamaño de la pantalla, el procesador gráfico (**GPU**, por sus siglas en inglés) es el responsable de la calidad de la imagen. Y esto es importante no solo para los nuevos y espectaculares juegos en 3D, sino también para poder ver videos, películas o nuestra serie favorita desde la computadora. Estos procesadores están montados en las placas de video y, básicamente, son los encargados de mostrarnos las imágenes en la pantalla resolviendo millones de operaciones de cálculo por segundo.

La elección de un procesador gráfico debe hacerse en función de nuestras necesidades y del presupuesto del que disponemos; para la mayoría de las tareas básicas de navegación en internet o programas ofimáticos, bastará con un procesador de gama baja o media (de menor costo), mientras que para videojuegos en 3D o uso intensivo de videos o películas, es recomendable un procesador con mayor rendimiento.

Figura 15. Los procesadores gráficos son circuitos altamente especializados porque se enfocan en un solo tipo de tarea.

PROCESADOR GRÁFICO, ¿DEDICADO O COMPARTIDO?

Existen dos tipos de procesadores gráficos: los dedicados y los compartidos o integrados. Cuando en las características de una computadora se especifica que posee un procesador gráfico con memoria dedicada, significa que su tarjeta gráfica tiene una cantidad de memoria (aparte de la RAM) reservada exclusivamente para el procesamiento de gráficos. Si este dato no aparece, implica que la memoria de la tarjeta es compartida con la RAM.

DISPOSITIVOS MÓVILES

En la actualidad, una gran cantidad de dispositivos electrónicos se clasifican como dispositivos móviles; y en esta clasificación podríamos encuadrar también a las computadoras portátiles, si tuviéramos en cuenta que su característica principal es, precisamente, la movilidad. Sin embargo, el término se utiliza para describir, genéricamente, a los teléfonos celulares y a las tablets. En este sentido, se consideran como dispositivos móviles:

- Aparatos más pequeños que una computadora portátil, que pueden ser fácilmente transportados, por ejemplo, en un bolsillo.
- Tienen conexión permanente o intermitente a una red (internet, WiFi, red de datos).
- Tienen memoria, como las computadoras.
- Son de uso individual, tanto en términos de posesión como de uso, por lo que pueden ser configurados y adaptados a las preferencias y necesidades de su propietario.

Figura 16. Paulatinamente, **Android** se ha convertido en el sistema operativo móvil preferido por los usuarios de todo el mundo, desplazando el liderazgo de **iOS** de Apple.

Al igual que las computadoras, un dispositivo móvil necesita un sistema operativo para funcionar, aunque los **sistemas operativos móviles** son mucho más simples y están más orientados a la conectividad, a los formatos multimedia y las diferentes maneras de introducir información en el dispositivo. Independientemente de la marca y el modelo, los dispositivos móviles se clasifican de acuerdo con el sistema operativo móvil que utilizan, hoy en día se destacan: **Android** (fabricado por la empresa Google), **iOS** (fabricado por Apple), y **Windows Phone**.

Smartphones

La traducción del vocablo inglés smartphone es **teléfono inteligente**. Esta denominación se debe a que representan una evolución del ya "antiguo" teléfono móvil, característico de los finales del siglo XX. Los smartphones tienen funcionalidades que van mucho más allá de limitarse a la acción de realizar llamadas o enviar mensajes de texto, a tal grado que pueden ser considerados como una "computadora de bolsillo". La mayoría de los modelos incluyen cámara de fotos, cámara de video, agenda electrónica, reloj despertador, calculadora, radio, GPS

Figura 17. Los teléfonos inteligentes también permiten instalar programas adicionales, ampliando así sus funciones y posibilidades.

y reproductor multimedia, entre otras características que se añaden y se perfeccionan constantemente. Tal es así que el teléfono de última generación que recién adquirimos puede convertirse en obsoleto... ¡en menos de 6 meses!

El diseño actual de los smartphones, aunque con pequeñas diferencias, ha adoptado características similares: tendencia a las líneas más rectangulares, mayor tamaño y pocos botones, ya que la mayoría de las funciones se manejan a través de la pantalla táctil. Todos ellos incluyen un teclado táctil que aparece en la pantalla cuando el sistema detecta que vamos a introducir texto. Este teclado facilita la escritura porque ofrece una tecla para cada letra, número o símbolo, superando la dificultad que representaba en los modelos anteriores el hecho de tener que presionar varias veces una misma tecla para obtener el carácter que deseábamos ingresar.

También incluyen dos cámaras de fotos, una trasera y una frontal, esta última para tomar **autofotos** o **selfies**.

Tablets

Una tablet es una pequeña computadora con forma de tabla, sin teclado físico y con una gran pantalla táctil. Su apariencia se asemeja a un smartphone, aunque de mayor tamaño. Y se diferencia de este porque no es un dispositivo que permita realizar llamadas.

El principal objetivo de las tablets es el acceso a internet, tanto para la navegación web como para la conexión a las redes sociales o el envío y recepción de correos electrónicos. También son adecuadas para reproducir videos, ver fotos y escuchar música, o bien, ver y editar documentos de Word, Excel o PowerPoint (aunque en este último caso

INFORMARSE ANTES DE COMPRAR

Generalmente, no es aconsejable confiar solamente en las recomendaciones del vendedor porque, aunque bien intencionadas, pueden estar sesgadas por otros intereses que no coinciden necesariamente con los nuestros. Ir al negocio con una idea clara del equipo que queremos adquirir (previa consulta a familiares y amigos o comparación de información en internet o en medios impresos), permite tomar una decisión basada en nuestras preferencias.

Figura 18. Al igual que los smartphones, las tablets incluyen un teclado táctil que se activa en la pantalla cuando el sistema detecta que vamos a introducir texto.

se trata de ediciones básicas y sencillas, debido a las limitaciones de procesamiento e interfaz).

No debemos confundir una tablet con un **e-reader**, que es un dispositivo específico para la lectura de libros digitales. Aunque estos equipos también ofrecen la posibilidad de navegar por internet o enviar y recibir correos electrónicos, sus funciones están limitadas a actividades vinculadas con la descarga de e-books y su lectura en pantalla. Las tablets actuales ofrecen estas mismas funciones como así también otras que las asemejan a una computadora, además de contar con pantallas de mayor tamaño que las ofrecidas por los e-readers.

Un e-reader es adecuado para leer libros digitales y una tablet es de propósito general.

Las tablets se pueden transportar muy fácilmente y son muy cómodas de manejar, por su tamaño y su peso. Ofrecen una batería de larga duración que puede ser cargada cada dos o tres días, dependiendo del uso.

Consideraciones para elegir un dispositivo móvil

De todos los equipos que analizamos hasta ahora, tal vez sean los dispositivos móviles los que pueden brindar más beneficios al adulto mayor. Pero primero es necesario revisar (y desterrar) tres grandes mitos.

Mito 1

"Son solo para los jóvenes". Falso. También ofrecen ventajas para las personas mayores, como por ejemplo, la comunicación desde cualquier lugar, la posibilidad de llevar una agenda, para no olvidar ningún evento o fecha de cumpleaños, o de leer el periódico o un libro con un tamaño de letra adecuado a las capacidades visuales.

Mito 2

"Si nunca antes usé uno de estos dispositivos, ¿por qué voy a necesitarlo ahora?". Los tiempos cambian y la tecnología avanza. No tener un dispositivo móvil puede dejarnos afuera de nuevas oportunidades. El uso de un dispositivo móvil aumenta las posibilidades de inclusión en nuestro círculo familiar y social.

Mito 3

"No sé cómo se usan estos aparatos porque son muy complicados". En parte, es verdadero. Pero si bien es cierto que pueden tener una tecnología compleja, no es menos cierto que la interfaz de estos dispositivos es cada vez más simple e intuitiva. Además, descubrir cosas nuevas mantiene nuestro cerebro activo, y ponerlo a trabajar para aprender a utilizar estos dispositivos será un gran entrenamiento para las neuronas. Y siempre podemos contar con la ayuda de un amigo o un familiar joven que estará encantado de enseñarnos a usarlos.

Una vez que se logran derribar estos mitos, estamos en condiciones de elegir el dispositivo móvil más adecuado. Y, una vez más, es necesario reiterar que el "mejor" no es siempre el más caro ni el de la marca que se ha puesto de moda, sino el que mejor cubre nuestras necesidades.

Figura 19. Los dispositivos móviles pueden enriquecer la vida social e intelectual del adulto mayor.

Todos los smartphones, aun los de menor precio, permiten navegar por internet, administrar el correo electrónico, acceder a **WhatsApp** o utilizar las redes sociales, además de hacer llamadas. Todos incluyen, por lo menos, una cámara de fotos trasera. Si nos gusta tomar fotografías, especialmente durante un viaje, es una buena idea elegir un smartphone o una tablet que ofrezca una buena resolución de la cámara, de 8 **megapixeles** o superior.

Uno de los principales aspectos por evaluar es el tamaño de la pantalla. Los smartphones con pantallas de 5 pulgadas son la mejor opción, para ver el contenido con más comodidad. En cuanto a las tablets, siempre son preferibles a los e-readers, ya que el tamaño de sus pantallas oscila entre las 7 y las 10 pulgadas, aunque algunos modelos de **iPad** pueden llegar casi a las 13 pulgadas.

Otro aspecto importante para tener en cuenta es el sistema operativo móvil del dispositivo. La elección de un dispositivo Android, iOS o Windows Phone dependerá en gran medida de los servicios y aplicaciones que ofrece cada uno de ellos y de la posibilidad de integración o sincronización con otros equipos.

En la **Tabla 3** podemos observar las principales ventajas y desventajas de cada uno de los tres sistemas operativos móviles más utilizados.

COMPARACIÓN DE SISTEMAS OPERATIVOS MÓVILES

▼ ASPECTOS POR CONSIDERAR	▼ ANDROID	▼ IOS	▼ WINDOWS PHONE
Ventajas	Disponible en una amplia variedad de marcas y modelos. / Pertenece a Google, lo cual permite acceder a los múltiples servicios de Google (Gmail, Google Maps, etcétera) desde una única cuenta. / Altamente configurable y personalizable. / Permite instalar una amplia variedad de aplicaciones, incluso de otros sistemas.	Interfaz muy intuitiva que permite una configuración rápida del dispositivo. / Aplicaciones propias muy potentes y exclusivas.	Interfaz sencilla. / Integración con Windows y Office.
Desventajas	Menor duración de la batería. / Es menos seguro que otros sistemas móviles.	Mayor precio, porque es exclusivo de dispositivos de Apple, como iPhone y iPad. / No admite aplicaciones de terceros.	Disponible en menor cantidad de dispositivos, como los smartphone Nokia Lumia o las tablets Surface de Microsoft./ Menor cantidad de aplicaciones para ampliar la funcionalidad del dispositivo.
Mas adecuado para para...	Los usuarios de Google, porque a través de una única cuenta de correo electrónico de Gmail, se pueden sincronizar fácilmente los servicios y contactos en todos nuestros equipos.	Quienes prefieren los productos de Apple. / Quienes poseen una computadora Mac de escritorio o portátil, o ya poseen un iPhone o un iPad y desean adquirir un nuevo dispositivo móvil (smartphone o tablet).	Quienes necesitan una mayor integración del paquete Office.

Tabla 3. Conocer las diferencias entre los principales sistemas operativos móviles nos ayudará a elegir el más adecuado.

TELEVISIÓN INTELIGENTE

Televisión inteligente o **Smart TV** es la denominación que se utiliza para una nueva línea de televisores que integra internet a la televisión digital. Estos aparatos amplían el concepto tradicional de la televisión, ya que permiten acceder a contenidos multimedia directamente desde nuestro aparato doméstico, en el que no solo podremos ver los canales de aire o cable convencionales, sino también acceder a todo tipo de contenido, incluyendo navegación web, videos y música.

Al igual que otros dispositivos, los Smart TV tienen un sistema operativo móvil, de los cuales Android es uno de los más utilizados. También disponen de conexión WiFi integrada y se pueden conectar sin cables a la red doméstica.

La televisión inteligente ofrece diferentes tipos de servicios, entre los que se destacan:

- Televisión, video y radio **por demanda**: permite interactuar con servicios televisivos que ofrecen la posibilidad de elegir el momento en que se quiere ver un determinado programa televisivo o radial, con la opción de grabarlo en un dispositivo de almacenamiento. También es posible ver videos de YouTube.

Figura 20. Los Smart TV permiten que el telespectador acceda desde una única pantalla tanto al contenido de transmisión de televisión digital como al contenido multimedia de internet.

- Integración en tiempo real con redes sociales: permiten la interacción del dispositivo con las redes sociales, como Google+, Facebook o Twitter, entre otros servicios similares, para ver y publicar actualizaciones relacionadas con el contenido que se está reproduciendo en ese momento. Esta funcionalidad nos permite comentar en directo los contenidos que estamos visualizando, y compartir experiencias y opiniones con otros telespectadores.
- Aplicaciones: los televisores inteligentes ofrecen la posibilidad de descargar desde internet una amplia variedad de aplicaciones que incluyen juegos, radio por internet, información meteorológica o entretenimiento. Cada televisor inteligente tiene su propio entorno operativo y, por lo tanto, las aplicaciones disponibles son las compatibles con ese sistema.
- Televisión en 3D: la mayoría de los televisores inteligentes pueden reproducir contenido en 3D.

Guía para comprar un Smart TV

Nuevamente, la respuesta a la pregunta "¿cuál es el más adecuado para mí?" es la misma: el que mejor se adapte a nuestras necesidades. Contrariamente a lo que se vino sosteniendo en este capítulo, la pantalla más grande no es siempre la más adecuada, porque deben tenerse en cuenta dos factores: la **resolución** de la imagen y la **distancia** desde la cual miraremos el aparato. En el primer caso, si el equipo no tiene una buena resolución, un mayor tamaño hará que las imágenes se vean con menor nitidez y perderán calidad. En relación con la distancia, es importante tener en cuenta que una pantalla muy grande vista demasiado cerca produce un desaprovechamiento de su potencia y nos puede hacer incurrir en un gasto innecesario.

Por lo tanto, antes de elegir el tamaño de la pantalla de una televisión inteligente, debemos decidir en qué lugar se colocará y medir la distancia desde donde habitualmente la veremos. Para ello, podemos tener en cuenta las siguientes proporciones:

- 32 pulgadas: 1,4 metros
- 42 pulgadas: 1,8 metros
- 46 pulgadas: 2 metros
- 55 pulgadas: 2,4 metros

También encontraremos modelos con pantalla plana o curva y, aunque muchos aseguran que esta última ofrece una mejor experiencia de visualización, es preferible comprobarlo por nosotros mismos antes de decidirnos a realizar la compra.

Figura 21. Los fabricantes de Smart TV explican que, añadiendo una curvatura a la pantalla, se consigue activar nuestra vista periférica y se logra que percibamos las imágenes como si estuviéramos en el cine.

Aunque los Smart TV curvos se han convertido en los dispositivos de moda, su alto precio nos obliga a pensarlo muy bien antes de adquirirlos.

GLOSARIO

Muchas palabras o conceptos que aparecen en este capítulo se volvieron populares a fuerza de ser repetidos en los medios de comunicación. Otros son utilizados por familiares y amigos “que entienden de tecnología”. Nos acostumbramos a escuchar estas palabras e, incluso, es posible que las utilicemos en nuestras conversaciones. Pero ¿sabemos exactamente qué significan?

3G - 4G

3G (acrónimo de **tercera generación**) es una tecnología que permite navegar en internet y transmitir datos a alta velocidad, sin utilizar cables. Hace ya varios años que es utilizada por las compañías proveedoras del servicio de telefonía móvil, y es compatible con la mayoría de los smartphones de gama media y alta.

También es posible utilizar 3G en computadoras de escritorio y portátiles a través de un módem compatible, que es provisto por las operadoras de telefonía móvil.

Por su parte, la tecnología 4G (acrónimo de **cuarta generación**) o LTE es hasta 10 veces más rápida que su antecesora. Para utilizar esta tecnología es necesario tener un smartphone compatible.

Aplicaciones

Una aplicación es un **programa** informático que permite ejecutar una o varias tareas específicas. Ejemplo de aplicaciones o programas son Word, Excel o Photoshop, entre otros, que pueden estar preinstalados en el equipo o es posible descargarlos desde un sitio de internet, de forma gratuita o paga, o instalarse a través de un CD. Algunas empresas agrupan programas en un paquete, también denominado **suite**, como por ejemplo, las suites ofimáticas Microsoft Office o LibreOffice, que incluyen procesador de textos, planilla de cálculo y presentaciones con diapositivas, entre otros programas.

En dispositivos móviles se utiliza el término **app**, con el mismo propósito. Al igual que las aplicaciones, las apps para dispositivos móviles pueden estar preinstaladas en el equipo o se descargan desde las **tiendas de aplicaciones**.

Discos externos

Un disco externo es un dispositivo de almacenamiento que se conecta a la computadora para guardar y transportar archivos. La ventaja de estos dispositivos es que pueden trasladarse fácilmente y se conectan a diferentes equipos a través de un **cable USB** (ver USB).

Los discos externos ofrecen una mayor capacidad de almacenamiento y se utilizan tanto para crear copias de respaldo de la información como para evitar sobrecargar al disco duro interno del equipo.

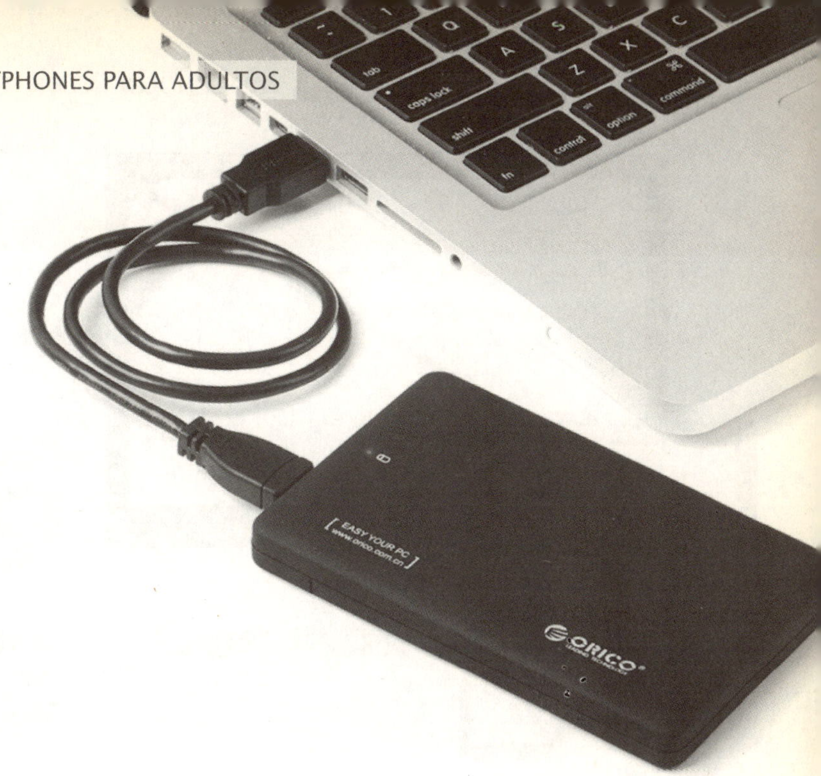

Figura 22. Un disco externo es una gran opción para crear copias de respaldo de los archivos de nuestra computadora, especialmente los de los recuerdos que no deseamos perder, como las fotos.

Pendrive

Un pendrive es un dispositivo de almacenamiento pequeño (**pen** significa 'lapicera' en inglés), cuya función es similar a la de los discos externos, aunque su capacidad suele ser menor. Al igual que estos discos, se conectan en un puerto USB (ver USB) y, por su tamaño y facilidad de conexión, se han convertido en los más utilizados para el transporte de datos, provocando prácticamente la desaparición de otros dispositivos de almacenamiento como los CDs o DVDs. Los discos externos y los pendrives son dispositivos muy seguros y resistentes en cuanto a sus componentes físicos, pero son muy delicados en su parte lógica. Si el dispositivo es removido durante las operaciones de lectura o escritura (es decir, mientras estamos grabando un archivo o lo estamos viendo en la pantalla), corremos el riesgo de dañar o perder datos. Por ello, es recomendable realizar una **extracción segura**, que detiene los procesos de la unidad extraíble.

Pulgadas (tamaño de pantalla)

En este capítulo hicimos referencia, en reiteradas oportunidades, al tamaño de una pantalla y a su medida en pulgadas. Pero ¿qué significa exactamente que nuestro Smart TV sea de 42 pulgadas o que nuestro smartphone sea de 5 pulgadas?

Figura 23. Para calcular la medida de la diagonal de las pantallas de nuestros dispositivos, medimos desde la esquina inferior hasta la esquina superior opuesta y multiplicamos el resultado por 0,3937.

Estos valores miden el tamaño de la diagonal de la pantalla, desde su extremo inferior hacia el extremo superior opuesto. Es la medida real de la pantalla en diagonal, no del dispositivo. Es decir, la distancia en pulgadas de punta a punta del cristal de la pantalla.

Una pulgada equivale a 2,54 cm. Por lo tanto, un televisor de 42 pulgadas tiene una diagonal de pantalla equivalente a 1,68 m, y un smartphone de 5 pulgadas, una diagonal de 12,7 cm.

Resolución

La resolución de pantalla es el número de puntos (pixeles) que puede ser mostrado en la pantalla. Para comprender mejor este concepto, imaginemos que la superficie de una pantalla está formada por una sucesión de puntos; cuanto más juntos estén esos puntos (mayor resolución), más definida será la imagen.

La resolución se ofrece con dos valores: **largo** y **ancho**. Por ejemplo, 1920x1080 pixeles corresponde a la resolución máxima usada en televisores de alta definición (también conocidos como Full HD), e indica que la imagen se forma por 1920 puntos horizontales y 1080 puntos verticales. Sin embargo, es usual que se ofrezca solo el segundo valor; por ejemplo, una pantalla con resolución 4K (o Ultra HD) tiene 4000 puntos verticales.

Sistema operativo

Es un programa o aplicación especial, absolutamente imprescindible para el funcionamiento de un equipo informático, ya que es el encargado de administrar los recursos físicos del equipo, al mismo tiempo que sirve de soporte para los programas que se ejecutan en él. Es imprescindible porque, sin este programa, sería casi imposible para el usuario común interactuar con la computadora o con cualquier otro tipo de dispositivo electrónico. A través de una interfaz amigable y sencilla, ofrece el acceso a programas y archivos, y nos ayuda a utilizar los recursos disponibles en ese equipo de forma simple y organizada.

Windows y Linux son ejemplos de sistemas operativos empleados en computadoras de escritorio y portátiles. Sin entrar en detalles técnicos, podemos decir que la principal diferencia entre ellos es el precio: Windows tiene un costo que se debe pagar a la compañía propietaria del producto, Microsoft; mientras que Linux es totalmente gratuito y de libre distribución. También es pago el sistema operativo Mac OS, creado y distribuido por Apple para su línea de computadoras de escritorio y portátiles. El más utilizado a nivel mundial es Windows.

Como ya hemos visto en este capítulo, los dispositivos móviles también tienen un sistema operativo, siendo los más utilizados: Android, iOS y Windows Phone.

El sistema operativo es una aplicación fundamental para el funcionamiento y administración del hardware de la computadora o del dispositivo móvil.

SISTEMAS OPERATIVOS MÓVILES

Android es el sistema operativo número uno en cuanto a popularidad. Posee una cuota de mercado que se acerca al 85%; este sistema de Google se caracteriza por ser abierto y disponible para cualquier fabricante de dispositivos que est{e interesado en utilizarlo para sus equipos móviles. Por otra parte tenemos a iOS, un sistema operativo cerrado de Apple, que ofrece una experiencia más estable y segura tal y como fue diseñada por el fabricante en un principio. Ambos sistemas operativos son los m{as utilizados en dispositivo m{oviles en la actualidad.

Es muy importante que la elección de un sistema operativo dependa del tipo de programas y apps que deseemos ejecutar en un equipo, ya que cada una se diseña para un sistema operativo específico.

Tecnologías digitales

De acuerdo con la definición de Wikipedia, "tecnología es el conjunto de conocimientos técnicos, científicamente ordenados, que permiten diseñar, crear bienes, servicios que facilitan la adaptación al medio ambiente y satisfacer tanto las necesidades esenciales como los deseos de la humanidad". La misma enciclopedia web nos informa que el término "digital puede designar cualquier cosa relativa a los dedos o a un sistema de representación mediante dígitos".

La unión de estos dos conceptos nos remite a todos los aparatos y dispositivos electrónicos que utilizan un sistema de representación numérica (interno) para manejar la información que se procesa en ellos, y hacer mejor nuestra vida diaria. En consecuencia, la tecnología digital abarca no solo a las computadoras y dispositivos móviles, sino también a cualquier sistema de procesamiento, transmisión y almacenamiento de datos, que incluyen desde un televisor inteligente hasta un microondas, pasando por un cajero automático, una cámara digital o una heladera inteligente, capaz de autorregular la temperatura o avisarnos si hace falta reponer algún alimento.

HISTORIAS DE VIDA

En una nota publicada en el diario argentino *Infobae*, 5 adultos mayores cuentan sus experiencias con la tecnología. Nelo, de 80 años, aprendió con sus nietos a usar Google Earth, mientras que Titina, de la misma edad, es una "tuitera consumada". Aída, también de 80 años, lee periódicos online y a través de las redes sociales y el correo electrónico, retomó el contacto con una amiga a quien no veía hacía 60 años. Lydia, de 84 años, es una experta jugadora de *bridge online* y aprende italiano con el traductor de Google. Nelly, de 71 años, aprendió a usar la computadora con su nieta de 8. La nota completa se encuentra en **www.infobae.com/2014/08/19/1588774-los-abuelos-googleros-los-que-la-tecnologia-les-cambio-la-vida**.

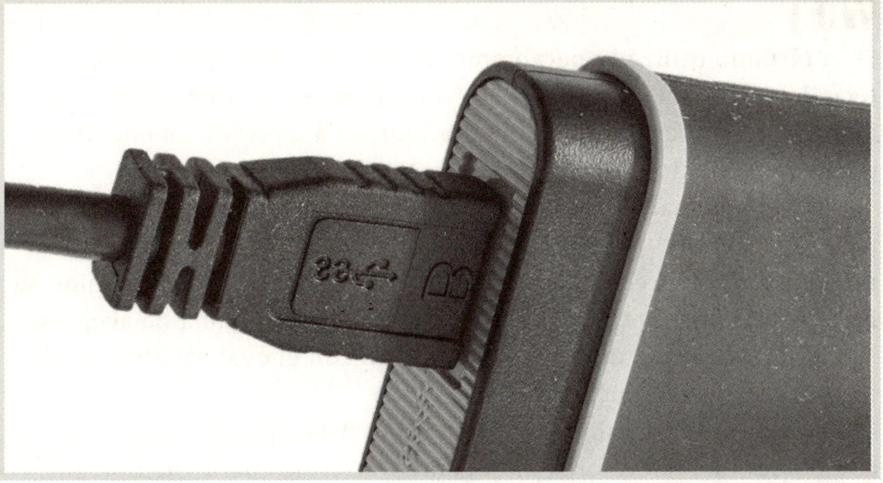

Figura 24. Para conectar correctamente un USB, debemos observar la forma y el tamaño de los conectores macho y hembra, y colocar el conector macho con el símbolo universal para USB hacia arriba.

USB

Siglas en inglés de *Universal Serial Bus*, un puerto que se utiliza para conectar periféricos a una computadora o a un televisor inteligente, como un mouse, un teclado, una impresora, una cámara digital, un disco externo o un pendrive. Básicamente, es un rectángulo aplanado, de forma y tamaño inequívocos para evitar conexiones incorrectas. El conector **hembra** es el que se puede observar en el frente o en los laterales de una computadora, o en la parte inferior de un dispositivo móvil. El conector **macho** es el que se encuentra en un pendrive o en el extremo de un cable USB.

APRENDER INFORMÁTICA EN LA TERCERA EDAD

Muchas investigaciones han demostrado que es posible aprender cosas nuevas a lo largo de toda la vida, aunque el ritmo de aprendizaje sea más lento que el de los jóvenes, y aunque requiera una mayor dedicación. Los especialistas en gerontología coinciden en que los adultos mayores que aprenden a usar una computadora y otras tecnologías mejoran su autoestima, favorecen los procesos de integración y aumentan notablemente sus habilidades de memoria, atención y concentración.

WiFi

Es el término utilizado para nombrar a los sistemas que utilizan una tecnología inalámbrica (*Wireless*, 'sin cables') de alta fidelidad (*Fidelity*, en inglés), para conectar equipos portátiles a internet. La emisión y recepción de datos se realiza a través de radiofrecuencia.

WiFi es una marca de la WiFi Alliance, una empresa que adopta, prueba y certifica que los equipos cumplen con los estándares relacionados con redes inalámbricas de área local. Pero el término se ha extendido a tal punto que la Real Academia Española ha aceptado el uso de **wifi** como un sustantivo común con el cual se alude a esta tecnología de comunicación.

Los dispositivos habilitados con wifi o WiFi –que incluyen computadoras, televisores inteligentes, consolas para videojuegos, smartphones y tablets– pueden conectarse a internet a través de un módem o **router** wifi. Estos dispositivos soportan, dependiendo de sus características y alcance, el uso simultáneo de la red wifi por varios aparatos y funcionan en un rango que oscila entre los treinta y varios cientos de metros.

Las antenas de la mayoría de estos equipos son **omnidireccionales**, es decir, la cobertura se extiende de forma circular, y los puntos de menor cobertura son los situados justo encima y por debajo de la antena.

Al elegir el lugar más adecuado para colocar el router wifi en nuestro hogar, debemos tener en cuenta que las paredes, los armarios, los árboles y hasta el agua de la piscina son obstáculos que atenúan la señal. La ubicación óptima es el centro del lugar al que se

PANTALLAS Y CUIDADO DE LOS OJOS

La exposición prolongada frente a las pantallas puede provocar, entre otras patologías, el sindrome del ojo seco, generado por una menor frecuencia en el parpadeo al mirar la pantalla. También pueden aparecer otras molestias, como ardor, dolor de cabeza o lagrimeo. Los especialistas aconsejan mirar la televisión desde una distancia prudencial (entre 1,5 y 3 metros según el tamaño de la pantalla); apartar la vista de la pantalla (de la computadora o del móvil) en intervalos periódicos y hacer ejercicios visuales de enfoque lejos-cerca, además de evitar forzar la vista con letras demasiado pequeñas.

pretende dar cobertura. Los routers wifi actuales, y especialmente los que entregan las operadoras telefónicas, son válidos para la mayoría de los hogares en cuanto a potencia de señal y cobertura. Pero si encontramos dificultades, especialmente en espacios grandes o cuando vamos añadiendo más dispositivos, es posible instalar **repetidores de señal** que se encargan de amplificar la señal a distancias donde un único router no podría llegar.

RESUMEN

En este capítulo nos sumergimos en un mundo de pantallas que nos rodean en nuestra vida cotidiana. Las pantallas son la parte visible de múltiples aparatos digitales, con las que interactuamos para acceder o transmitir información. Exploramos qué son las computadoras de escritorio y las portátiles, los dispositivos móviles, como los smatphones y las tablets, y los televisores inteligentes. También aprendimos algunos tips necesarios para adquirir el equipo que mejor se adapta a nuestras necesidades.

ACTIVIDADES

TEST DE AUTOEVALUACIÓN

1 ¿Cuáles son las principales características de una computadora de escritorio?

2 ¿Cuáles son las diferencias entre una PC, una Mac y una All-in-One?

3 ¿Qué es una notebook?

4 ¿En qué se diferencia de una netbook?

5 ¿Cuál es la característica que considera más importante en el momento de comprar una computadora de escritorio o una portátil?

6 ¿Cuál es la principal diferencia entre un smartphone y una tablet, además de su tamaño?

7 ¿Qué aspecto debe tener en cuenta al elegir un smartphone?

8 ¿Qué es un Smart TV?

9 ¿Qué debe mirar antes de comprar un Smart TV?

10 ¿Qué es un sistema operativo?

EJERCICIOS PRÁCTICOS

1 Busque en internet o en diarios y revistas, publicidades de computadoras, smartphones, tablets y Smart TV. En cada caso, identifique qué significa cada una de las características o detalles que aparecen en el aviso.

2 Elabore una lista de las tareas que usted realiza o realizaría con una computadora, con un teléfono móvil y con una tablet. Revise su lista y defina cuál de estos dispositivos es el que mejor se adapta a sus necesidades.

PROFESOR EN LÍNEA

Si tiene alguna consulta técnica relacionada con el contenido, puede contactarse con nuestros expertos: profesor@redusers.com.

02 Computadoras de escritorio y portátiles

En este capítulo conoceremos un poco más acerca de las computadoras de escritorio y las portátiles. Aprenderemos a identificar sus principales componentes, a realizar algunas prácticas con el sistema operativo y veremos qué tipos de programas podemos ejecutar en ellas.

FUNCIONAMIENTO BÁSICO DE UNA COMPUTADORA

La función principal de una computadora es **recibir y devolver información**. El ciclo de procesamiento de información se puede resumir en tres funciones básicas:

- **Recibir entradas**: una entrada es cualquier tipo de dato que ingresamos a la computadora, como palabras, símbolos o números. Pero también se produce una entrada cuando abrimos un programa o un archivo, cuando escaneamos un documento, grabamos un audio o captamos imágenes a través de la cámara, entre otras acciones. Para ello, se utilizan diferentes dispositivos como el teclado, el mouse, un escáner, un micrófono o una cámara.
- **Procesar datos**: cuando se produce una entrada en la computadora, esta se encarga de interpretarla y ejecutarla para devolver un resultado o respuesta. En esta etapa intervienen los componentes internos del equipo, como el microprocesador y la memoria RAM, entre otros.
- **Producir salidas**: son los resultados generados por el procesamiento, que se manifiestan a través de dispositivos como la pantalla, la impresora o los parlantes.

Adicionalmente, la computadora tiene capacidad para almacenar datos en diferentes componentes. Por ejemplo, la memoria RAM guarda en forma temporal lo que se está usando mientras está encendido el equipo. Pero las características de esta memoria no permiten el almacenamiento permanente de la información. Por eso es necesario utilizar dispositivos de almacenamiento, como los discos duros o los pendrives, para guardar todo lo que queremos conservar.

El conjunto de dispositivos que mencionamos forma parte del **hardware**, es decir, se trata de todas las partes físicas de una computadora y de otras tecnologías digitales que incluyen los componentes que podemos ver y tocar (por ejemplo, el teclado o el mouse), pero también abarca los componentes eléctricos y electrónicos que se encuentran en la computadora, es decir, los cables, el gabinete y cualquier otro elemento físico del equipo.

Figura 1. El teclado y el mouse son los principales dispositivos para el ingreso de datos. Luego de ser procesados, muestran el resultado a través de un dispositivo de salida, como la pantalla.

Sin embargo, este conjunto de elementos físicos y tangibles carecerían de sentido sin el **software**, todos aquellos programas o series de instrucciones que le indican al hardware de la computadora cómo debe realizar tareas específicas. Sin el software, lo único que podríamos hacer con una computadora es encenderla y apagarla.

Dispositivos de entrada

Los dispositivos de entrada son todos los elementos del hardware que nos **permiten ingresar datos** a una computadora. Es decir, son aquellos que facilitan el acceso al sistema informático. Los datos ingresados a través de estos dispositivos (en forma de texto, números, sonido, imagen o ejecución de una instrucción) son transformados en señales eléctricas para ser redireccionados dentro del sistema, o almacenados temporalmente en la memoria RAM.

Los dispositivos de entrada son el teclado (físico o virtual), el mouse, el escáner, la webcam y el micrófono. Pero también lo son el joystick que se conecta a una consola de videojuegos o el lector de código de barras, de uso común en los supermercados.

Teclado

Se trata del dispositivo que utilizamos para escribir. Cuando presionamos una tecla, se envía esta información a la computadora y se muestra en la pantalla el carácter correspondiente a la tecla presionada.

En general, la distribución de las teclas sigue la misma disposición que tenían en las antiguas máquinas de escribir, pero han incorporado teclas especiales para ejecutar distintas funciones.

En la siguiente **Guía Visual** se observan las secciones principales de un teclado, así como la función de algunas teclas fundamentales. Es importante aclarar que la imagen muestra un teclado convencional de PC; algunas secciones pueden no estar presentes en el teclado de una laptop o de una Mac.

GUÍA VISUAL 1: MAPA DEL TECLADO

01 **ESC O ESCAPE:** se utiliza para cancelar operaciones; por ejemplo, puede usarse para cerrar los menús de una aplicación, para invalidar una entrada de datos incorrecta, para cancelar la impresión de un documento, entre otras aplicaciones.

02 **TECLAS DE FUNCIÓN:** ubicadas en la parte superior del teclado, abarcan desde la tecla **F1** hasta la tecla **F12,** y sirven para realizar diferentes procedimientos que pueden variar según el programa que estemos ejecutando. Por ejemplo, en la mayoría de los programas, al presionar la tecla **F1**, se accede a la ayuda.

03 **RETROCESO:** también denominada **BACKSPACE**, es representada por una flecha orientada hacia la izquierda. Borra el carácter que se encuentra a la izquierda del cursor, retrocediendo una posición.

04 **TECLAS ESPECIALES:** este bloque de tres teclas puede aparecer en algunos teclados más antiguos. Dos de ellas –**BLOQ DESPL** y **PAUSA INTERR**– carecen de aplicación práctica en la actualidad. Sin embargo, la tecla **IMPR PANT** –también denominada **PRINT SCREEN o PET SIS**– permite imprimir la pantalla; es decir, obtener una captura en imagen del contenido que se expone en la pantalla, para luego pegarlo en cualquier documento que admita imágenes.

05 **PANEL LUMINOSO:** al presionar ciertas teclas, se activan luces en este panel para indicarnos que esas teclas están activas. De izquierda a derecha: **Bloq Num,** para activar el panel de números ubicado a la derecha del teclado (este indicador estará ausente en los teclados que no poseen panel numérico), **Bloq Mayus** o **Caps Lock**, indica que se ha presionado la tecla **BLOQ MAYUS** o **CAPS LOCK** (en una laptop, la luz se muestra en la misma tecla para indicar cuándo está activa) y **Bloq Despl,** que muestra que se ha activado la tecla homónima.

06 **PANEL NUMÉRICO:** este panel es menos frecuente en las portátiles, aunque algunas de mayor tamaño pueden incluirlo. Se activa presionando la tecla **BLOQ NUM,** ubicada en la parte superior izquierda del panel. Se utiliza para agilizar el ingreso de números y las operaciones de cálculo.

07 **TECLAS DE EDICIÓN:** permiten llevar a cabo operaciones de eliminación de texto y el desplazamiento rápido por las páginas y los documentos, utilizando las siguientes teclas: **DEL, DELETE** o **SUPR**, borra los caracteres que se encuentran a la derecha del cursor; **HOME** o **INICIO**, en una página web, nos permite ir al principio de esta y, en un procesador de textos, ubica el cursor al principio de la línea; **PGDN, PAGE DOWN** o **AVPÁG**, nos permite avanzar rápidamente a la siguiente página; **PGUP, PAGE UP** o **REPÁG**, permite retroceder rápido a la página anterior; **END** o **FIN**, en una página web, se desplaza al final de ella y, en un procesador de textos, ubica el cursor al final de la línea.

08 **TECLAS DE DIRECCIÓN:** representadas por flechas, se utilizan para movernos a la izquierda y a la derecha (carácter por carácter) o hacia abajo y hacia arriba (línea por línea). En una página web, se desplaza el contenido por la pantalla en el sentido y la dirección de las flechas.

09 **ENTER O INTRO:** confirma la ejecución de una orden o comando. En un procesador de textos, es la que se utiliza para ubicar el cursor en la línea inferior.

10 **TECLADO ALFANUMÉRICO:** similar al teclado de una máquina de escribir, dispone de todas las letras del alfabeto, los diez dígitos decimales y todos los signos de puntuación y acentuación, además de otros caracteres, como corchetes, llaves, guiones, signos mayor y menor, entre otros.

▶ GUÍA VISUAL 1: MAPA DEL TECLADO (*Cont.*)

11 **MENÚ CONTEXTUAL:** al pulsar esta tecla se despliega un menú de opciones, cuyo contenido dependerá de la aplicación que estemos ejecutando.

12 **ALT GR:** se utiliza en combinación con otras teclas. Cuando presentan tres caracteres en su superficie, se utiliza para ingresar el carácter ubicado en la esquina inferior derecha de la tecla; en los teclados que no tienen la tecla **Ñ** es utilizada junto con la tecla **N** para lograr este carácter.

13 **BARRA ESPACIADORA:** permite separar las palabras de un texto.

14 **ALT:** se utiliza en combinación con otras teclas para ejecutar funciones de un programa sin utilizar el mouse o, combinada con las teclas del panel numérico, permite obtener todos los caracteres. También puede ser útil el uso combinado de la tecla **ALT** con la tecla **F4** para cerrar un programa, cuando el uso del mouse integrado de la portátil nos complica el desplazamiento del puntero.

15 **TECLA WINDOWS:** está presente en algunos teclados diseñados especialmente para este sistema operativo y se representa por su logotipo. Sirve para abrir el menú de inicio y, junto con la tecla **D**, minimiza todas las ventanas abiertas para mostrar el Escritorio.

16 **CONTROL:** se utiliza en combinación con otras teclas. Para facilitar la operación del teclado con las dos manos, está ubicada tanto a la derecha como a la izquierda. Algunas de las combinaciones más comunes son **CONTROL + C** para copiar, **CONTROL +X** para cortar y **CONTROL + V** para pegar.

▶

▶

17 **SHIFT (MAYÚS):** generalmente, esta tecla está representada por una flecha hacia arriba. Al ser presionada junto con una letra permite ingresar el carácter que corresponde en mayúscula; pero ,si presionamos esta tecla junto con otra que tenga dos caracteres impresos en su superficie, se logra el carácter que se encuentra en la parte superior de la tecla.

18 **BLOQ MAYÚS:** al presionar esta tecla, se activa el indicador luminoso que señala que todas las letras se ingresarán en mayúscula. Mientras está activada, si presionamos la tecla **SHIFT** o **MAYÚS** junto con una letra, el carácter se ingresará en minúscula. Para desactivar el ingreso de texto en mayúscula, se debe presionar nuevamente la tecla **BLOQ MAYÚS** o **CAPS LOCK** (veremos que se apagará el indicador luminoso).

19 **TABULADOR:** se representa mediante dos flechas en sentido contrario (izquierda-derecha). Sirve para insertar una o más tabulaciones en un texto (avanzar varios espacios en un solo paso), o para cambiar de cuadro, tabla o botón en un formulario o en un cuadro de diálogo.

Si el teclado de la computadora tiene un panel numérico, nos resultará de utilidad el uso combinado de la tecla **ALT** con una secuencia de números, esto nos permitirá obtener algunos caracteres que pueden cambiar de posición según la configuración de idioma del teclado. Algunos usos comunes de la combinación que se reaiza con la tecla **ALT** en conjunto con el **panel numérico** del teclado se pueden observar en detalle en la **Tabla 1**.

TECLADOS QWERTY

La mayoría de los teclados recibe este nombre por la distribución de sus teclas, el que deriva de las primeras seis letras de la fila superior. El primer teclado **QWERTY** fue diseñado por Christopher Sholes en 1868 para las máquinas de escribir Remington. Esta distribución se creó para separar las letras más usadas en las palabras (en inglés) y evitar que se atascaran los palillos de las máquinas de escribir. Aunque esta distribución no es necesaria en una computadora, la costumbre hizo que se adoptara en los teclados hasta la actualidad.

OBTENER CARACTERES CON LA TECLA ALT	
CARÁCTER	COMBINACIÓN
@	ALT + 64
Á	ALT + 160
Á	ALT + 0193
É	ALT + 130
É	ALT + 0201
Í	ALT + 161
Í	ALT + 0205
Ó	ALT + 162
Ó	ALT + 0211
Ú	ALT + 163
Ú	ALT + 0218
Ñ	ALT + 164
Ñ	ALT + 165
¿	ALT + 168
¡	ALT + 173

Tabla 1. En esta tabla solo se muestran los caracteres más utilizados en el idioma español. Pero, presionando la tecla **ALT** junto con distintas combinaciones de números del panel numérico, se pueden obtener todos los caracteres y los símbolos.

Tipos de teclado

En apariencia, todos los teclados son iguales y ciertamente todos cumplen la misma función. La disposición de las teclas alfanuméricas y de las teclas de función es la misma, aunque pueden existir variaciones. Por ejemplo, en los teclados de las computadoras Mac no encontraremos teclas de función; algunos teclados tienen un panel numérico, aunque es menos frecuente encontrarlo en las laptop, donde se tiende a la reducción de tamaño; también es posible verificar que algunas teclas pueden estar ubicadas en posiciones diferentes.

Pero, más allá de estos aspectos comunes y diferenciales, existen distintos tipos de teclados, que se clasifican por su forma o por el tipo de conexión. En la **Tabla 2** se presentan las principales características de cada uno de ellos.

TIPOS DE TECLADOS POR SU FORMA

▼ TIPO	▼ DESCRIPCIÓN
TECLADO ERGONÓMICO	Generalmente presentan una forma curva, partidos y abiertos hacia los laterales, para favorecer una postura más natural de manos, muñecas y antebrazos.
TECLADO MULTIMEDIA	Incluye teclas especiales para la reproducción multimedia, como el control de volumen o las teclas para iniciar, avanzar o retroceder un video, entre otras.
TECLADO FLEXIBLE	Suelen estar confeccionados en plástico suave o silicona para que puedan doblarse. Se adaptan a superficies irregulares y son más resistentes a los líquidos que los teclados estándares. Se pueden conectar a portátiles y teléfonos inteligentes.
TECLADOS DE PROYECCIÓN	Mediante un láser, pueden proyectar sobre cualquier superficie un teclado virtual con las mismas características que uno físico.

TIPOS DE TECLADOS SEGÚN EL TIPO DE CONEXIÓN

▼ TIPO	▼ DESCRIPCIÓN
USB	Se conectan a un puerto USB del equipo.
INALÁMBRICO	No utiliza cable. La conexión se realiza a través de rayos infrarrojos, ondas de radio o Bluetooth.

Tabla 2. Existen diferentes tipos de teclados que cubren diversas necesidades y preferencias, desde los tradicionales hasta los más novedosos y portables.

Mouse

Las interfaces gráficas, el desarrollo multimedia y la navegación por internet han convertido al **mouse** en un dispositivo indispensable para el manejo de una computadora. Si no utilizamos una pantalla táctil, el mouse es una prolongación de nuestra mano en la pantalla. Este pequeño dispositivo apuntador con cable (al menos en sus orígenes) debe su nombre a su semejanza con un ratón (*mouse*, en inglés).

Básicamente, el mouse se mueve en dos dimensiones: una superficie plana horizontal sobre la que se apoya el dispositivo y la superficie vertical de la pantalla sobre la que vemos su puntero. Al principio, esto puede provocar algunas confusiones, porque al desplazarlo hacia adelante en el plano horizontal, se produce un desplazamiento hacia arriba en el plano vertical, mientras que al moverlo hacia atrás en un plano, provoca el desplazamiento hacia abajo en el otro. Con un poco de práctica y paciencia es posible manejarlo sin dificultades.

El modelo más frecuente cuenta con dos botones y una rueda central para facilitar los movimientos de desplazamiento (scroll) en la pantalla. Girar esta rueda hacia adelante produce el mismo efecto que la tecla **PGUP**, **PAGE UP** o **REPÁG**, mientras que girar la rueda hacia atrás actúa como la tecla **PGDN**, **PAGE DOWN** o **AVPÁG**. Usualmente, el botón principal es el izquierdo, que se utiliza en las funciones de selección y ejecución; el botón derecho o secundario, se emplea para abrir **menús contextuales**, cuyo contenido depende del lugar en el que se abren.

Esta distribución es adecuada para las personas diestras, pero no para las personas zurdas; por ese motivo, la mayoría de los sistemas operativos permiten cambiar la configuración predeterminada de los botones para adecuarla a las personas zurdas; entonces, el botón derecho pasa a ser el principal, y el izquierdo, el secundario.

TECLADO BRAILLE

Las personas no videntes también pueden usar una computadora, gracias a los teclados braille. Estos teclados están compuestos por 6 u 8 teclas principales, una tecla de espacio y algunas auxiliares, que permiten lograr una gran velocidad de escritura. No solo se pueden conectar a una computadora (de escritorio o portátil), sino también pueden ser utilizados en dispositivos móviles.

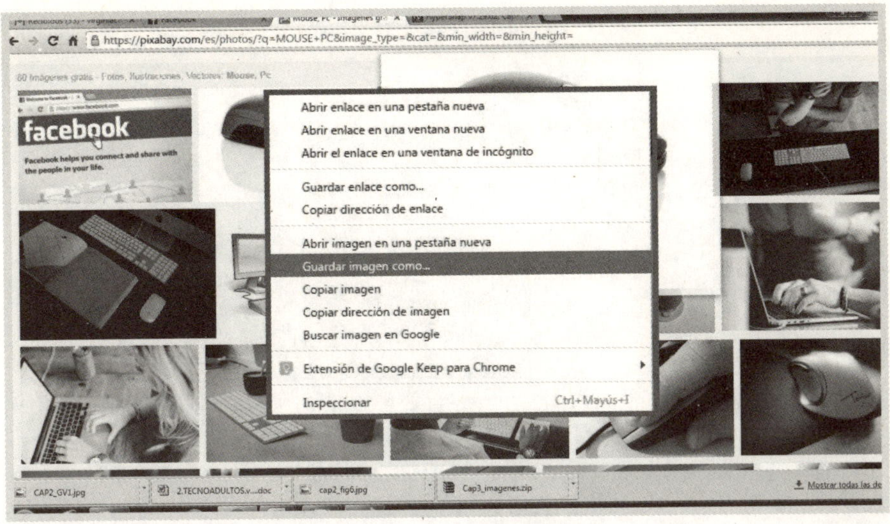

Figura 2. El botón secundario del mouse (derecho en la mayoría de las configuraciones) se utiliza para abrir **menús contextuales**, cuyas opciones varían según el programa u objeto sobre el cual hacemos clic con este botón.

A la acción de presionar cualquiera de los botones se la denomina **clic**, debido a la onomatopeya del sonido que produce la pulsación. Las expresiones "hacer clic" o "cliquear" se refieren a esta acción, vinculada al botón principal, que suele ser el izquierdo. Cuando el clic debe efectuarse con el botón secundario, es común utilizar la expresión "clic derecho", aunque es más correcta la expresión "hacer clic con el botón secundario" para incluir también la configuración para personas zurdas.

El **doble clic** se realiza solo con el botón principal y consiste en presionar este botón dos veces, rápidamente. Esta acción produce un evento diferente según el objeto sobre el cual se efectuó. Por ejemplo, en una interfaz gráfica como Windows, un doble clic sobre un asociado a un programa o a un archivo tendrá como efecto abrirlo, mientras que un procesador de textos, un doble clic sobre una palabra la seleccionará en su totalidad.

El doble clic puede presentar algunos inconvenientes a usuarios principiantes o personas con problemas de motricidad en los dedos de la mano, porque implica pulsar dos veces consecutivas el botón de manera suficientemente rápida, y al mismo tiempo, mantener el mouse inmóvil durante la operación. Una vez que el botón se ha pulsado una primera vez, la segunda pulsación debe realizarse en un determinado

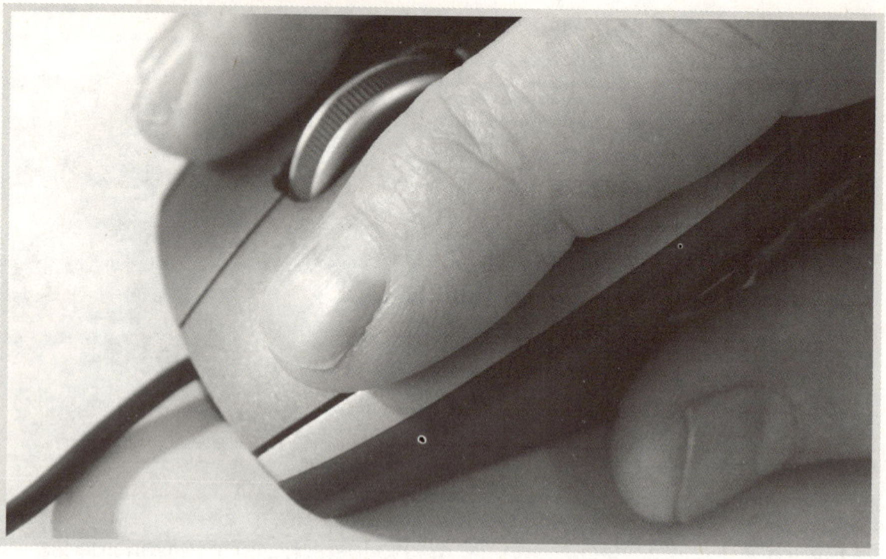

Figura 3. Para facilitar su uso, la mano se debe apoyar completamente sobre la superficie superior del mouse.

intervalo de tiempo, no mayor que un segundo. Nuevamente, la práctica y la paciencia pueden llevarnos al éxito, pero también existen algunas soluciones que se pueden configurar desde el sistema operativo, como veremos más adelante.

Una de las acciones que suelen intercalarse entre la pulsación y la liberación del botón, es el desplazamiento o **arrastre** del mouse mientras se mantiene presionado el botón principal. La secuencia **pulsar-arrastrar-soltar** (también conocida como **drag&drop**, por su denominación en inglés) se utiliza para seleccionar bloques de texto o mover rápidamente un objeto, como un , de una posición a otra. Esta es una acción más compleja, porque requiere un mayor esfuerzo

ZOOM RÁPIDO

Es posible aumentar el tamaño de lo que se visualiza en la pantalla de la computadora manteniendo presionada la tecla **CTRL** (**Control**), mientras se hace girar hacia adelante la rueda que se encuentra entre los dos botones del mouse. Para alejar (achicar), se mantiene presionada la tecla **CTRL** mientras se hace girar hacia atrás la rueda del mouse.

y precisión de la mano; pero a medida que se practica se descubren las ventajas de reunir en un solo paso varias acciones, que si se realizaran de otra forma, insumirían más tiempo.

Tipos de mouse

En la actualidad existen diferentes tipos de mouse, que difieren tanto en el tamaño como en el tipo de tecnología que utilizan. En la **Tabla 3** podemos ver algunos de los modelos más comunes.

TIPOS DE MOUSE SEGÚN SU TECNOLOGÍA

▼ TIPO	▼ DESCRIPCIÓN
MOUSE ÓPTICO	Su funcionamiento se basa en un sensor óptico que detecta las variaciones de movimiento. En superficies pulidas o sobre materiales brillantes, puede causar movimientos incorrectos o trabados en la pantalla, por lo que se recomienda utilizarlos siempre sobre un mouse pad o alfombrilla, preferentemente de color liso.
MOUSE LÁSER	Son los más sensibles y precisos, más utilizados para diseño gráfico y videojuegos de computadora que requieren mucha precisión en los movimientos.
MOUSE TOUCH	Es una placa lisa y sin botones, incorporada al teclado de las computadoras portátiles. Son multitáctiles, es decir que, toda la superficie actúa como los botones tradicionales. Los movimientos se realizan deslizando los dedos sobre esta superficie, y los clics se efectúan con uno o dos ligeros toques.

TIPOS DE MOUSE SEGÚN EL TIPO DE CONEXIÓN

▼ TIPO	▼ DESCRIPCIÓN
POR CABLE	El tipo común y económico. Se conectan a un puerto USB del equipo.
INALÁMBRICO O WIRELESS	No utilizan cables. La comunicación con la computadora se produce a través de un receptor, una señal infrarroja (como la de los controles remotos), o por Bluetooth.

Tabla 3. Para aquellas personas que suelen realizar trabajos sencillos en sus computadoras, una buena opción son los mouse ópticos convencionales.

Figura 4. Además de estos modelos, también podemos encontrar los **mouse mini**, con o sin cable, que por su pequeño tamaño se utilizan comúnmente en laptops, ya que es más fácil transportarlos.

El mouse táctil

En general, el mouse táctil –también conocido como **mouse touch** o **touchpad**– está integrado en las computadoras portátiles. Todas las personas que alguna vez utilizamos este mouse en una portátil sabemos que ofrece algunas dificultades en su manejo, especialmente de precisión. Siempre que sea posible, es más recomendable conectar un mouse convencional, con cable o inalámbrico. Pero, si estamos usando la laptop apoyada en nuestras piernas –tanto durante un viaje o simplemente porque deseamos consultar nuestros correos electrónicos en la cama o sentados en el sillón del living– es poco probable que podamos usar otro mouse que no sea el que trae incorporado el equipo.

Para estas situaciones resulta útil conocer algunas técnicas que ayudan a disminuir las frustraciones que provoca el manejo de esta pequeña superficie multitáctil. La mayoría de los modelos de touchpad incluyen dos botones que funcionan del mismo modo que en un mouse convencional: el izquierdo es el principal y el derecho es el secundario. Al deslizar los dedos sobre el panel táctil, podemos mover el puntero en la pantalla de la computadora. Una vez que el puntero está ubicado sobre un elemento de la pantalla, pulsamos el botón izquierdo o el derecho, para ejecutar los comandos o desplegar los menús. En la **Guía Visual 2** podemos observar la estructura del mouse táctil.

GUÍA VISUAL 2: MOUSE TÁCTIL

01 **BOTÓN IZQUIERDO O PRINCIPAL:** acciones de clic y doble clic.

02 **BOTÓN DERECHO O SECUNDARIO:** igual que en un mouse convencional, se utiliza para abrir menús contextuales.

03 **SUPERFICIE MULTITÁCTIL:** es una superficie plana, sensible al tacto. El deslizamiento de los dedos por toda la superficie mueve el puntero indicador por la pantalla.

04 **DESPLAZAMIENTO HORIZONTAL:** mueve el puntero en forma horizontal en ambos sentidos. Para una mayor precisión, es recomendable hacer este movimiento cerca del borde inferior de la superficie multitáctil.

05 **DESPLAZAMIENTO VERTICAL:** mueve el puntero en forma vertical en ambos sentidos. Para una mayor precisión, es recomendable hacer este movimiento cerca del borde derecho de la superficie multitáctil.

En la **Tabla 4** se describen los principales procedimientos que se realizan con el mouse táctil.

Es necesario tener en cuenta que utilizar el mouse táctil requiere de una buena dosis de paciencia, sobre todo si no hemos experimentado su uso, pero la práctica constante permite superar las dificultades y, en poco tiempo, manejaremos este dispositivo con soltura, rapidez y en forma completamente natural.

TIPOS DE MOUSE SEGÚN SU TECNOLOGÍA

▼ TIPO	▼ DESCRIPCIÓN
HACER CLIC	Con el puntero ubicado sobre un objeto en pantalla, pulsamos el botón izquierdo (principal) una vez. También podemos hacer clic tocando suavemente el panel táctil una vez.
HACER DOBLE CLIC	Con el puntero ubicado sobre un objeto, pulsamos el botón izquierdo (principal) dos veces seguidas. También podemos hacer doble clic tocando el panel táctil dos veces, rápidamente.
HACER CLIC CON EL BOTÓN DERECHO (SECUNDARIO)	Con el puntero ubicado sobre un objeto o en cualquier parte de la pantalla, pulsamos el botón derecho una vez.
ARRASTRAR Y SOLTAR	Con el puntero ubicado sobre un objeto, pulsamos el botón izquierdo una vez y, mientras mantenemos pulsado este botón, deslizamos un dedo sobre el panel táctil. Otra forma de lograr el mismo procedimiento consiste en tocar el panel táctil dos veces rápidamente y, junto con el segundo toque, deslizar el dedo. Cuando el objeto se haya movido a una nueva posición, soltamos el botón izquierdo.
SELECCIONAR UN BLOQUE DE TEXTO	Con el puntero ubicado al inicio del texto que deseamos seleccionar, mantenemos presionado el botón izquierdo mientras deslizamos los dedos sobre la superficie multitáctil. Luego de seleccionar el texto, soltamos la presión del botón.

Tabla 4. Estos procedimientos pueden ejecutarse en el mouse táctil de cualquier laptop. Algunas marcas y algunos sistemas operativos –como Windows 8 y Windows 10– admiten otros gestos, como por ejemplo, abrir o cerrar dos dedos sobre la superficie para hacer zoom.

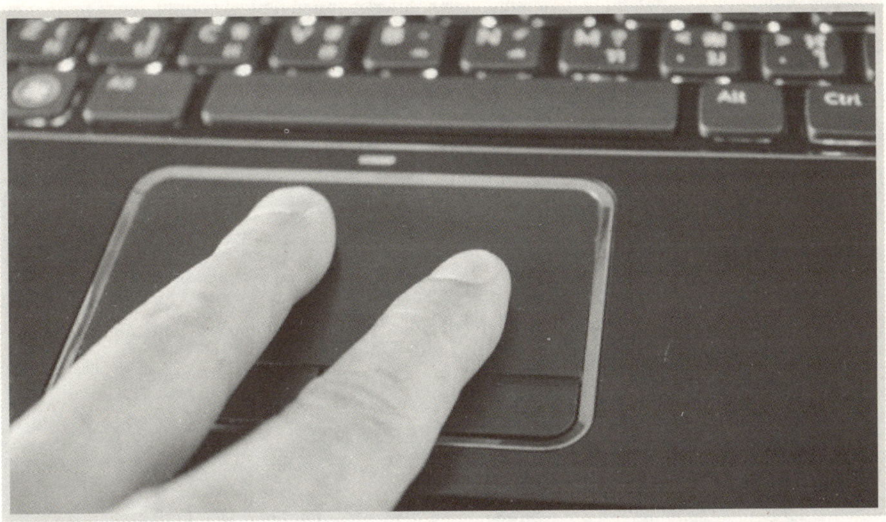

Figura 5. Gran parte de las acciones que podemos hacer con el **touchpad** de una laptop se efectúan solo con dos dedos.

PRÁCTICA 1: Configuración del mouse

Como mencionamos antes, el sistema operativo ofrece algunas opciones para realizar ajustes con el mouse, un dispositivo de entrada muy importante, aunque a veces resulta difícil de manejar. Una de estas opciones es intercambiar el funcionamiento de los botones para que puedan resultar accesibles a una persona zurda; pero también es posible ajustar otros parámetros que nos permitirán obtener una mayor precisión y control de este dispositivo.

En el siguiente **Paso a paso** aprenderemos a realizar estos ajustes a través de Windows 10.

ERGONOMÍA

La **ergonomía** es la disciplina que se encarga del diseño de lugares de trabajo, herramientas y tareas, de modo que coincidan con las características fisiológicas, anatómicas, psicológicas y las capacidades del trabajador. Aplicada al ámbito de las tecnologías digitales, es el estudio de las condiciones de comodidad para lograr una mejor experiencia en el uso de computadoras y otros dispositivos.

PXP 1: AJUSTES DEL MOUSE CON WINDOWS 10

01 Haga clic en el botón `Inicio` que se encuentra ubicado en la esquina inferior izquierda de la pantalla y está identificado con el logo de Windows. Se desplegará un menú con diferentes opciones. En el panel izquierdo, haga clic en `Configuración` o `Settings`.

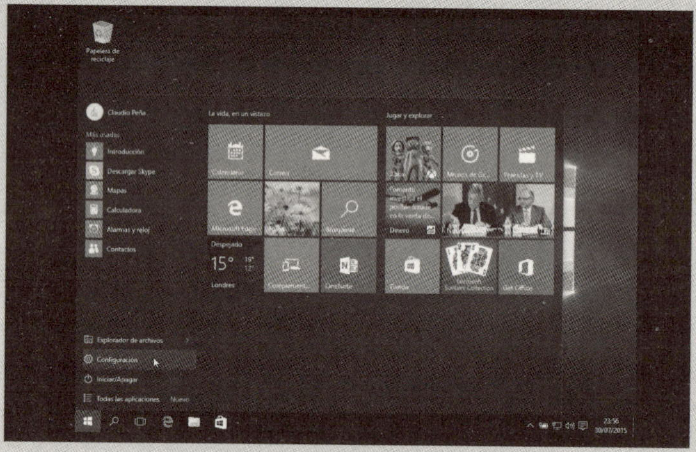

02 En la siguiente ventana haga clic en `Dispositivos` o `Devices`.

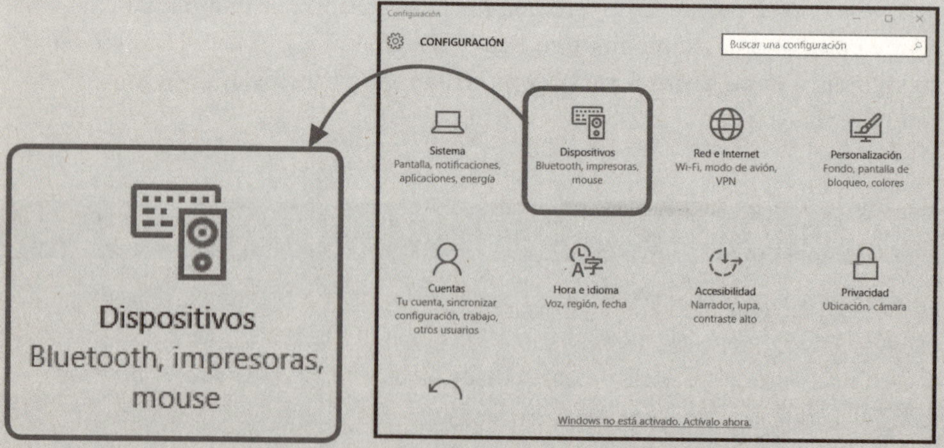

03 En el panel izquierdo de la siguiente ventana haga clic en `Mouse y panel táctil` (`Mouse & touchpad`). Desde el panel central, puede cambiar el botón primario (el izquierdo es el predeterminado). También puede utilizar la barra deslizante para determinar cuántas líneas debe desplazarse el texto o la pantalla cuando gira la rueda central del mouse. Luego de configurar estas opciones, haga clic en `Opciones de mouse adicionales` (`Additional mouse options`).

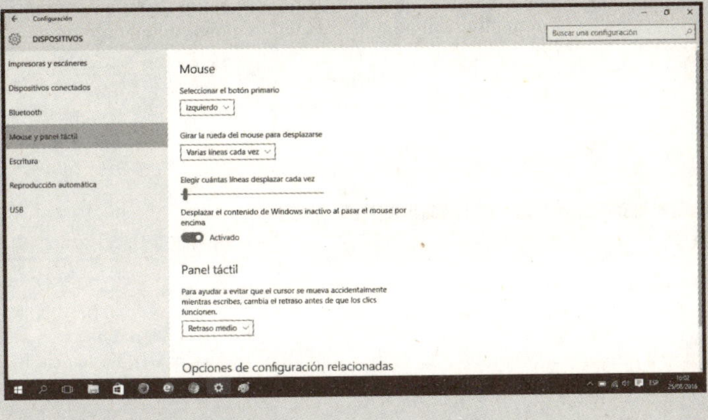

04 En esta nueva ventana, puede ajustar la velocidad del doble clic desde la barra deslizante y activar el bloqueo de clic para arrastrar sin mantenerlo presionado.

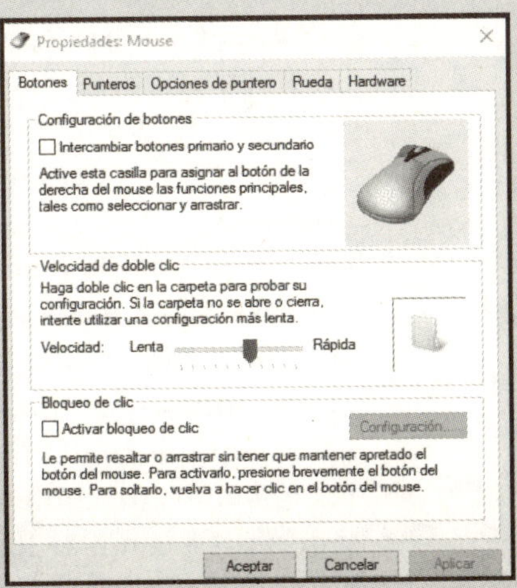

05 Si está utilizando una laptop, al hacer clic en `Opciones de mouse adicionales` (`Additional mouse options`), se mostrarán las opciones de configuración para el mouse táctil.

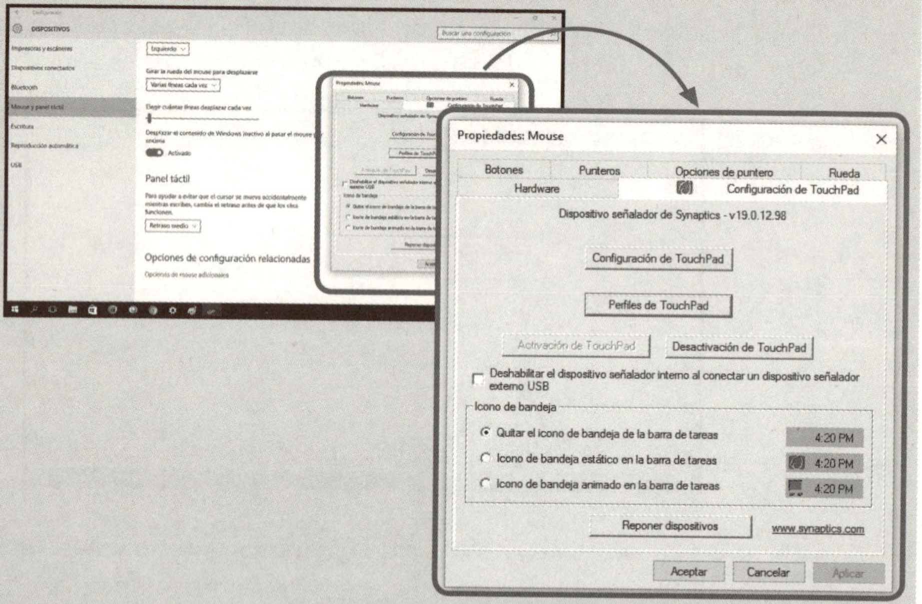

La forma de configurar las opciones relacionadas con el mouse es similar en las diferentes versiones de Microsoft Windows.

Aunque en este ejemplo usamos Windows 10, los mismos pasos pueden ser ejecutados en Windows 8 y de manera similar, en Windows 7 o también en versiones anteriores. Por otra parte, en una computadora con sistema operativo Mac OSX, se debe utilizar la ventana **Preferencias del Sistema**, desde donde se configuran el mouse y otros dispositivos conectados al equipo, y lo mismo sucede en un equipo con Linux. En todos los casos, las opciones de configuración son similares y permiten cambiar los botones principal y secundario, ajustar la velocidad del doble clic y de los desplazamientos.

Dispositivos de salida

Este conjunto de elementos del hardware está formado por aquellos elementos que reciben información del sistema y, a partir de ella, emiten una señal que es perceptible para el usuario. El principal dispositivo de salida es el monitor o pantalla, en el que visualizamos todo lo que sucede en una computadora, desde una página web, un documento, un programa, una imagen, un video, un correo electrónico hasta mensajes que envía el mismo sistema.

De este dispositivo fundamental ya hablamos extensamente en el capítulo anterior; por lo tanto, ahora nos centraremos en otros dispositivos de salida, entre los que podemos mencionar la impresora y los parlantes o altavoces.

Impresora

La impresora permite obtener en papel una copia del contenido de textos o imágenes que tenemos en la pantalla. No obstante, el aumento de la conciencia ambiental a nivel global ha relegado este dispositivo a un uso solo indispensable (la mayor parte de los papeles que se imprimen terminan en la basura), en el ámbito hogareño pueden ser útiles para imprimir nuestras fotos favoritas o un recetario que deseamos tener a mano en la cocina. Pero los nuevos modelos, denominados **multifunción**, ofrecen también la posibilidad de escanear documentos, realizar fotocopias, imprimir fotografías directamente desde una tarjeta de memoria o pendrive, e incluso conectarse a una red WiFi. Estos equipos, aunque la computadora esté apagada, pueden funcionar para

Figura 6. Epson ofrece una nueva línea de impresoras denominadas **Epson EcoTank**, que no utiliza cartuchos de tinta, sino un depósito recargable.

fotocopiar un documento o imprimir imágenes, insertando la tarjeta de memoria de la cámara digital directamente en la impresora.

Para las funciones de impresión, por lo general se utilizan cuatro cartuchos de tinta: negro, magenta, cian y amarillo. La combinación de estos colores permite obtener toda la gama de la escala cromática, aunque la calidad de la impresión dependerá de la resolución de la impresora y del tipo de papel. Por ejemplo, para imprimir imágenes, existen papeles de calidad fotográfica tanto mate como con brillo; el resultado será totalmente diferente del que se obtiene sobre un papel común, que resulta más apropiado para imprimir textos.

Micrófono, parlantes y cámara

Estos dispositivos permiten crear o reproducir multimedia, y se han convertido en instrumentos indispensables para interactuar con determinadas aplicaciones. El **micrófono** es un dispositivo de entrada que se utiliza para grabar sonidos o comunicarnos a través de la voz en determinadas aplicaciones.

Por su parte, los **parlantes** son dispositivos de salida que permiten escuchar el audio de la computadora, proveniente de **podcasts** (archivos de audio), videos o para la reproducción de música desde un CD.

Las **webcam** son dispositivos de entrada que permiten grabar videos o tomar fotos, y transmitirlos en tiempo real a través de internet.

La mayoría de los equipos All-in-One y de las computadoras portátiles tienen incorporados estos dispositivos, aunque es posible conectarlos externamente. En su conjunto, son indispensables para comunicaciones de videollamadas a través de **Skype** u otras similares.

IMPRESORAS 3D

Seguramente hemos oído acerca de estas impresoras, capaces de realizar réplicas de diseños en 3D, creando piezas o maquetas con volumen a partir de un diseño hecho en la computadora. El concepto que subyace en estos equipos es el de crear prototipos reales o 3D para arquitectura y diseño industrial. En la actualidad, se está extendiendo su uso en la fabricación de prótesis médicas, ya que la impresión 3D permite adaptar las piezas fabricadas a las características de cada paciente.

Figura 7. El micrófono, los parlantes y la cámara, integrados en un equipo portátil, lo convierten en un medio ideal para mantener el contacto con familiares y amigos.

Dispositivos de almacenamiento

Comenzamos a hablar de ellos en el capítulo anterior, pero es importante retomar este grupo de elementos del hardware que permiten guardar información de forma permanente, y recuperarla en la misma computadora o, en algunos casos, transportarla en un soporte físico para ser recuperada en otro equipo.

Aunque la **computación en la nube** (de la que hablaremos en el **Capítulo 5**) ha reemplazado a la mayoría de los dispositivos de almacenamiento portátiles por su posibilidad de compartir fácilmente todo tipo de archivos, algunos continúan siendo indispensables, como el disco duro, necesario para guardar los programas que utilizamos, o los discos **Blu Ray**, que nos permiten ver videos y juegos en alta definición.

Los dispositivos de almacenamiento guardan datos para recuperarlos cuando sea necesario.

En la **Tabla 5** se exponen los principales medios de almacenamiento que se utilizan actualmente, clasificados por el tipo de tecnología que emplean.

CLASIFICACIÓN DE DISPOSITIVOS DE ALMACENAMIENTO

TIPO	SUBTIPO	DESCRIPCIÓN
DISCOS ÓPTICOS: utilizan rayos láser para leer y escribir la información en la superficie del disco.	**CD**	Siglas de *Compact Disk* o disco compacto. Es un disco circular de aproximadamente 12 cm de diámetro, que puede almacenar hasta 80 minutos de audio o 700 MB de datos. Se clasifican en CD-ROM (solo lectura), CD-R (permite grabar datos sin sobrescribir a los existentes), CD-RW (puede ser utilizado muchas veces porque sobrescribe la información) y CD-A (disco compacto de audio).
	DVD	Siglas de Disco Versátil Digital. Similares en aspecto y tamaño a los CDs, difieren en su mayor capacidad y calidad de sonido e imagen. Su clasificación es similar a la de los CDs.
	BLU RAY	Es un formato de disco óptico de nueva generación empleado para vídeo de alta definición (HD), y con mayor capacidad de almacenamiento de datos de alta densidad que la del DVD. ▶

NINGÚN DISPOSITIVO DE ALMACENAMIENTO ES 100% SEGURO

A pesar de que cada día se desarrollan mejoras en la tecnología, ningún dispositivo de almacenamiento es totalmente seguro y perdurable en el tiempo. Las fotos de un viaje o del primer año de un nieto o nieta, son recuerdos invaluables que pueden perderse por una alteración de la tensión eléctrica que afecta al disco duro, polvo o rayones en la superficie de un CD o por extraer inadecuadamente un pendrive. Una buena práctica es guardar en diferentes dispositivos toda la información que no deseamos perder.

▼ TIPO	▼ SUBTIPO	▼ DESCRIPCIÓN
DISCOS MAGNÉTICOS: piezas metálicas a las que se han aplicado, por ambos lados, una película magnética que permite almacenar información. Para grabar y leer la información, utilizan cabezales que se mueven por las distintas partes del disco mediante brazos.	**DISCO DURO** (interno o externo)	Están formados por un conjunto de discos situados uno encima de otro, unidos por un eje común. Entre dos discos consecutivos, hay un espacio en el que se mueve la cabeza de lectura/escritura. Son los que ofrecen la mayor cantidad de espacio de almacenamiento, y también los más seguros y durables.
MEDIOS ELECTRÓNICOS: son los más recientes y los que tienen mayores posibilidades de desarrollo y evolución. Utilizan circuitos electrónicos para leer y grabar información. Ofrecen una gran capacidad de almacenamiento en un tamaño reducido y fácilmente transportable.	**PENDRIVE**	También conocidos como **memoria USB**, permiten almacenar y transportar fácilmente todo tipo de datos. Algunos pueden ser utilizados para almacenar versiones portables de sistemas operativos o programas.

Tabla 5. Todos los dispositivos de almacenamiento necesitan de un **soporte** para su funcionamiento. Por ejemplo, para leer o grabar un CD o un DVD, se utiliza una unidad de soporte específica.

SISTEMA OPERATIVO

El sistema operativo es el programa más importante de una computadora, y también de los smartphones y las tablets. Su importancia se debe a que este programa cumple dos funciones principales: por un lado, la administración de todos los recursos del hardware y, por otro, es el que define el tipo de programas o aplicaciones que se pueden utilizar en ese equipo. Cuando encendemos una computadora, el primer programa que se ejecuta automáticamente es el sistema operativo.

Como vimos en el **Capítulo 1**, existen diferentes sistemas operativos. En este capítulo nos centraremos en el análisis de algunas funciones de **Windows 10**, la última versión disponible (en el momento de edición de este libro) del sistema operativo Windows, desarrollado por Microsoft desde 1985. Sin embargo, es importante aclarar que muchas de las tareas y los procedimientos que se explican en este capítulo también pueden ejecutarse en versiones anteriores, como **Windows 8**, **Windows 7**, e incluso, **Windows XP**; aunque pueda cambiar el nombre o la ubicación de un comando, el concepto central de cada procedimiento o función es el mismo.

La elección de un sistema Windows para mostrar algunas de las tareas que podemos realizar con el sistema operativo se debe a dos razones principales: por un lado, se encuentra instalado, en alguna de sus versiones, en la mayoría de las computadoras hogareñas; y por otro, es también el más utilizado en los cursos de introducción al uso de computadoras personales. Además, podemos señalar que su uso es muy simple e intuitivo.

La interfaz de Windows

Cada vez que encendemos la computadora, se inicia un proceso por el cual se cargan los archivos del sistema, necesarios para que el usuario interactúe con el equipo y para que el equipo interactúe con otros dispositivos, como la pantalla, el teclado o el mouse. Cuando el proceso de inicio está completado, accedemos a la interfaz del sistema operativo, que en Windows se denomina **Escritorio**.

La **Guía Visual 3** muestra las partes del Escritorio de Windows 10.

MICROSOFT EDGE

Es el navegador web incluido en Windows 10, que reemplaza a Internet Explorer como navegador web preestablecido. Es el único que permite (sin aplicaciones adicionales) tomar notas, escribir, dibujar y resaltar directamente en páginas web. Otras funciones destacadas son: la Vista de lectura, que simplifica la vista de la página web dejando solo el texto con las imágenes, y la Lista de lectura, para marcar artículos que deseamos leer en otro momento.

GUÍA VISUAL 3: MENÚ DE WINDOWS 10

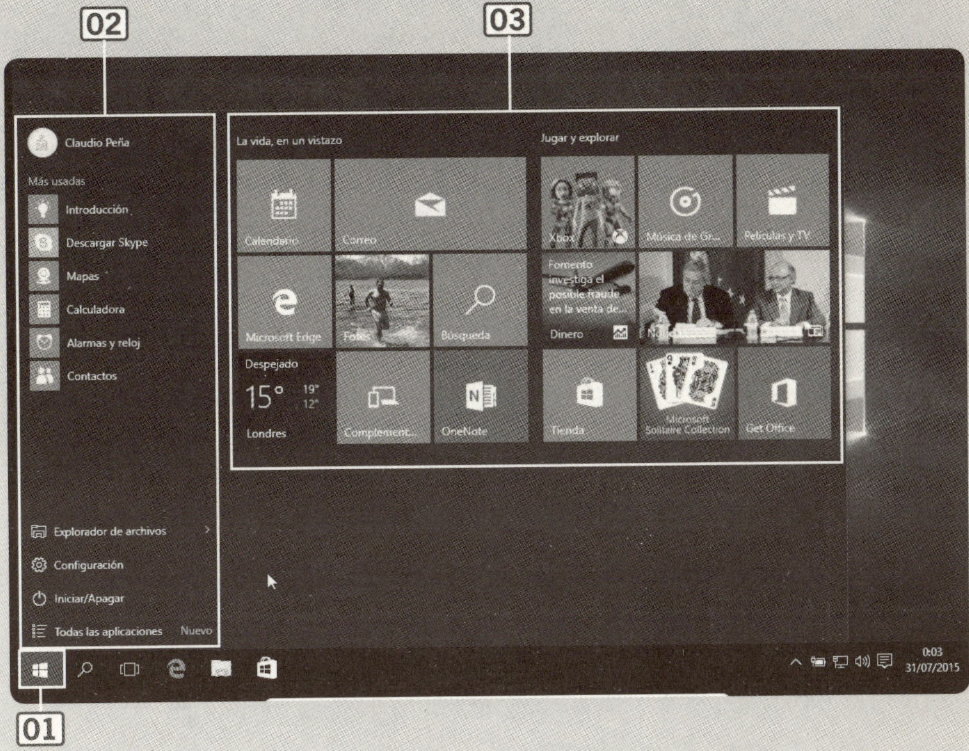

01 **INICIO:** haciendo clic en este botón, se despliegan simultáneamente dos paneles que nos permiten acceder a los programas y a otras aplicaciones y funciones propias del sistema operativo.

02 **PANEL IZQUIERDO:** la parte superior del panel izquierdo del menú **Inicio** muestra los programas que más utilizamos en el equipo, y desde la parte inferior podemos acceder al **Explorador de archivos**, a las opciones de configuración, apagar el equipo y acceder a **Todas las aplicaciones**, para ver la lista completa de programas que se encuentran instalados.

03 **PANEL DERECHO:** este panel está organizado en forma de mosaicos, siguiendo el diseño de la interfaz Modern UI de Windows 8. Los mosaicos de este panel denominados Live Tiles muestran el acceso al correo electrónico, calendario, redes sociales, juegos y a diferentes aplicaciones, entre las que se incluye la Tienda de Windows para buscar e instalar nuevos programas.

▶ GUÍA VISUAL 3: MENÚ DE WINDOWS 10 (*Cont.*)

04 **ÁREA DE NOTIFICACIONES DE LA BARRA DE TAREAS:** muestra la fecha y la hora, y el acceso a herramientas de Windows, como el control de volumen, la extracción segura de dispositivos USB, el estado de la batería (en equipos portátiles), el idioma y el icono de acceso al **Centro de actividades**.

05 **ÁREA DE ACCESO RÁPIDO DE LA BARRA DE TAREAS:** contiene el acceso directo al **Explorador de archivos**, a **Edge** y a la **Tienda de Windows**, entre otros iconos predeterminados. También aparecerán en esta sección los iconos de las aplicaciones que tenemos abiertas.

06 **BÚSQUEDA:** haciendo clic en la lupa, aparece un cuadro de texto para buscar un archivo o programa del equipo, y ampliar esta búsqueda también en internet.

PRÁCTICA 2: Acceso a los programas

Desde el menú **Inicio**, al que se accede haciendo clic en el botón **Inicio** ubicado en el extremo izquierdo de la barra de tareas, podemos buscar y ejecutar todos los programas que se encuentran instalados en la computadora. Sin embargo, por cuestiones de tamaño, tanto el panel izquierdo como el panel derecho de este menú, muestran solo algunos de ellos. Para acceder al listado completo de aplicaciones, debemos hacer clic en el comando **Todas las aplicaciones**, que se encuentra en la parte inferior del panel izquierdo.

El proceso que debemos llevar a cabo cada vez que necesitemos buscar un programa que esté instalado en el equipo se muestra en detalle en el siguiente **Paso a paso**.

PXP 2: BUSCAR UN PROGRAMA EN WINDOWS 10

01 Haga clic en el botón `Inicio` y, en el panel izquierdo, haga clic en `Todas las aplicaciones` (`All apps`).

02 Aparecerá el listado de todos los programas instalados en el equipo, ordenados alfabéticamente. Puede recorrer la lista hasta encontrar el programa deseado y hacer doble clic sobre él para abrirlo.

▶

03 Para localizar un programa más rápidamente, haga clic sobre cualquiera de las letras que encabeza una sección. Aparecerán todas las letras del alfabeto para filtrar la búsqueda por la letra inicial del nombre del programa. Haga clic sobre la letra que le interesa y verá el listado filtrado. Para volver al listado completo haga clic en `Atrás (Back)`.

También podemos buscar un programa escribiendo su nombre en el cuadro de búsqueda que se encuentra a la derecha del botón **Inicio**. En ambos casos, luego de localizar el programa que buscamos, hacemos clic sobre su para abrirlo.

Anclar aplicaciones

Para tener a mano un programa que utilizamos con mayor frecuencia, podemos **anclarlo**, es decir, dejarlo fijo en el menú **Inicio** o en la barra de tareas. Para ello, en el panel izquierdo del menú **Inicio** hacemos clic con el botón secundario del mouse sobre la aplicación que nos interesa, y en el menú contextual seleccionamos **Anclar a Inicio** o **Anclar a la barra de tareas**. En el primer caso, el programa aparecerá siempre en el panel izquierdo del menú **Inicio**, en la sección **Más usadas**. En el segundo caso, el del programa seleccionado estará disponible en la barra de tareas.

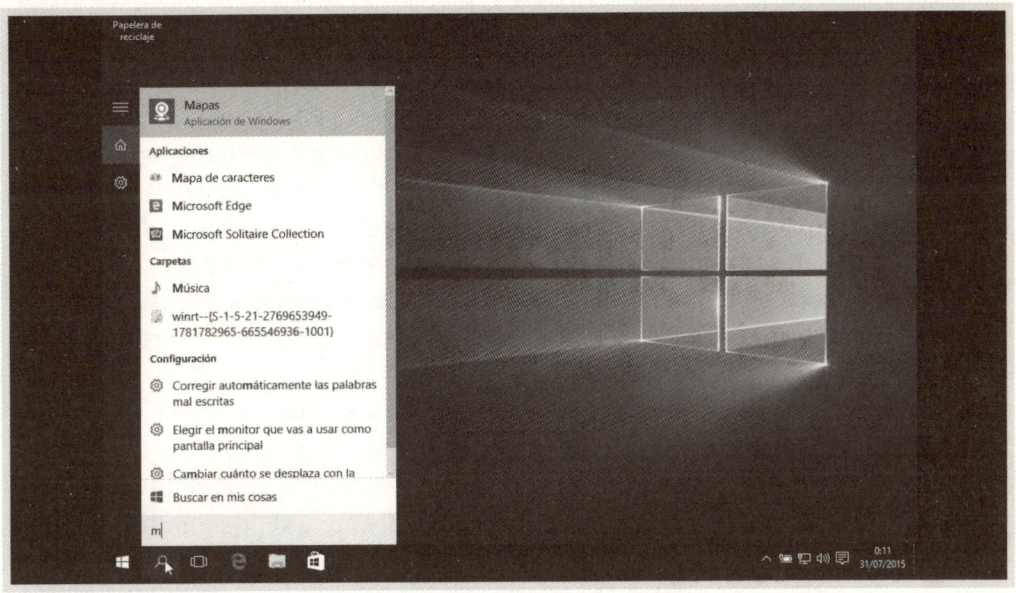

Figura 8. Al escribir solo una letra en el cuadro de búsqueda, se despliega un menú de opciones vinculadas con la letra ingresada.

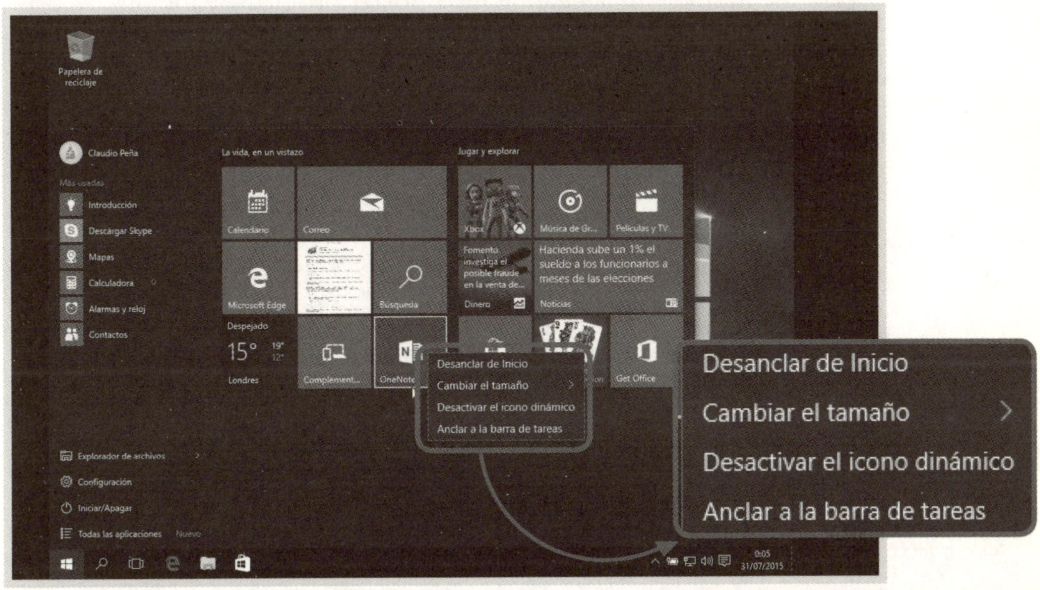

Figura 9. También podemos anclar un mosaico del panel derecho, haciendo clic con el botón secundario del mouse sobre él, para elegir la opción **`Anclar a barra de tareas`** en el menú contextual.

El Explorador de archivos

En palabras simples, un **archivo** es la información que creamos en un programa. Puede ser un documento de texto, una planilla de cálculo, una imagen, un video o un audio. Todos los archivos tienen un nombre y una **extensión,** compuesta por tres letras, que le asigna el mismo programa para identificar el tipo de archivo. El nombre y la extensión están separados por un punto. Por ejemplo, el archivo **recetas dulces.docx** está generado en el programa Microsoft Word, mientras que **aniversario de los abuelos.jpg** es una imagen. Cuando abrimos un archivo, se abre también el programa asociado a él.

No todos los archivos son creados por los usuarios; cada programa que ejecutamos está formado por diferentes archivos, que contienen información o cumplen funciones específicas. Por ejemplo, todos los programas tienen un archivo con la extensión **.EXE,** que indica que son **ejecutables**, es decir, que son los encargados de abrir el programa. Cuando hacemos clic en el icono de un programa para abrirlo, en realidad estamos llamando al archivo ejecutable representado gráficamente por un icono.

Para facilitar su almacenamiento y posterior localización, los archivos se guardan en diferentes **carpetas** (virtuales) que son ubicaciones específicas dentro de una unidad de almacenamiento. Esto permite una mejor organización, ya que, en lugar de tener los archivos "sueltos" en una unidad, los agrupamos de acuerdo con la información que contienen. Por ejemplo, podemos tener carpetas diferentes para los archivos de gastos, de fotos de un cumpleaños, de recetas de cocina, o cualquier otro tipo de agrupamiento que necesitamos.

Por otra parte, cada vez que instalamos un programa en la computadora, este se encarga de crear su propia carpeta para

CREAR ACCESOS DIRECTOS

Los accesos directos en el Escritorio son la forma más rápida de encontrar los programas o archivos que utilizamos con frecuencia, sin necesidad de pasar por el menú **Inicio**. Para crear un acceso directo, hacemos clic en el botón **Inicio**, y luego hacemos clic y arrastramos hacia cualquier parte libre del escritorio, el nombre de un programa desde el panel izquierdo o un mosaico del panel derecho.

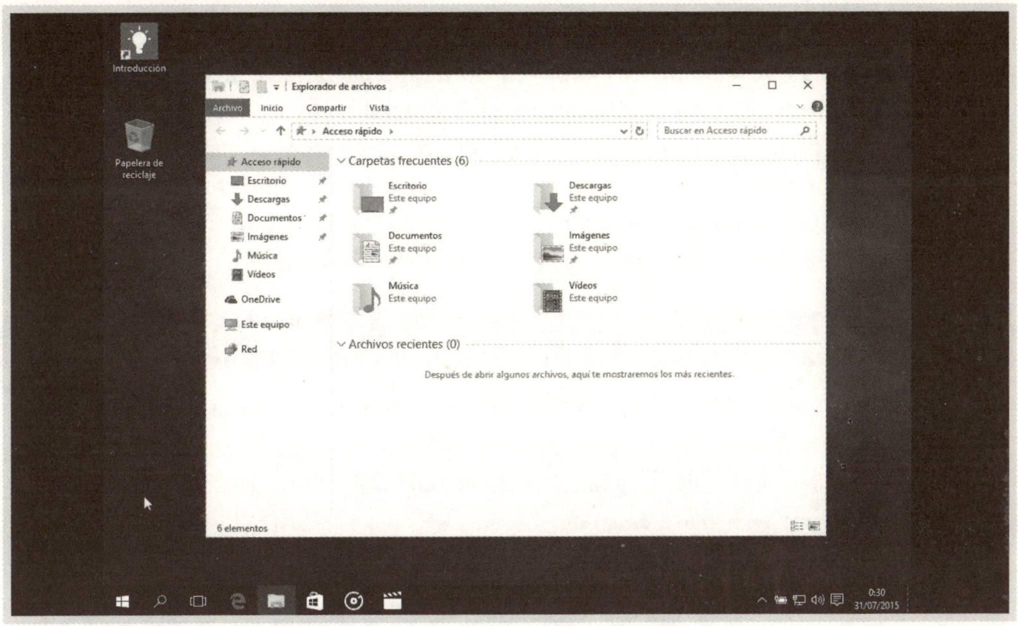

Figura 10. El panel izquierdo del **Explorador de archivos** muestra las carpetas del sistema, como **Acceso rápido** o **Documentos**, entre otras. El panel derecho muestra el contenido de la carpeta seleccionada.

mantener juntos todos los archivos que necesita para su ejecución y funcionamiento. Una carpeta, además de archivos, puede contener otras carpetas, dependiendo de la organización que deseamos establecer para nuestros archivos.

El **Explorador de archivos** de Windows 10, denominado **Explorador de Windows** en versiones anteriores, es un componente importante del sistema operativo porque nos permite ver y organizar todas las carpetas y los archivos. Accedemos a este explorador desde el icono correspondiente en la barra de tareas o desde el panel izquierdo del menú **Inicio**, haciendo clic en **Explorador de archivos** (**File Explorer**). Si tenemos un teclado que incluye una tecla **WINDOWS** (muestra el logo de Windows), podemos acceder rápidamente al explorador si presionamos simultáneamente esta tecla junto con la tecla **E**.

Para organizar nuestras carpetas y archivos debemos utilizar un componente del sistema denominado Explorador de archivos.

PRÁCTICA 3: Crear carpetas

Además de visualizar el contenido de las carpetas y los archivos que ya se encuentran en el equipo, el Explorador de archivos permite que los usuarios creemos nuestras propias carpetas para organizar información según nuestras necesidades. En el siguiente **Paso a paso** aprenderemos a crear una carpeta personal dentro de una carpeta ya creada por el sistema, como por ejemplo, **Documentos**.

PXP 3: CREAR UNA CARPETA EN EL EXPLORADOR DE ARCHIVOS

01 Abra el Explorador de archivos haciendo clic en el botón `Inicio` y luego en `Explorador de archivos (File Explorer)` en el panel izquierdo del menú. También puede hacer clic en el icono correspondiente a `Explorador de archivos` en la barra de tareas.

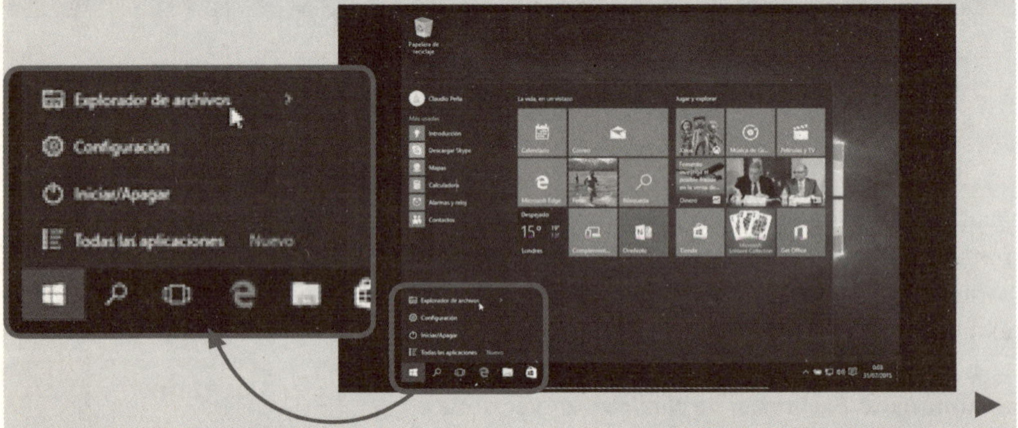

IDENTIFICAR ICONOS

Los iconos de Windows representan de forma gráfica e intuitiva a los programas, las carpetas y los archivos de nuestro equipo. Mediante la exploración y la práctica, pronto aprendemos a reconocerlos fácilmente. Pero si no sabemos qué elemento está asociado a un icono, podemos pasar el puntero del mouse por encima de él (sin hacer clic) y aparecerá una pequeña etiqueta de identificación.

02 En el panel izquierdo del explorador, haga clic sobre alguna de las carpetas predeterminadas, como `Imágenes` o `Documentos`. También puede hacer clic sobre una de estas carpetas en el panel central.

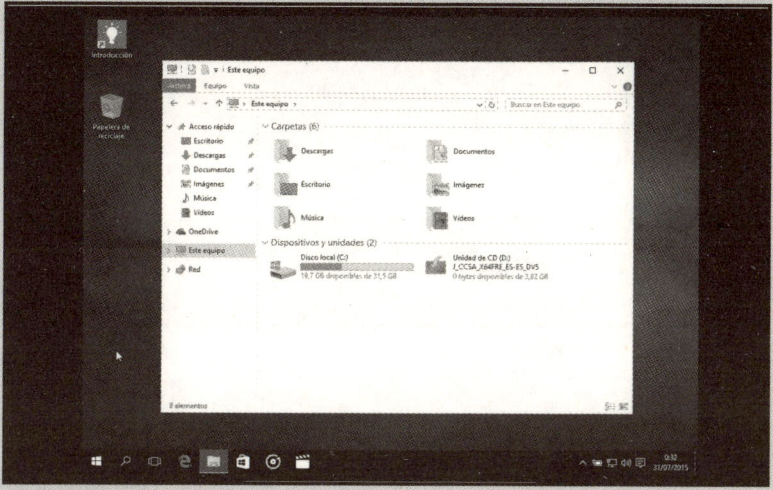

03 Haga clic en la solapa `Inicio` (Home) y luego seleccione la opción Nueva `carpeta` (`New folder`).

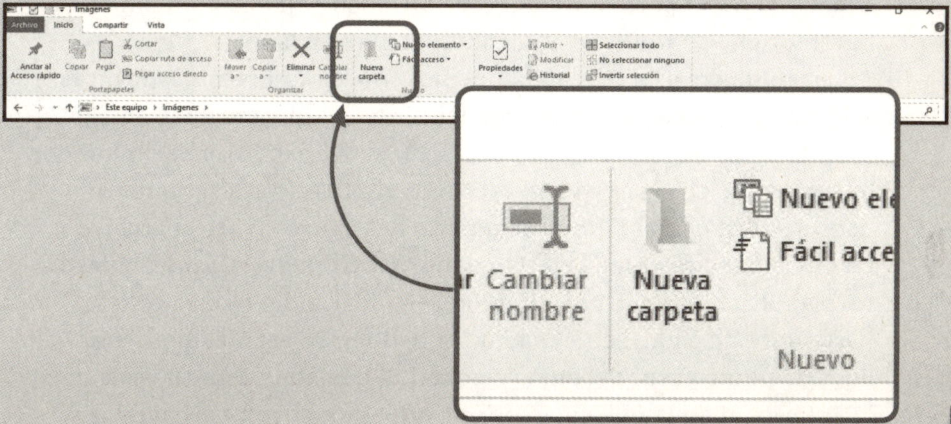

04 El nuevo elemento aparecerá en el panel central con el nombre predeterminado de `Nueva carpeta` (o `New folder`) resaltado en azul, que indica que puede escribir directamente un nuevo nombre para identificarla. Luego de escribir el nombre, presione la tecla ENTER (o INTRO) para confirmar.

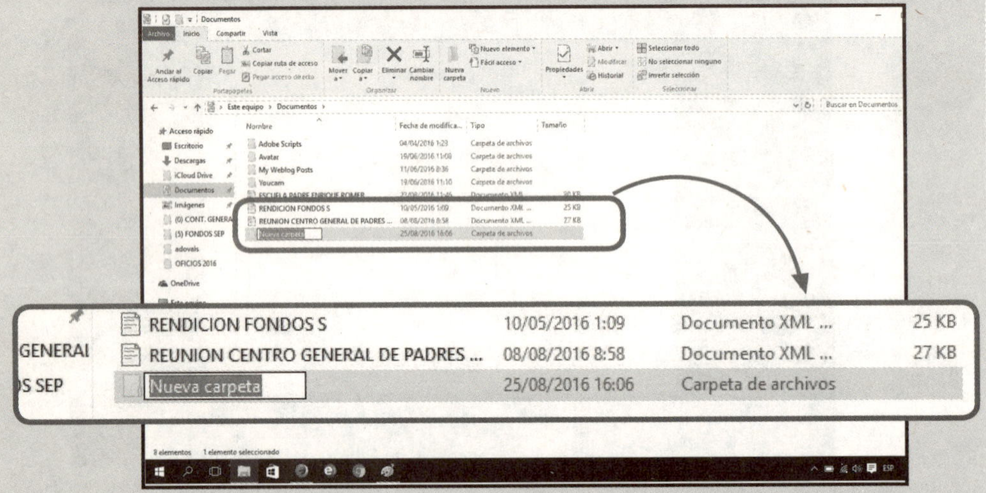

También podemos crear una carpeta directamente en el Escritorio de Windows; para ello, hacemos clic con el botón secundario del mouse sobre cualquier parte libre del escritorio; en el menú contextual, hacemos clic sobre **Nuevo** y, a continuación, en **Carpeta**.

Luego de crear la carpeta, podemos mover archivos desde otras carpetas o guardar directamente los archivos que creamos en algún programa. En el primer caso, localizamos el archivo en el explorador, hacemos clic sobre él y lo arrastramos hasta nuestra carpeta. O hacemos clic con el botón secundario del mouse sobre el archivo y, en el menú contextual, seleccionamos **Cortar**; luego abrimos nuestra carpeta, hacemos clic con el botón secundario del mouse en una parte libre de esta y, en el menú contextual, seleccionamos **Pegar**. En el segundo caso, debemos ejecutar el comando **Guardar como** de la aplicación en la que estamos creando un archivo, para buscar y seleccionar nuestra carpeta.

PRÁCTICA 4: Pasar archivos de imágenes del móvil a la PC

Si nos gusta tomar fotografías con nuestro dispositivo móvil, rápidamente la tarjeta de memoria puede verse sobrecargada, impidiéndonos sacar nuevas fotografías. Una buena práctica es borrar aquellas que ya no nos interesan (aprenderemos cómo hacerlo en el próximo capítulo). Sin embargo, esta no es una buena opción si tenemos fotos de nuestros viajes, cumpleaños, o simplemente, recuerdos valiosos para nosotros.

Los dispositivos móviles se pueden conectar a una computadora de escritorio o portátil a través de USB, como si fuera un pendrive o un disco externo. Por lo tanto, para realizar esta práctica, lo primero que debemos hacer es buscar el cable USB que nos entregaron junto con el equipo móvil, y conectar un extremo del cable al smartphone o la tablet, y el otro extremo a la computadora.

En forma automática, la computadora reconocerá al dispositivo conectado y aparecerá una ventana con diferentes opciones, en la que seleccionaremos **Abrir carpeta para ver archivos**. Este comando abrirá el Explorador de archivos, donde podemos explorar el contenido del móvil conectado o realizar otras acciones, como por ejemplo, pasar las imágenes a una carpeta de la computadora que creamos previamente.

El siguiente **Paso a paso** muestra este procedimiento, aunque es necesario aclarar que las imágenes pueden diferir según el tipo de dispositivo móvil conectado como así también los nombres de las carpetas dentro de ese dispositivo, que son propios de cada sistema operativo móvil. En el siguiente ejemplo, se utiliza un smartphone con sistema operativo Android.

VER NUESTRAS FOTOS EN CUALQUIER DISPOSITIVO

Windows 10 permite sincronizar las fotos, videos y cualquier otro documento almacenado en un móvil Android o iOS, a través del servicio de almacenamiento gratuito OneDrive. Las fotos y videos se podrán ver luego en la computadora a través de la aplicación Fotos. Para ello es necesario instalar la aplicación OneDrive en el móvil.

PXP 4: MOVER ARCHIVOS DEL MÓVIL A LA PC

01 Luego de conectar el dispositivo móvil a la computadora, abra el Explorador de archivos. En el panel izquierdo, haga clic en `Este equipo` (`This Pc`). En el panel central haga doble clic sobre el icono de su dispositivo móvil.

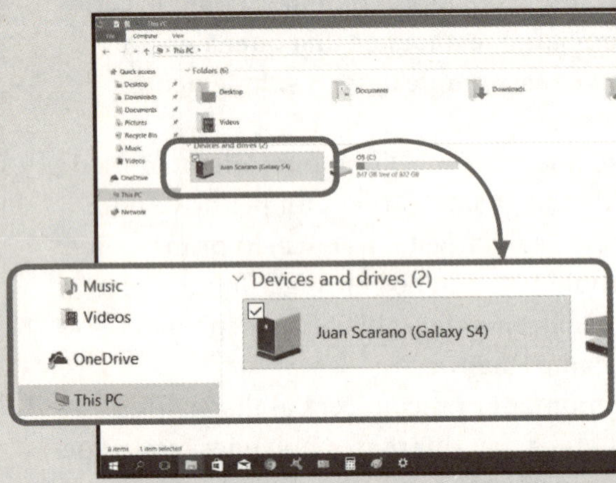

02 Aparecerán las diferentes carpetas del dispositivo. Generalmente, las imágenes se almacenan en la carpeta `Cámara` o `DCIM` (en Android). Si usted no localiza esta carpeta, puede explorar cada una hasta encontrar la que contiene las imágenes.

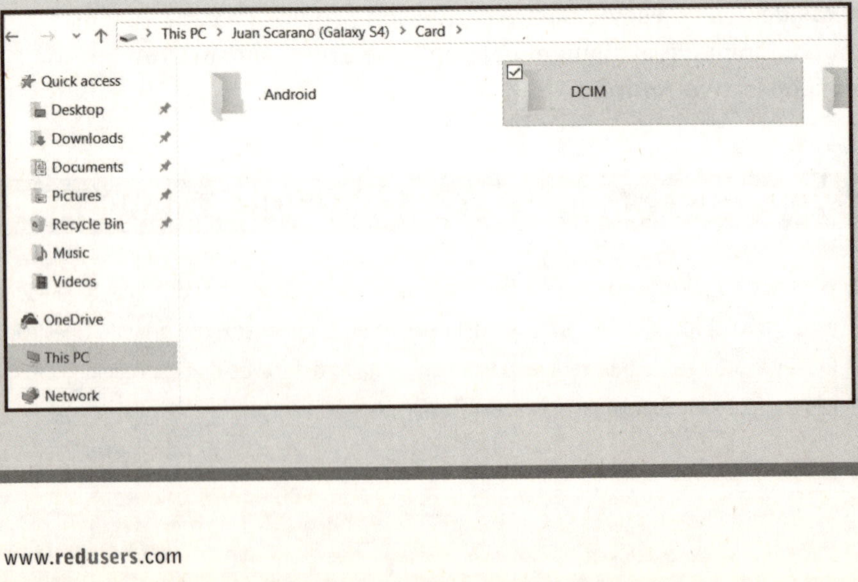

03 Seleccione un archivo o varios, haga clic con el botón secundario del mouse y en el menú contextual haga clic en `Copiar (Copy)`, si desea crear una copia de los archivos y conservar los originales en su teléfono o tablet, o haga clic en `Cortar (Cut)` si desea quitar los archivos del móvil. Este último comando NO elimina los archivos.

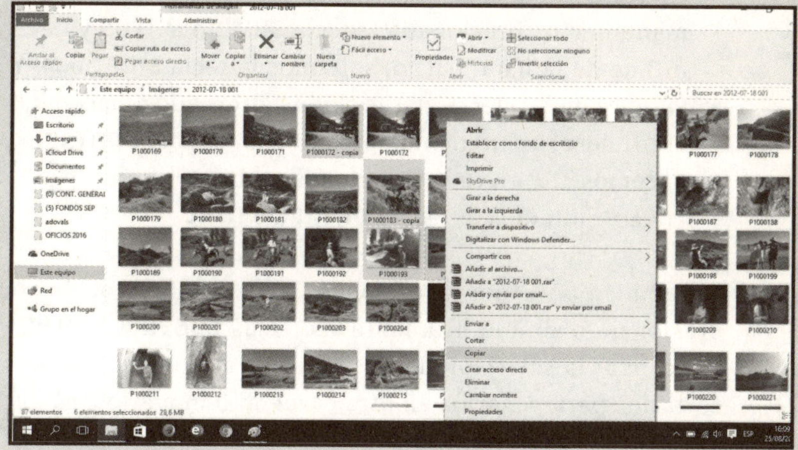

04 En el panel izquierdo del explorador, haga clic en `Este equipo (This Pc)` para buscar la carpeta en la que colocará los archivos que extrajo del móvil. Haga doble clic sobre el nombre de la carpeta para abrirla; luego, pulse clic con el botón secundario del mouse sobre una parte libre del panel central y, en el menú contextual, haga clic en `Pegar (Paste)`.

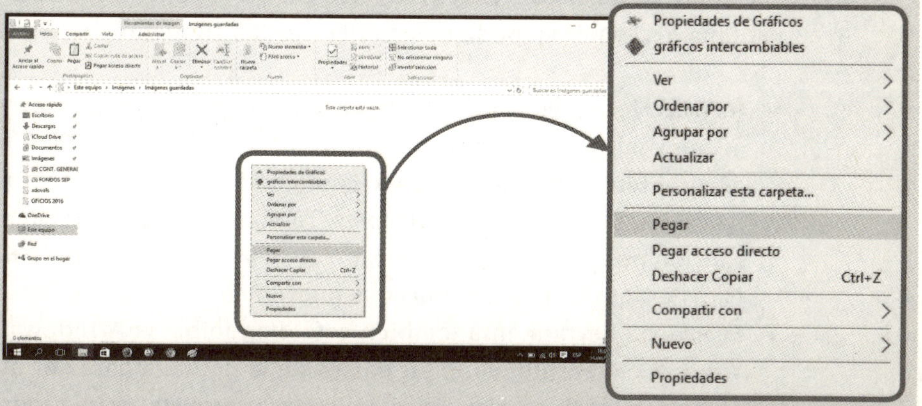

Para seleccionar varios archivos en un solo paso podemos, dependiendo de su ubicación dentro de la carpeta, usar uno de estos dos procedimientos:

- Si los archivos que queremos seleccionar se encuentran juntos, es decir, uno a continuación del otro, hacemos clic en el primero, mantenemos presionada la tecla **SHIFT** o **MAYÚS** y hacemos clic en el último de la lista. Luego, soltamos la tecla **SHIFT** o **MAYÚS**.
- Si queremos seleccionar archivos alternados, hacemos clic en el primero, mantenemos presionada la tecla **CONTROL** o **CTRL** y hacemos clic en cada uno de los archivos que deseamos seleccionar. Luego, soltamos la tecla **CONTROL** o **CTRL**.

También podemos seleccionar todos los archivos de una carpeta presionando simultáneamente las teclas **CONTROL** o **CTRL** y **E**. Luego de realizar la selección de uno o varios archivos, podemos copiarlos o cortarlos para pegarlos en otra carpeta, o moverlos, es decir, arrastrar la selección de una carpeta a otra.

Accesibilidad

Las opciones de accesibilidad de Windows 10 incluyen funciones específicas para personas con problemas visuales. Para acceder a ellas, hacemos clic en el botón **Inicio** y, en el panel izquierdo, pulsamos clic sobre **Configuración** (**Settings**). En la siguiente ventana, haremos clic sobre **Accesibilidad** (**Easy of Access**). Desde el panel izquierdo de la ventana **Accesibilidad**, podemos configurar las siguientes opciones:

- **Narrador**: lee en voz alta el texto de la pantalla del equipo y describe eventos tales como notificaciones o citas del calendario. Permite elegir diferentes voces así como configurar la velocidad y el tono de la narración desde barras deslizables. También se puede acceder a esta función presionando simultáneamente las teclas **WINDOWS** y **ENTER**. Para desactivarla, deben pulsarse nuevamente las mismas teclas.
- **Lupa**: esta herramienta también está disponible en Windows 7 y Windows 8. Permite ampliar partes de la pantalla para ver mejor el texto o las imágenes. La vista **Pantalla completa** amplía toda la pantalla y, al mover el mouse por ella, se produce un aumento o

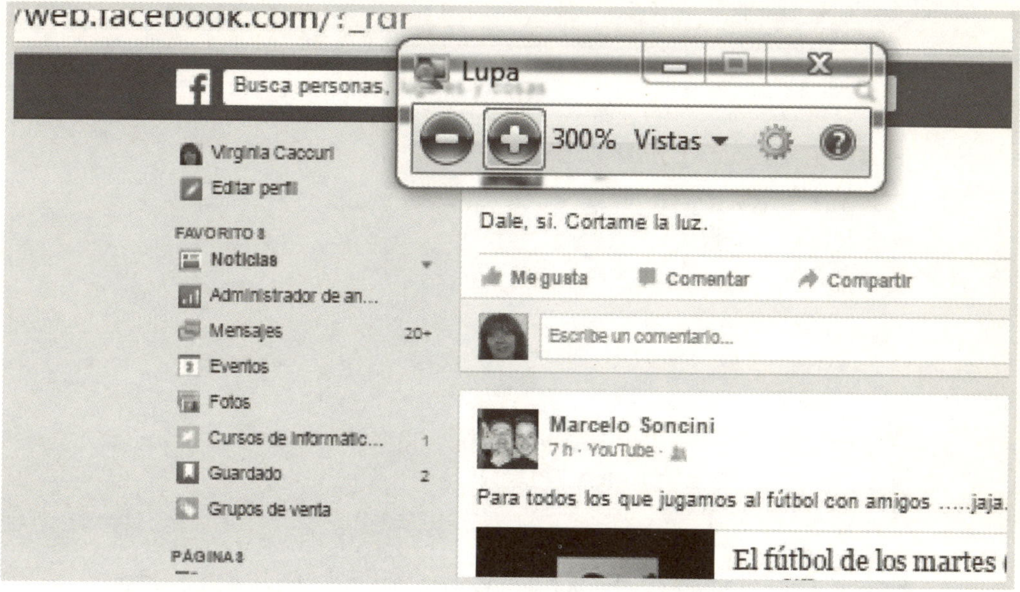

Figura 11. Cuando activemos la lupa no veremos la pantalla completa sino que únicamente se ampliarán los elementos sobre los que pasamos el puntero del mouse. También aparecerá un menú para controlar el nivel de zoom.

acercamiento< de los elementos. La vista **Lente** aumenta solo el elemento al que nos acercamos deslizando el mouse. Al activar la lupa, aparece una barra de herramientas flotante para aumentar o reducir el tamaño de la pantalla y seleccionar la clase de visualización que deseamos.

- **Contraste alto**: permite personalizar diferentes opciones para aplicar un conjunto de diseños –fuentes (letras), colores y fondos– para distintos elementos, hasta hallar el que nos resulte más adecuado para facilitar la lectura en pantalla.
- **Subtítulos**: permite ajustar cómo aparecen los subtítulos en algunas aplicaciones de Windows, como por ejemplo, **Xbox Videos**. Con las opciones presentadas podremos modificar el color, la transparencia, el estilo, el tamaño, el color y la transparencia tanto del fondo como de la ventana. Esta función no es aplicable en los servicios de streaming, como **Netflix**.
- **Teclado**: se puede activar o desactivar el teclado en la pantalla, así como configurar otras funciones, por ejemplo, emitir un sonido cuando se presionan algunas teclas.

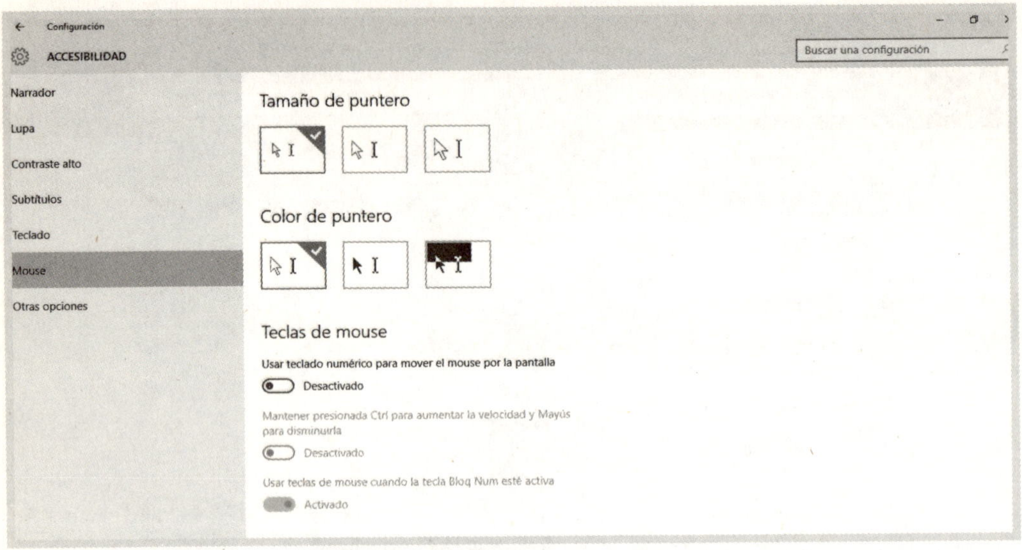

Figura 12. El tamaño y el color del puntero del mouse pueden ayudar a seguirlo con más comodidad en los desplazamientos por la pantalla.

- **Mouse**: permite ajustar el tamaño y el color del puntero. También se puede activar **Mouse keys** (Teclas del mouse), para controlar el mouse con las teclas de dirección o con el panel numérico.
- **Otras opciones**: aquí se encuentran la mayoría de las opciones visuales, como desactivar las animaciones de Windows, el fondo del escritorio o seleccionar por cuánto tiempo deben aparecer las notificaciones (de 5 segundos a 5 minutos). También se puede ajustar el grosor del cursor y activar las notificaciones visuales para los sonidos.

PRÁCTICA 5: aumentar el tamaño de la letra

Con el paso de los años, suelen aumentar las dificultades de visión o agravarse las preexistentes. Sin embargo, desde el sistema operativo, afortunadamente podemos ajustar diferentes opciones para facilitar la lectura en la pantalla. El uso de la lupa de Windows es una buena opción, aunque puede resultar un tanto molesta ya que perdemos la visión del contexto. Otra posibilidad, más cómoda, es aumentar el tamaño de la letra, como se muestra en el siguiente **Paso a paso**.

PXP 5: AUMENTAR EL TAMAÑO DE LA LETRA EN WINDOWS 10

01 Haga clic en el cuadro de búsqueda y escriba **pantalla** o **configuración de pantalla** (recuerde que bastará con ingresar las primeras letras). En las opciones del menú, seleccione `Configuración de pantalla`.

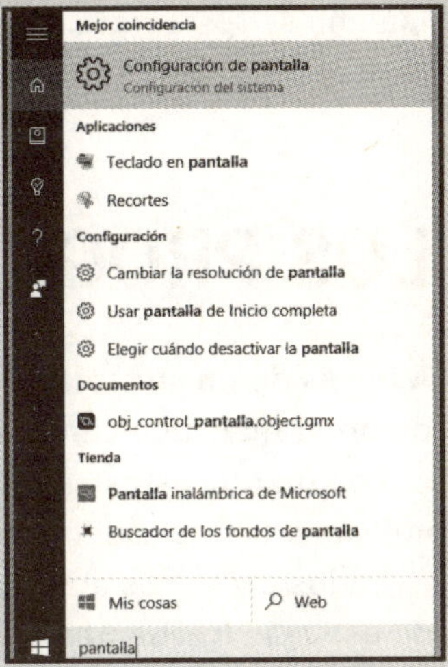

02 Utilice la barra deslizante que aparece debajo del identificador del monitor. Al deslizar el indicador hacia la derecha verá cómo, paso a paso, el número de muestra se va agrandando. Una vez que haya obtenido el tamaño deseado, haga clic en el botón `Aplicar`.

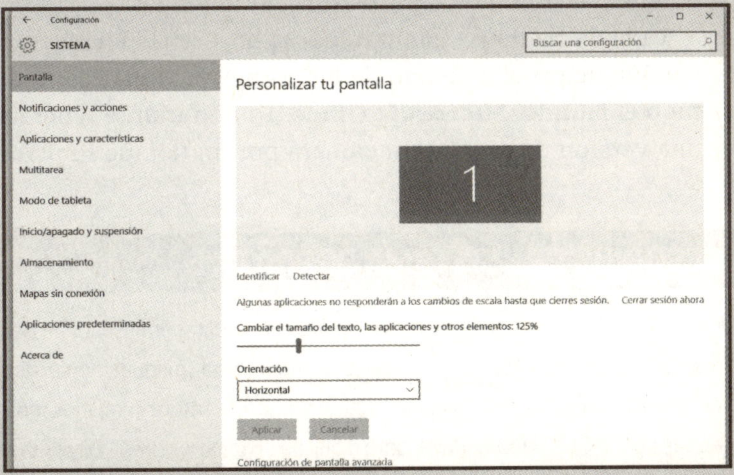

Si queremos volver al tamaño predeterminado, simplemente debemos deslizar el indicador de la barra hacia la izquierda, y el tamaño se restaurará. Es necesario cerrar sesión o reiniciar el equipo para que los cambios surtan efecto.

LOS PROGRAMAS

Además de un sistema operativo, la computadora ejecuta todo tipo de programas que cumplen diferentes propósitos. Por ese motivo, es común que estos se denominen también **aplicaciones**, ya que se aplican a tareas específicas.

En los próximos apartados, analizaremos algunos de los programas de uso más frecuente en el ámbito hogareño.

Paquetes ofimáticos

Son conjuntos de programas diseñados especialmente para el trabajo administrativo, que ofrecen diferentes aplicaciones en un mismo paquete. El desarrollo de paquetes se debe a la interacción necesaria entre diferentes programas, y porque disminuyen el costo que implica obtener cada uno de ellos de forma individual.

La mayoría de las computadoras hogareñas incluye preinstalada una versión de prueba de uno de los paquetes ofimáticos más utilizados en todo el mundo: **Microsoft Office**. Es importante tener en cuenta que una versión de prueba funcionará por un tiempo limitado, para que

ACCESORIOS DEL SISTEMA OPERATIVO

Windows 10 incorpora una serie de programas de utilidad general, sencillos pero suficientes para ciertas tareas. A estos programas se los denomina genéricamente **accesorios**, ya que no forman parte de las funciones del sistema operativo. Ejemplos de este tipo de programas son: la Calculadora, Paint (para dibujar y editar imágenes), Edge (navegador web), la aplicación Xbox (para videojuegos) o Mapas (para localizar direcciones e instrucciones de cómo llegar a ellas), entre otras.

Figura 13. Desde la página oficial de Microsoft Office, podemos comprar la versión del paquete ofimático que mejor se ajuste a nuestro presupuesto y necesidades.

podamos explorar cada programa. Si deseamos continuar utilizando el paquete Office, será necesario comprarlo. Para ello, podemos ingresar a **https://products.office.com/es/buy/office** y seleccionar algunas de las versiones disponibles.

Este paquete ofimático incluye: el procesador de textos **Word**, el gestor de planillas de cálculo **Excel**, el programa para realizar presentaciones con diapositivas **PowerPoint** y el gestor de correo electrónico **Outlook**, entre otros. Actualmente, la última versión es Office 2016, pero Microsoft lanza periódicamente nuevas versiones.

A pesar de tratarse del paquete ofimático más utilizado, no es el único. Para computadoras de escritorio y portátiles, su principal competidor es el paquete **LibreOffice**, que ofrece programas similares pero de forma totalmente gratuita. Este paquete ofimático se puede descargar desde **https://es.libreoffice.org/descarga/libreoffice-nuevo**.

Los paquetes ofimáticos más utlizados en la actualidad son Microsoft Office (comercial) y LibreOffice (libre y gratuito).

Edición de imágenes y videos

En la actualidad, gracias al desarrollo de las cámaras digitales, los dispositivos móviles con cámara y los programas de edición, cualquier persona puede editar sus fotos y filmaciones sin necesidad de conocimientos previos, ni necesidad de recurrir a un especialista.

Existen muchos programas, algunos gratuitos, que se pueden instalar en la computadora para realizar montajes fotográficos, corregir ojos rojos, disimular arrugas y otras "imperfecciones", mejorar el brillo o la tonalidad de una imagen, o agregar fotos, subtítulos y otros carteles a un video casero.

Entre los programas para editar fotografías podemos mencionar a **Fotos**, incluido en Windows 10, con el que de forma muy sencilla podremos crear álbumes para ordenar nuestras fotografías, compartir imágenes guardadas en el equipo en las redes sociales, ver todas las fotografías como una presentación, así como editarlas: recortar o girar las imágenes, aplicarles brillo y contraste, efectos (filtros fotográficos), y mejoras al color.

Otra aplicación incluida en Windows 10 y también en versiones anteriores es **Paint**, gracias a la que es posible recortar fotos, girarlas, modificar su tamaño y agregar texto.

Existen también programas más complejos enfocados al uso profesional, pero que resultan interesantes para la edición hogareña más avanzada. El más conocido es **Adobe Photoshop**, que se puede descargar desde **www.adobe.com/la/products/photoshop.html**. En la

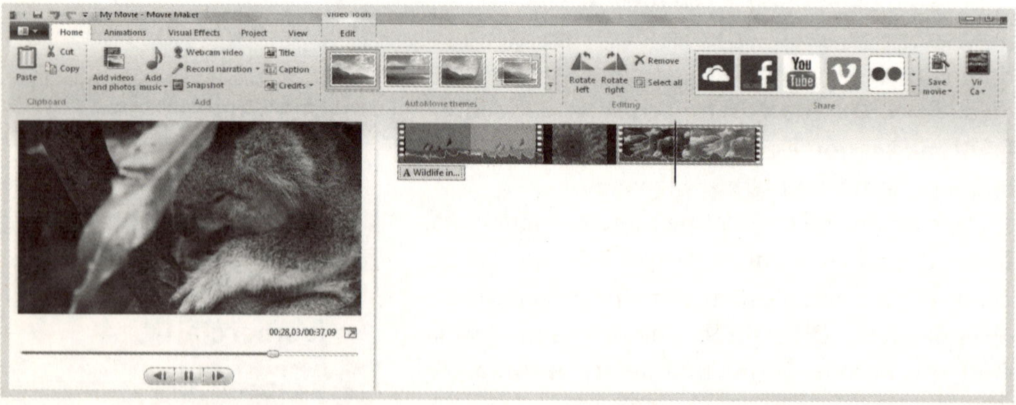

Figura 14. Con Movie Maker, es posible crear un video importando imágenes e, incluso, agregando otros videos.

misma línea encontramos a **CorelDraw**, que ofrece una versión de prueba gratuita para descargar desde **www.coreldraw.com/la/free-trials**.

Para la edición de videos, uno de los programas más sencillos y conocidos es **Movie Maker**, el cual se puede descargar de forma gratuita desde **http://windows.microsoft.com/es-xl/windows/movie-maker**. Con este sencillo programa, podemos crear un video a partir de una secuencia de imágenes o editar un archivo de video, agregando pistas de audio, recortando y ensamblando partes. El video generado en **Movie Maker** se puede publicar directamente en **YouTube** o compartir en las redes sociales.

Antivirus

Los antivirus son programas que se utilizan para prevenir, detectar y eliminar virus informáticos. Este tipo de programa no puede faltar en nuestra computadora, especialmente si el equipo está conectado a internet, ya que la mantiene protegida frente a los virus que ocasionan daños importantes en el funcionamiento del equipo y exponen nuestros datos privados.

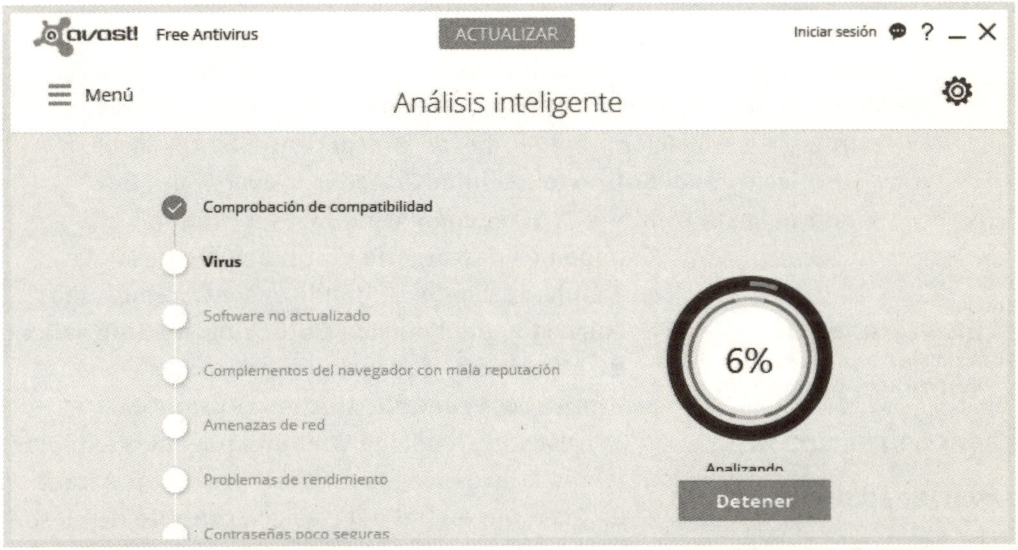

Figura 15. La función **Análisis Inteligente** de Avast permite realizar diferentes tipos de análisis en un solo paso, como buscar virus, mantener el software actualizado y limpiar el navegador, entre otros.

Existen varios programas que cumplen esta función, la mayoría de ellos, pagos. Una buena alternativa es la versión gratuita de **Avast**, que se puede descargar desde **www.avast.com/es-us/download-software**. De acuerdo con OPSWAT, una compañía estadounidense dedicada al desarrollo de soluciones de software e infraestructura tecnológica, Avast fue el antivirus más utilizado en todo el mundo durante el año 2015. Aun en su versión gratuita, es el que ofrece una mayor cantidad de herramientas de protección. Es compatible con los sistemas operativos Windows, Mac OS, Linux, y también tiene una versión para dispositivos móviles Android.

Otra alternativa es **AVG**, que se puede descargar gratuitamente desde **http://free.avg.com/ar-es/homepage**.

Es importante tener en cuenta que ningún antivirus es 100% seguro, ya que a medida que avanza la tecnología, se perfeccionan los programas malignos. En muchas ocasiones han llegado a deshabilitar los antivirus utilizando vulnerabilidades propias de los mismos programas protectores y de los sistemas operativos.

Juegos

Los **juegos de computadora** son una gran opción para relajarse, entretenerse y mantener activas las neuronas. Existe una amplia variedad de juegos que incluyen categorías tales como deportes, estrategia, simulación, rompecabezas, arcade, entre tantos otros.

Un clásico es el **Solitario**, incluido en todas las versiones de Windows hasta Windows 7. Si tenemos Windows 8 o Windows 10, podemos descargarlo gratuitamente desde la Tienda de Windows, donde encontraremos una aplicación denominada **Colección de Solitarios de Microsoft**, que incluye variaciones como: **Klondike**, **FreeCell**, **Spider** y **Pyramid**.

En la Tienda de Windows podemos encontrar una gran variedad de juegos tanto comerciales como gratuitos.

Desde la Tienda de Windows podemos explorar también otros juegos interesantes: **Snap Attack**, una versión digital del clásico **Scrabble** de mesa, la última versión de la serie **FIFA** para los amantes del fútbol, o **Age of Empires**, un juego de estrategia basado en diferentes civilizaciones de la Antigüedad.

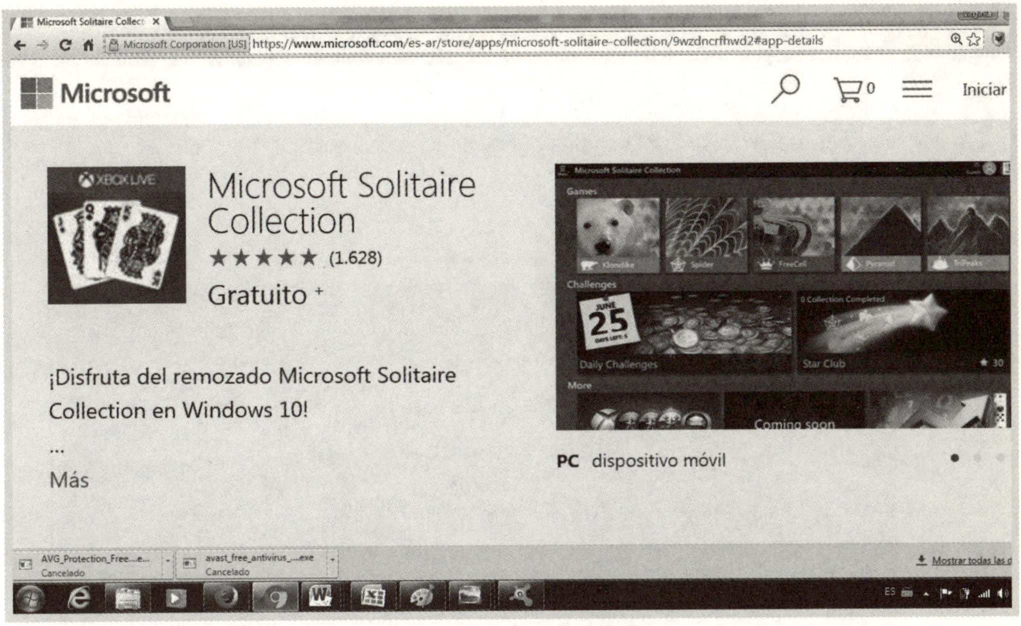

Figura 16. La **Colección de Solitarios de Microsoft** se puede descargar gratuitamente desde **`www.microsoft.com/es-ar/store/apps/microsoft-solitaire-collection`**.

Una alternativa a este último es **0 A.D.**, un videojuego histórico de estrategia en tiempo real, gratuito y compatible con diferentes versiones de Windows, Linux y Mac OS. Se puede descargar ingresando a **https://play0ad.com** y luego haciendo clic en **Download**.

PRÁCTICA 6: Descargar e instalar un programa

Como ya hemos mencionado, muchos programas se pueden descargar desde internet, incluso de forma gratuita, siempre tomando la precaución de hacerlo desde un sitio seguro, como por ejemplo, la web oficial o la Tienda de Windows.

En el próximo **Paso a paso** aprenderemos a descargar e instalar el programa antivirus Avast; debemos saber que este procedimiento, con pasos similares, se puede aplicar para descargar cualquier programa desde internet e instalarlo en la PC.

PXP 6: DESCARGAR E INSTALAR AVAST ANTIVIRUS

01 Abra su navegador de internet y, en la barra de direcciones, escriba **www.avast.com//es-ar/**. Ingresará a la página oficial de Avast en español. Haga clic en `Descarga gratuita`.

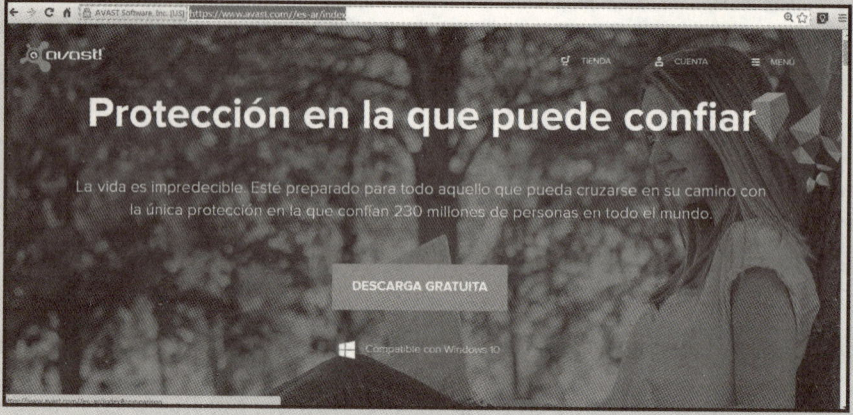

02 En la siguiente página, se mostrarán las diferentes versiones del programa. Haga clic en `Descarga gratuita`.

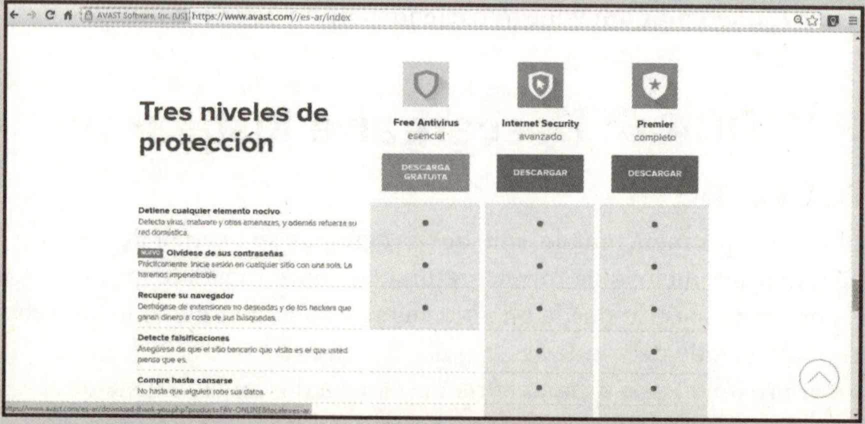

03 El archivo descargado aparece en la barra inferior del navegador. Haga doble clic sobre él para abrirlo.

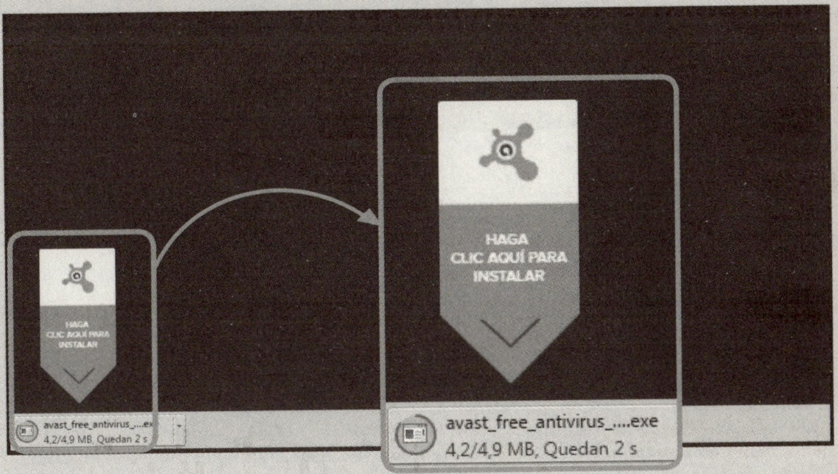

04 En la siguiente ventana, haga clic en `Instalar` y, luego, espere a que el proceso de instalación finalice.

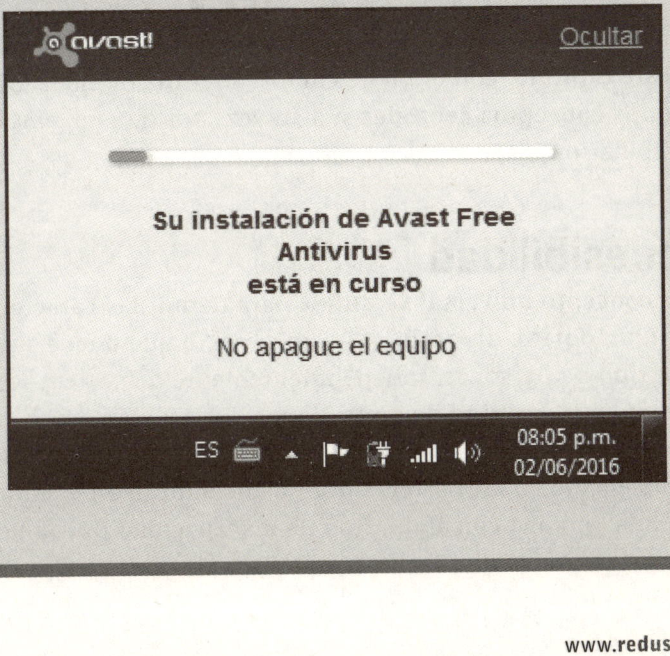

05 Cuando haya finalizado la instalación, aparecerá una ventana en la que se indicará que debe reiniciar el equipo. Haga clic en `Reiniciar ahora` o en `Posponer` si desea hacerlo en otro momento.

GLOSARIO

En este glosario definimos algunas de las palabras que se utilizaron en este capítulo, con el fin de comprender mejor el alcance de algunos conceptos centrales y, a su vez, por qué no, ampliar nuestro vocabulario.

Accesibilidad

Este concepto universal se utiliza para definir las características de un lugar, un objeto, un producto o un servicio que puede ser utilizado por todo tipo de personas, independientemente de sus capacidades físicas y sin importar el tipo de limitaciones que puedan tener. Para promover la accesibilidad, se incorporan ciertas facilidades que ayudan a superar los obstáculos o las barreras que se encuentran en el entorno, y logran que una persona con algún tipo de discapacidad pueda llevar a cabo las mismas acciones que realizan aquellas que no tienen estas dificultades.

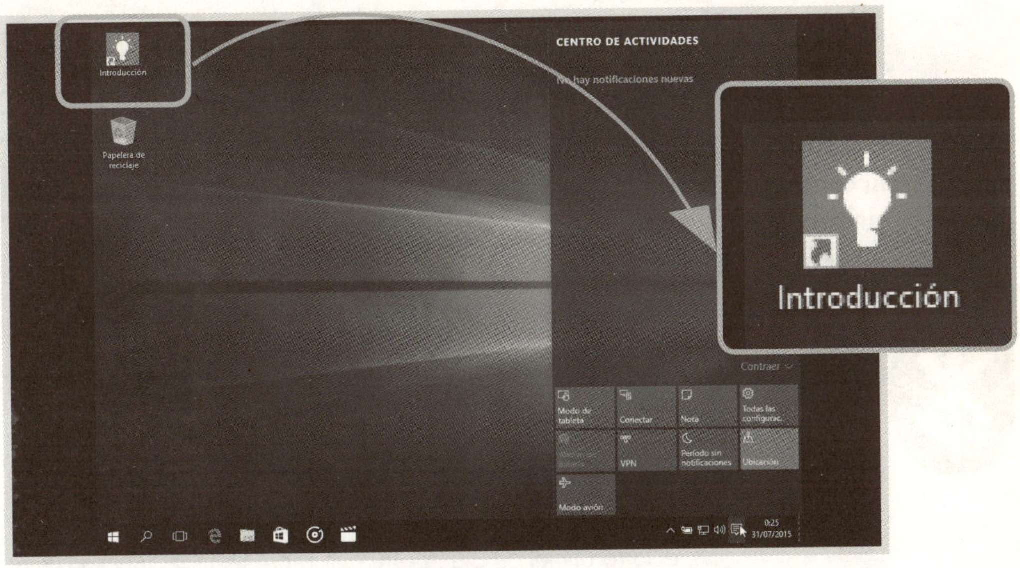

Figura 17. Los accesos directos están representados por el mismo icono del programa, carpeta o archivo, pero poseen una flecha en su extremo inferior izquierdo.

Las características de accesibilidad incluidas en sistemas operativos como Windows 10 permiten, por ejemplo, adaptar ciertas funciones de manera que sean accesibles a las personas zurdas o que presenten dificultades en la visión.

Acceso directo

Es un concepto usado en los sistemas Windows para referirse a un objeto gráfico (un icono) que contiene instrucciones para dirigir su ejecución a un programa o un archivo ubicado en otra posición.

DESCARGAR PROGRAMAS GRATUITOS NO SIEMPRE ES SEGURO

En internet podemos encontrar sitios especializados en la recopilación y descarga gratuita de todo tipo de programas, como Softonic, SourceForge, Programas gratis o CNet, entre otros. Resultan atractivos porque permiten descargar cualquier programa desde las versiones más antiguas a las más recientes. No obstante, estos sitios esconden una trampa: junto con el programa, se descarga también algún software malicioso. Por lo tanto, siempre es recomendable descargar programas desde los sitios oficiales.

Bluetooth

Es un tipo de tecnología para redes inalámbricas, que permite la transmisión de voz y datos entre distintos dispositivos mediante una radiofrecuencia de 2,4 GHz. Se utiliza en las comunicaciones sin cables ni conectores, y permite crear redes inalámbricas domésticas para sincronizar y compartir la información entre diversos equipos.

Figura 18. Los dispositivos que tienen incorporada esta tecnología utilizan el logo oficial de Bluetooth, que representa la superposición de una **H** y una **B** en el alfabeto rúnico, iniciales del rey Harald Blåtand.

Byte

En palabras sencillas, un byte es la información mínima necesaria para representar un carácter. A partir de diferentes combinaciones de secuencias de encendido y apagado, se obtienen todas las letras, los números y los símbolos dentro de los dispositivos. Por lo tanto, en informática, se considera al byte como la unidad de medida.

No obstante, es frecuente el uso de múltiplos del byte, como:

- Kilobyte (KB): aproximadamente 1.000 bytes.
- Megabyte (MB): aproximadamente 1.000.000 de bytes.
- Gigabyte (GB): aproximadamente 1.000.000.000 de bytes.
- Terabyte (TB): aproximadamente 1.000.000.000.000 de bytes.

Estos valores se utilizan para medir la capacidad de almacenamiento de un equipo tanto de memoria RAM como de espacio en disco. Por ejemplo, para instalar Windows 10 es necesario que nuestro equipo tenga como mínimo 1 GB de memoria RAM en sistemas de 32 bits, o un mínimo de 2 GB en sistemas de 64 bits. Asimismo, requiere que posea un espacio libre en el disco duro de 16 GB para sistemas operativos de 32 bits, y de 20 GB para sistemas operativos de 64 bits.

CPU

Aunque en el lenguaje cotidiano suele utilizarse el término CPU para referirse al gabinete de una computadora, especialmente de escritorio, en realidad CPU (*Central Processing Unit*, en inglés) es la unidad central de procesamiento, es decir, el conjunto de dispositivos internos del equipo –plaquetas, microprocesador, circuitos electrónicos y otros componentes–. Su función es interpretar las instrucciones de un programa mediante la realización de las operaciones básicas aritméticas, lógicas y de entrada o salida del sistema.

Figura 19. Todos los componentes y circuitos de la CPU se conectan entre sí a través de una placa base conocida como **motherboard**.

Cursor

Es un indicador que se usa para mostrar, en la pantalla, la posición de la entrada de texto. El cursor toma diferentes formas según el contexto: se asemeja a la letra **I** mayúscula en desplazamientos del mouse sobre un texto; es una línea vertical u horizontal parpadeante mientras ingresamos texto; una flecha, en los desplazamientos del mouse sobre la interfaz gráfica del sistema operativo o de un programa, o una mano con el dedo índice hacia arriba cuando lo acercamos a un enlace. Su nombre deriva de la unión de las palabras, en inglés, **CUR**rent po**S**ition indicat**OR**, traducidas como 'indicador de la posición actual'.

Dispositivo

Pieza o conjunto de piezas o elementos preparados para realizar una función determinada y que, generalmente, forman parte de un conjunto más complejo. En tecnología, el término se utiliza para referirse a cualquier aparato o componente de un sistema, que se encarga de realizar una función específica.

Antiguamente, los dispositivos de entrada, salida y almacenamiento se denominaban **periféricos**, porque su función no se consideraba esencial o central para el funcionamiento de una computadora. Sin embargo, revisiones posteriores de esta concepción han determinado que cada conjunto de elementos tiene funciones específicas e imprescindibles para el funcionamiento general.

Informática

Es la ciencia que estudia las técnicas, métodos y procesos para almacenar, procesar y transmitir información en formato digital. La palabra surge de la unión de los conceptos información automática, dado que es la rama de la tecnología que estudia el tratamiento automático de la información. Es impotante considerar que, en la informática, convergen diferentes disciplinas, como la computación, la programación y el desarrollo de software, las redes de computadoras o la inteligencia artificial, entre otras. De forma simple, podemos decir que cualquier sistema informático (computadoras, redes, dispositivos móviles, cajeros automáticos, etcétera) se basa en el proceso de **entrada – procesamiento – salida**.

Menú

En informática, un menú es una serie de opciones que el usuario puede elegir para realizar determinadas tareas. Por ejemplo, el menú **Inicio** de Windows es una lista de accesos directos a diversas funciones, tales como los programas, la configuración o el apagado del sistema. Cuando en una opción del menú hay una flecha junto al nombre, esta indica que podemos abrir un **submenú**, es decir, un nuevo listado de opciones vinculadas con ese elemento. El **menú contextual** es la lista que aparece cuando hacemos clic con el botón secundario del mouse; el contenido de opciones de este depende del elemento seleccionado.

Figura 20. Cuando hacemos clic en la opción **Iniciar/Apagar** del menú **Inicio**, aparece un submenú con las opciones **Apagar** y **Reiniciar**.

Virus informático

Un virus informático es un programa cuyo propósito consiste en alterar el funcionamiento de una computadora. Este tipo de programas también es conocido como **malware**, es decir, software malicioso. Su nombre se debe a que su funcionamiento es similar al de los virus biológicos: ingresan a nuestro equipo escondidos dentro de otros programas e "infectan" a los archivos del sistema con la intención de modificarlo, dañarlo u obtener datos confidenciales. Los daños pueden variar desde pequeñas molestias –como por ejemplo, el equipo funciona con mayor lentitud, se abren ventanas emergentes, entre otras– hasta el bloqueo total del sistema, dejándolo inoperable. Difícilmente dañan el hardware de una computadora. Cuando por desconocimiento ejecutamos un programa infectado o descargamos programas de internet a través de sitios no oficiales, el código del virus se ejecuta o se descarga junto con el programa y queda alojado (residente) en la memoria RAM de la computadora, aun cuando dejamos de utilizar el programa que lo contenía en un principio.

Desde la memoria RAM el virus toma el control de algunas funciones del sistema operativo e infecta, así, a otros archivos.

En general, los virus se desarrollan para sistemas operativos específicos, pero Windows es el preferido por ser el más utilizado. Es mucho menos frecuente encontrar virus en Mac OS o Linux.

Existen diferentes tipos de virus. Los **troyanos** son programas que se ocultan dentro de otros (como sucede con el **Caballo de Troya**, que parecía un regalo, pero llevaba dentro un ejército) para que un hacker pueda controlar el equipo de manera externa sin que notemos que esto está sucediendo hasta que nos enfrentamos con anomalías graves, como por ejemplo, la computadora se apaga o se reinicia sin nuestra intervención y sin aviso previo del sistema operativo o de un programa.

Otro tipo de virus muy utilizado por los hackers es el **keylogger**, un programa que graba todo lo que se ingresa por teclado para enviarlo al atacante o almacenarlo para su posterior recuperación. Una de sus características principales es que pasa desapercibido en el momento de su instalación y uso. Debido a su difusión, muchos sistemas de homebanking proveen un teclado en pantalla para ingresar las credenciales de acceso (nombre de usuario y contraseña), porque este tipo de virus solo capta lo que se ingresa a través del teclado.

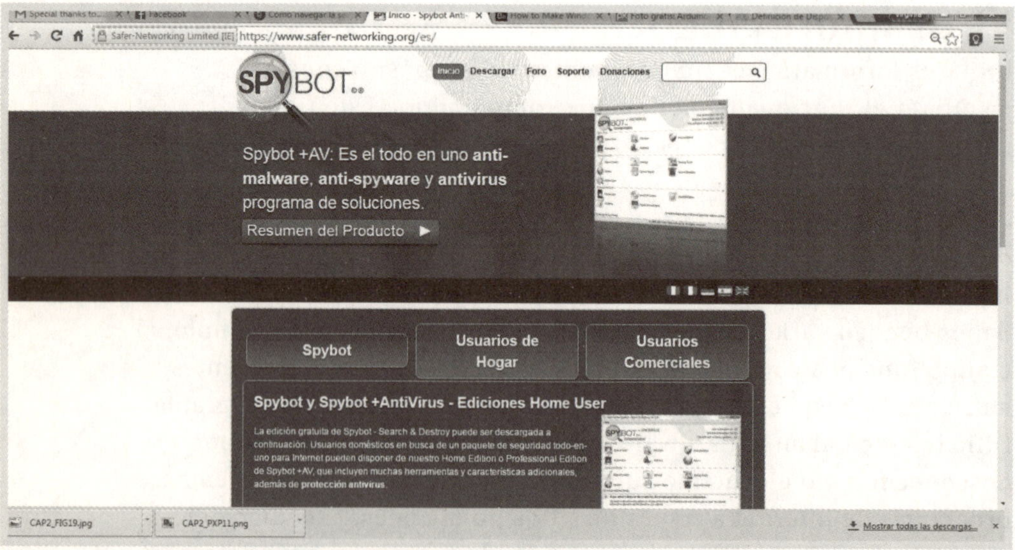

Figura 21. Spybot Search & Destroy es un programa que, además de detectar virus, se especializa en limpiar spyware. Se puede descargar desde **www.safer-networking.org/es**.

Otra amenaza importante son los **hijackers,** que modifican la página de inicio del navegador e impiden que el usuario pueda cambiarla; además, muestran publicidad en ventanas emergentes (pop-ups), instalan nuevas herramientas en la barra del navegador y pueden bloquear el acceso a ciertas páginas web.

Existen también otros virus, denominados **spyware**, que recopilan información de nuestro equipo y la transmiten, sin nuestro conocimiento, a una entidad externa que puede utilizarla con un simple propósito de marketing o con fines más graves, como el robo de datos.

RESUMEN

Este capítulo nos permitió conocer un poco más cómo funciona una computadora y cuáles son los componentes que la integran. Aprendimos qué es el hardware y qué es el software, y dentro de esta última categoría, analizamos el programa más importante de una computadora: el sistema operativo. Descubrimos algunas de sus principales características y realizamos algunas prácticas para comprender mejor su funcionamiento. También vimos que necesitamos diferentes programas para que nuestra computadora pueda realizar todo tipo de tareas.

ACTIVIDADES

TEST DE AUTOEVALUACIÓN

1 ¿Cuáles son las tres funciones básicas que representan el ciclo de procesamiento de información que se realiza en una computadora?

2 ¿Qué es el **hardware**?

3 Mencione dos dispositivos que se utilizan para la entrada de datos y dos que producen salidas de resultados.

4 ¿Qué significa **hacer clic**?

5 ¿Cuál es la diferencia entre un archivo y una carpeta?

6 ¿Cuál es la principal diferencia entre un smartphone y una tablet, además de su tamaño?

7 ¿Qué son los paquetes ofimáticos?

8 ¿Por qué es importante que una computadora tenga instalado un programa antivirus?

9 ¿Qué es un byte?

10 ¿Cuáles son los principales tipos de virus?

EJERCICIOS PRÁCTICOS

1 Encienda su computadora y explore el Escritorio de Windows (en cualquier versión). Localice el botón **Inicio**. Recorra la pantalla del escritorio desplazando el puntero del mouse sobre los elementos y observe la descripción de cada uno de ellos.

2 Haga clic sobre un elemento del menú **Inicio** y arrástrelo a cualquier parte libre del Escritorio para crear un acceso directo.

PROFESOR EN LÍNEA

Si tiene alguna consulta técnica relacionada con el contenido, puede contactarse con nuestros expertos: profesor@redusers.com

03 Dispositivos móviles: tablets y smartphones

En este capítulo aprenderemos a utilizar y a aprovechar todas las ventajas que las tablets y los smartphones nos ofrecen para mantenernos siempre conectados e informados. También descubriremos algunas apps imperdibles para mejorar nuestra calidad de vida.

ESTRUCTURA GENERAL DE LOS DISPOSITIVOS MÓVILES

No existe tecnología digital más personal que un dispositivo móvil. La **inmediatez y comodidad** que ofrecen estos aparatos ha provocado que millones de usuarios en todo el mundo los hayan convertido prácticamente en una prolongación de sus manos.

Esto se debe a que ofrecen casi los mismos servicios que una computadora, pero en un tamaño reducido que favorece la portabilidad. De ese modo, podemos conectarnos a internet, consultar el correo electrónico, participar en las redes sociales, tomar fotografías, realizar llamadas y videollamadas, o enviar y recibir mensajes en cualquier momento y desde cualquier lugar.

Aunque existen algunas diferencias entre una tablet y un smartphone, estos dispositivos comparten algunas características comunes, tales como una pantalla multitáctil que ocupa toda la cara anterior del dispositivo, funciones de conectividad, un sistema operativo que los define, memoria y capacidad de almacenamiento, y una o dos cámaras de fotos (una convencional y otra frontal), que además funcionan como cámara de video. La principal diferencia entre ellos es la posibilidad de realizar llamadas en los smartphones, aunque existen algunas tablets con conexión 3G o 4G que ofrecen esta

función. Debemos tener en cuenta que estas tablets tienen un precio mucho mayor en comparación con las que solo ofrecen conexión WiFi, y realmente es necesario evaluar si resulta cómodo hablar por teléfono con un dispositivo de 7 pulgadas o más.

En la siguiente **Guía Visual** se ofrece un detalle de la estructura externa de estos dispositivos, tomando aspectos generales básicos que pueden variar según la marca y el modelo.

Luego de familiarizarnos con la parte externa de nuestro dispositivo, llega el momento de explorar sus características, funciones y aplicaciones. Pero antes de continuar, es necesario hacer una aclaración importante. En este capítulo basaremos los ejemplos, las ilustraciones y los procedimientos en dispositivos móviles con sistema operativo **Android**, por diversas razones. La primera es que se trata del sistema operativo móvil más utilizado en todo el mundo; en segundo lugar, porque existe una mayor cantidad de aplicaciones creadas para este sistema, y muchas de ellas son gratuitas. Y finalmente, porque este sistema pertenece a **Google**, lo que garantiza la compatibilidad con los múltiples servicios que ofrece esta compañía, como **Gmail** o **Google Drive**, solo por mencionar algunos de los más conocidos, lo que favorece la sincronización entre diferentes dispositivos (incluida nuestra computadora) a través de una única cuenta de usuario.

ECOSISTEMA DIGITAL

Este nuevo concepto surge a partir de la integración de hardware, software y servicios en internet, que ofrecen todas las herramientas necesarias para satisfacer las necesidades digitales de los usuarios a través de una única cuenta. Los principales protagonistas de esta tendencia son Google, Apple y Microsoft, y su ventaja primordial es la sincronización de múltiples dispositivos. Este aspecto es muy importante a la hora de elegir un dispositivo móvil.

GUÍA VISUAL 1: FRENTE Y DORSO DE UN DISPOSITIVO MÓVIL

01 **BOTÓN DE INICIO**: al tocar este botón se regresa a la pantalla de inicio del dispositivo. Puede ser un botón físico o táctil; en este último caso tendrá un icono que lo identifica. A los lados de este botón aparecen otros dos botones físicos o táctiles: el de la derecha se utiliza para volver atrás y el de la izquierda suele activar un menú de opciones que varía según la aplicación que estamos ejecutando.

02 **PANTALLA MULTITÁCTIL:** ocupa casi la totalidad del frente del dispositivo. Cumple funciones de entrada y de salida, ya que al tocarla accedemos a las diferentes aplicaciones o se activa el teclado, pero también es por donde vemos la información o el contenido.

▶

03 **BOTÓN DE VOLUMEN**: es un botón físico, generalmente ubicado en el lateral izquierdo. Para subir el volumen presionamos la parte superior del botón, y para bajar el volumen se presiona la parte inferior. Al tocar este botón, se activa un indicador en pantalla para controlar visualmente el aumento o la disminución gradual del volumen.

04 **AURICULAR**: por aquí sale el sonido del dispositivo. Generalmente, en la parte superior se encuentra un pequeño orificio para conectar auriculares externos.

05 **SENSOR DE PROXIMIDAD/LUZ**: el primero de ellos es utilizado para apagar la pantalla cuando estamos hablando por teléfono. También sirve para bloquear el dispositivo automáticamente si lo metemos en un bolsillo o tapamos la pantalla con un cobertor. Por su parte, el sensor de luz detecta la cantidad de luz que está incidiendo en nuestro dispositivo y ajusta automáticamente el brillo de la pantalla.

06 **CÁMARA FRONTAL**: permite tomar selfies o autofotos.

07 **BOTÓN DE ENCENDIDO Y APAGADO**: es un botón físico, generalmente ubicado en el lateral derecho. Tanto para el encendido como para el apagado es necesario mantener presionado este botón durante unos segundos. Si el dispositivo está encendido pero en reposo (con la pantalla apagada), al presionar este botón se activará la pantalla. Si el dispositivo está activo y mantenemos presionado este botón durante unos segundos, aparecerá en pantalla un menú con las opciones `Apagar` y `Reiniciar`, entre otras.

08 **CÁMARA DE FOTOS/VIDEO**: se utiliza para tomar fotos o filmar un video con la cámara trasera. El botón más pequeño es el flash.

09 **ALTAVOZ O PARLANTE**: al igual que el auricular, es un elemento para la salida del sonido; pero a diferencia de este, el sonido emitido por los altavoces o parlantes es escuchado de forma ambiental, mientras que el que sale por los auriculares solo puede ser escuchado por la persona que está realizando una llamada o que está escuchando la radio o música a través de un auricular conectado al dispositivo.

10 **MICRÓFONO**: se utiliza para emitir nuestra propia voz durante una llamada o grabar un audio.

CONFIGURAR UN DISPOSITIVO ANDROID

El sistema operativo Android es utilizado por smartphones y tablets de diferentes marcas y modelos. Y aunque cada fabricante le agrega características propias, la **pantalla de inicio** es similar en casi todos ellos y proporciona una interfaz personalizable que nos permite acceder a las distintas funciones del sistema.

Dado que Android es el sistema operativo desarrollado por Google, en la pantalla de inicio suelen aparecer iconos vinculados a los principales servicios de esta compañía, como el buscador, la tienda de aplicaciones **Play Store**, **Gmail** o **Google Maps**, entre otros. También encontraremos el acceso a los contactos y mensajes, así como a la cámara, que son funciones propias del teléfono.

Figura 1. Esta es la pantalla de inicio de un dispositivo móvil Samsung con sistema Android.

PRÁCTICA 7: Agregar cuenta de Google

El primer paso para usar nuestro dispositivo móvil Android es configurar una cuenta de Google, que será la puerta de acceso a la tienda de aplicaciones **Play Store** para descargar apps como **WhatsApp** o **Facebook** o juegos, entre otras. En el siguiente **Paso a Paso** aprenderemos cómo hacerlo, teniendo en cuenta que las imágenes son orientativas y pueden variar según la marca y el modelo de dispositivo.

PXP1: AGREGAR CUENTA DE GOOGLE EN DISPOSITIVO ANDROID

01 Con el dispositivo de frente, toque el botón que se encuentra a la izquierda del botón `Inicio`. En el menú emergente, toque `Configuración del sistema`.

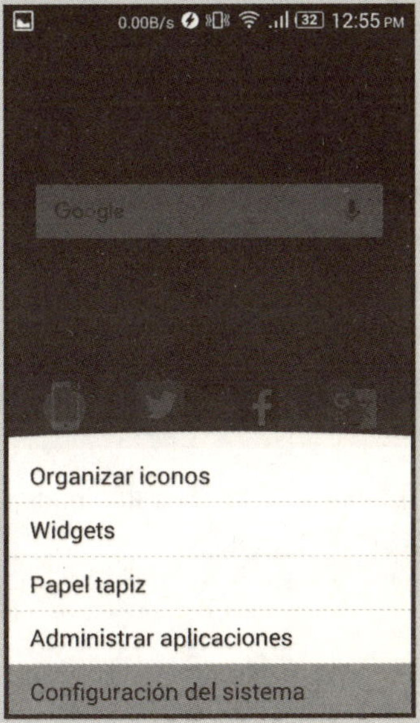

BLOC DE NOTAS

Las aplicaciones de notas son bastante útiles cuando utilizamos un teléfono inteligente, pues nos permiten apuntar todo aquello que necesitamos recordar, asignarles colores para identificar las notas rápidamente, compartirlas y configurar un recordatorio programando fecha y hora. Si deseamos explorar blocs de notas completos, podemos también descargar por ejemplo, **Evernote**, **ColorNote**, **Google Keep** o **OneNote**, de forma gratuita desde Play Store.

02 En la siguiente pantalla toque la opción `Cuentas` o `Agregar cuenta`.

03 En la siguiente pantalla toque la opción `Google`.

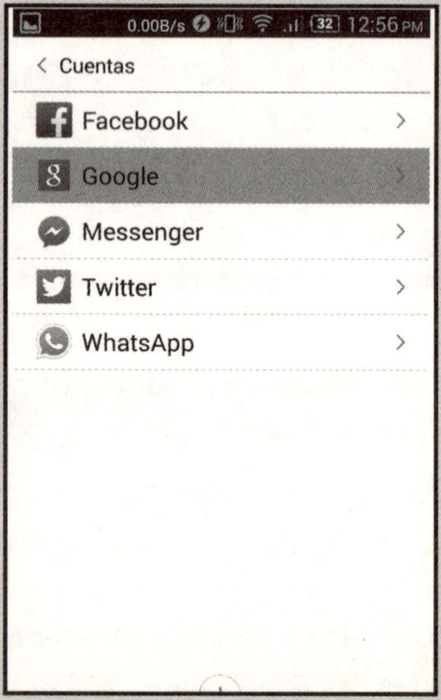

04 A continuación, el sistema le preguntará si desea utilizar una cuenta existente o crear una nueva. Si ya tiene una cuenta de correo electrónico de Gmail, toque la opción `Existente` o `Usar cuenta`.

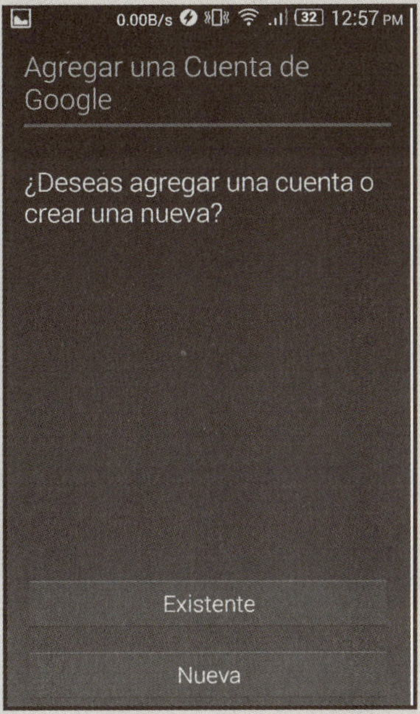

05 En la siguiente pantalla escriba su dirección de correo electrónico de Gmail y la contraseña que utiliza para entrar en él. Luego, toque `Siguiente` en el teclado virtual para que el dispositivo inicie la sincronización con su cuenta.

06 Si en el Paso 4 eligió la opción Nueva o `Crear cuenta`, en la siguiente pantalla escriba su nombre y apellido y luego toque la flecha hacia la derecha para continuar.

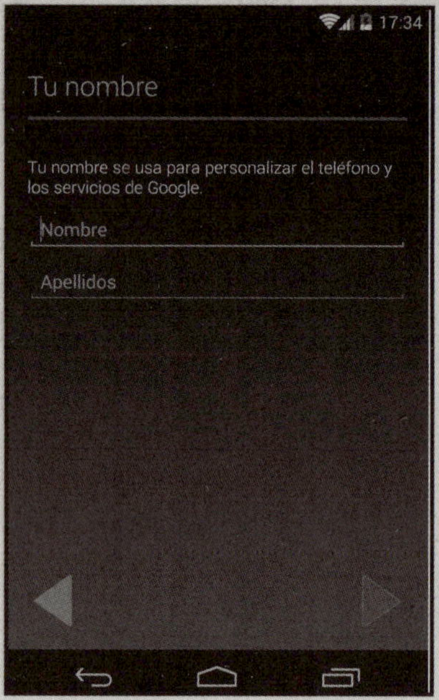

07 En la próxima pantalla escriba un nombre de usuario y luego toque la flecha hacia la derecha para continuar.

08 Finalmente, el sistema le pedirá una contraseña de 8 caracteres como mínimo y que la repita para confirmarla. Luego, toque la flecha hacia la derecha o toque `Siguiente` en el teclado virtual para que el dispositivo inicie la sincronización con su cuenta.

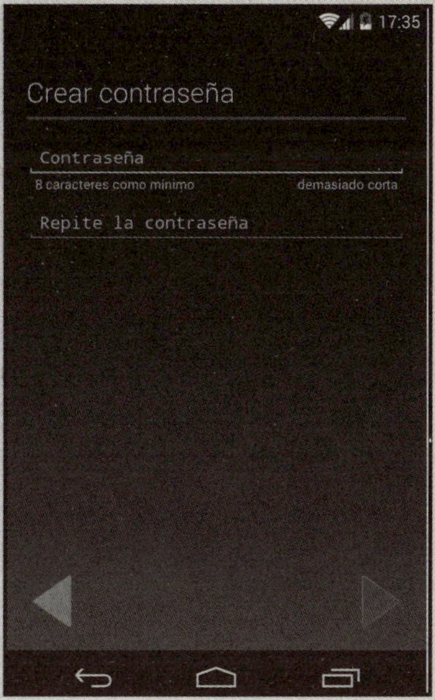

Si ya teníamos una cuenta de Gmail, al realizar este procedimiento se sincronizarán automáticamente todos los contactos de correo electrónico de este servicio, y ya estaremos en condiciones para comenzar a personalizar el dispositivo, descargar aplicaciones y explorar todas las funciones del móvil. Más adelante, en el **capitulo 6**, aprenderemos a crear una cuenta en Gmail.

NOTIFICACIONES

El panel de notificaciones muestra los mensajes entrantes, las actualizaciones de las redes sociales y las actualizaciones de aplicaciones que el sistema realiza automáticamente, entre otros. Para ver todas las notificaciones deslizamos el panel con el dedo hacia abajo. Podemos eliminar una a una las notificaciones deslizando el dedo hacia la derecha por encima de cada una de ellas, o eliminarlas en un solo paso tocando la X que aparece en la parte superior derecha de este panel.

PRÁCTICA 8: Configurar la pantalla de bloqueo

Cuando el dispositivo está encendido pero inactivo, la pantalla se apaga para ahorrar el consumo de la batería. Para activarlo, tocamos suavemente el botón de encendido o el botón de inicio, y aparece la **pantalla de bloqueo**. Esta pantalla evita que accidentalmente activemos alguna función del teléfono o de la tablet, y se desbloquea deslizando un dedo hacia arriba o hacia la derecha.

Pero esta pantalla ofrece una función adicional de seguridad si le agregamos una contraseña. Esto permite que, si perdemos el teléfono móvil o nos lo roban, otras personas no puedan acceder a nuestros datos, cuentas e información almacenados.

En el siguiente **Paso a Paso** aprenderemos cómo hacerlo.

PXP2: PROTEGER EL ACCESO AL DISPOSITIVO

01 Con el dispositivo de frente, toque el botón que se encuentra a la izquierda del botón `Inicio`. En el menú emergente, toque `Configuración del sistema`.

►

02 En la siguiente pantalla, toque la opción `Seguridad y ubicación`.

03 En la siguiente pantalla, toque la opción `Bloqueo de pantalla`.

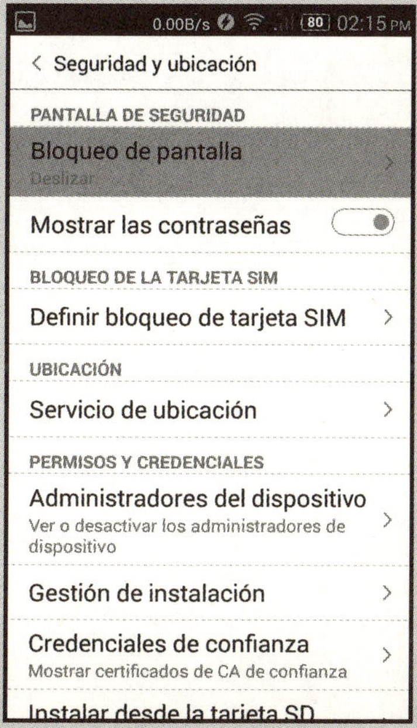

04 Dependiendo de la marca y del modelo, en la siguiente pantalla encontrará diferentes opciones de desbloqueo. Una de las más comunes es `Patrón`.

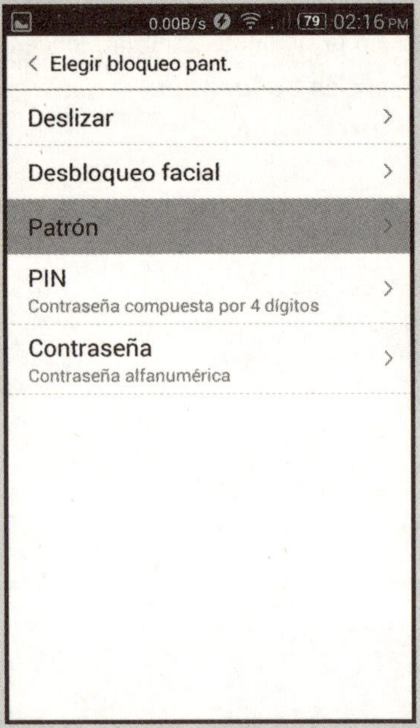

05 Para dibujar un patrón de desbloqueo, deslice el dedo de un círculo a otro, tomando 4 como mínimo. No levante el dedo hasta finalizar el diseño de su patrón.

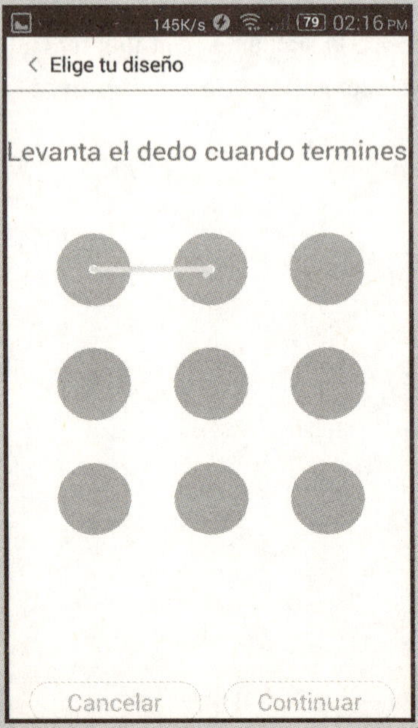

06 En el Paso 4 puede elegir PIN para seleccionar 4 números del teclado que aparece en la pantalla.

07 Otra opción que puede elegir en el Paso 4 es `Contraseña`. A continuación, el sistema le pedirá que ingrese una combinación de letras y números de por lo menos 4 caracteres, aunque debe tener en cuenta que una contraseña más larga puede ofrecerle un mayor nivel de seguridad.

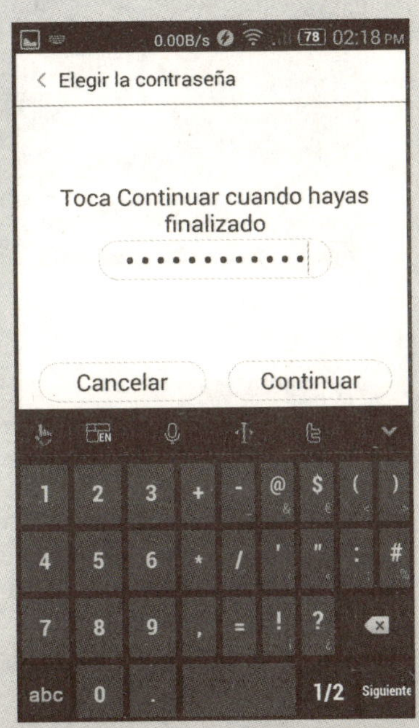

CONTACTOS

Los contactos son las personas cuyos datos agendamos en nuestro teléfono móvil. La aplicación **Contactos** está incluida en nuestro smartphone (generalmente la encontramos en la pantalla de inicio), y ofrece un acceso directo a todos los contactos asociados a nuestra cuenta de Google, a otras cuentas e, incluso, a los contactos guardados en la tarjeta SIM.

Al ingresar a esta aplicación, veremos en la parte superior un cuadro de búsqueda para localizar un contacto ingresando su nombre sin tener que buscarlo con el dedo. Por debajo de este cuadro, veremos el listado de contactos ordenado alfabéticamente. Para localizar un contacto desde este listado, debemos deslizar el dedo por la pantalla hasta encontrarlo o tocar las letras que aparecen en el lateral derecho de la pantalla, para localizar rápidamente los contactos que comienzan con la letra seleccionada.

Figura 2. Cuando tocamos el nombre de un contacto, aparece una pantalla que nos permite iniciar una llamada, enviar un mensaje de texto o un mensaje o llamada desde WhatsApp.

PRÁCTICA 9: Añadir un contacto

En el siguiente **Paso a paso** aprenderemos a agregar nuevos contactos desde la aplicación **Contactos**.

PXP3: AGREGAR UN CONTACTO

01 En la pantalla de inicio de su teléfono toque `Contactos` y, luego, `Nuevo contacto` o `Agregar contacto`.

02 En la siguiente pantalla complete los datos de su contacto, como nombre, empresa, número de teléfono y correo electrónico, entre otros. Luego toque `Solo guardar en el teléfono`.

¿WIFI O BLUETOOTH?

Ambas tecnologías inalámbricas son utilizadas en dispositivos móviles, pero también en computadoras y Smart TV. Aunque su función es similar, se distinguen por ciertas características específicas: WiFi permite a un dispositivo conectarse de forma inalámbrica a internet y otras redes a través de un router, mientras que Bluetooth se utiliza para conectar dispositivos de forma directa, y no necesita instalación ni configuración.

▶
03 A continuación, seleccione si desea guardarlo en el teléfono o en la tarjeta SIM. Por último, toque `Finalizado` para guardar el contacto.

La decisión de guardar un contacto en el teléfono o en la tarjeta SIM depende de varios factores, que se exponen en la siguiente tabla.

TABLA 1: ¿DÓNDE GUARDAR LOS CONTACTOS?

▼ RAZONES PARA GUARDAR LOS CONTACTOS EN LA TARJETA SIM	▼ RAZONES PARA GUARDAR LOS CONTACTOS EN EL TELÉFONO
Si se cambia frecuentemente el teléfono, porque solo se debe cambiar la tarjeta de un aparato a otro, y se conservan todos los contactos.	Es más seguro, porque la tarjeta SIM puede dañarse y se perderían todos los contactos almacenados en ella.
Para ahorrar memoria en el teléfono y dejarla disponible para otros usos, como guardar videos, fotos, música, entre otros.	La personalización de los contactos –como agregarles una imagen o timbres específicos de llamada o mensajes– solo puede realizarse con los contactos almacenados en el teléfono.
Si el móvil se queda sin batería, la tarjeta SIM se puede colocar en otro aparato para acceder a la agenda de contactos.	Solo se pueden agregar diferentes teléfonos o correos electrónicos para un mismo contacto cuando están almacenados en el teléfono.

Tabla 1. El análisis comparativo de estas razones nos permite tomar una mejor decisión.

PRÁCTICA 10: Pasar los contactos del teléfono a la tarjeta SIM

Cuando estamos por cambiar de teléfono, una de las primeras cuestiones que se presentan es la de recuperar fácilmente nuestra lista de contactos. La forma más sencilla de hacerlo es asegurarnos de que todos nuestros contactos estén almacenados en la tarjeta SIM; de ese modo, solo tendremos que cambiar la tarjeta de un aparato a otro, y así tendremos en el nuevo teléfono todos nuestros contactos.

En el siguiente **Paso a paso** veremos cómo hacerlo.

PXP4: PASAR LOS CONTACTOS A LA TARJETA SIM

01 En la pantalla de inicio de su teléfono toque `Contactos`, luego `Más` y en el menú emergente toque `Ajustes`.

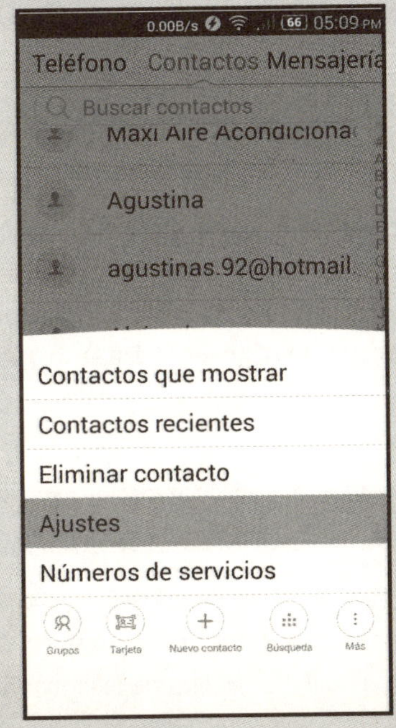

02 En la siguiente pantalla toque la opción `Exportar desde la memoria del teléfono` o `Exportar a SIM`.

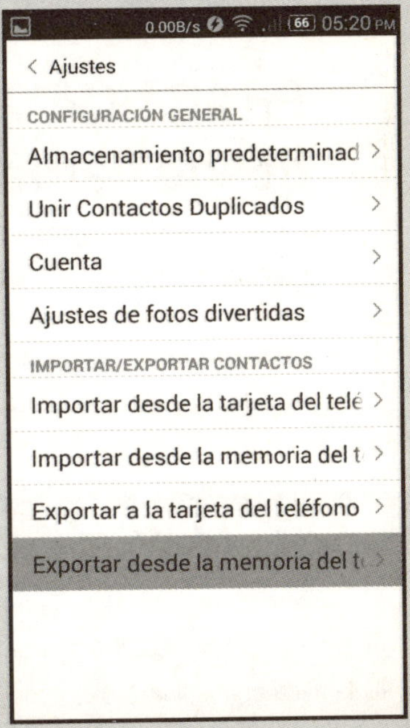

03 En el menú emergente toque `Aceptar` para ejecutar el proceso.

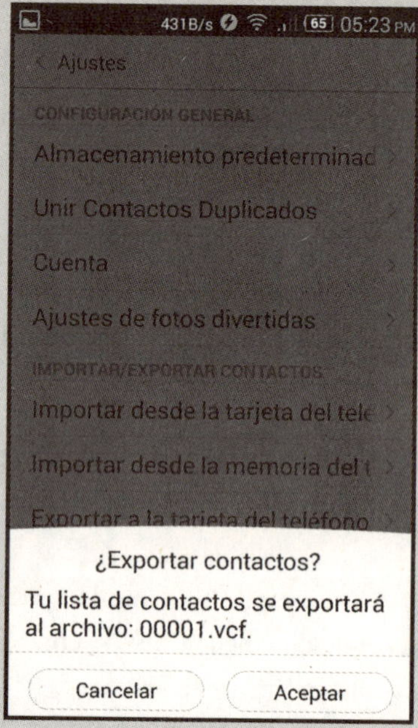

PRÁCTICA 11: Agregar contactos desde llamadas o mensajes

Otra forma de agregar un nuevo contacto es desde las aplicaciones **Llamadas** o **Mensajes**, incluidas en todos los smartphones. Cuando una persona que no tenemos agendada nos llama o nos envía un mensaje, podemos agregarla a nuestros contactos. El siguiente **Paso a paso** muestra cómo hacerlo.

NÚMERO PRIVADO

Si queremos realizar una llamada sin que el receptor identifique nuestro número, debemos escribir #31# antes del número al que deseamos llamar. El receptor recibirá la llamada como Número privado, y no podrá conocer nuestro número de teléfono. Solo funciona con llamadas, pero no con mensajes.

PXP5: AGREGAR UN CONTACTO DESDE LA APLICACIÓN LLAMADAS

01 En la pantalla de inicio de su teléfono, toque `Llamadas` o `Teléfono` y seleccione el contacto que desea agregar (verá el número de teléfono).

02 En la siguiente pantalla, toque la opción `Crear nuevo contacto`.

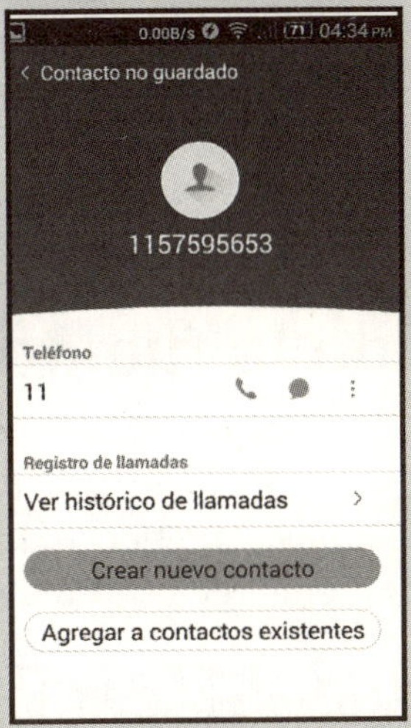

03 A continuación, complete los datos del contacto y luego toque `Finalizado` para guardar el contacto.

El procedimiento es similar para guardar un contacto a partir de un mensaje. Cuando recibimos el mensaje, repetimos los pasos 2 y 3 del procedimiento anterior.

ADAPTAR EL MÓVIL A NUESTRAS NECESIDADES

Una de las mejores cosas que podemos hacer para mejorar nuestra experiencia con los dispositivos móviles es adaptarlos a nuestras necesidades. Y la primera de ellas es lograr la comodidad visual a través de un tamaño de pantalla y de texto más grande. También podemos aumentar el brillo de la pantalla y elegir un fondo que mejore el contraste para facilitar la visualización de los elementos.

PRÁCTICA 12: Aumentar tamaño de la fuente y del texto

El texto más grande facilita la lectura y el manejo del dispositivo, tanto para personas de la tercera edad como para aquellos más jóvenes que tienen dificultades visuales. En el siguiente **Paso a paso** aprenderemos a configurar estas opciones.

PXP6: AUMENTAR EL TAMAÑO DE LA FUENTE Y DEL TEXTO

01 En la pantalla de inicio del dispositivo, toque el botón ubicado a la izquierda del botón `Inicio` y, en el menú emergente, pulse sobre `Configuración del sistema`. En la siguiente pantalla toque la opción `Pantalla`.

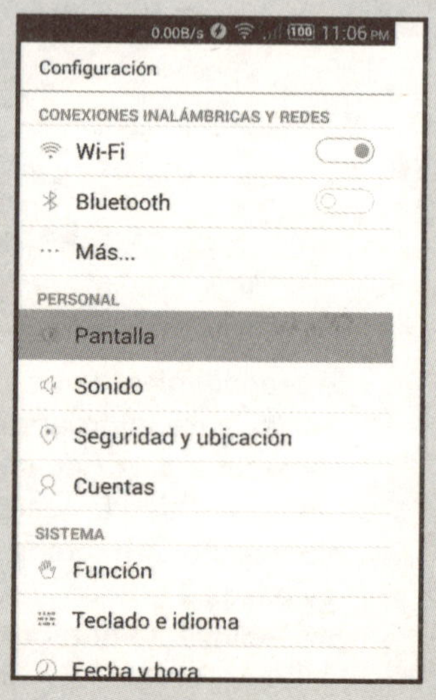

02 Desde esta pantalla puede configurar diferentes opciones, como cambiar el fondo, ajustar el brillo, activar o desactivar la rotación de pantalla al girar el dispositivo o definir el tiempo de apagado de la pantalla. Puede explorar estas opciones o tocar directamente `Tamaño de fuente`.

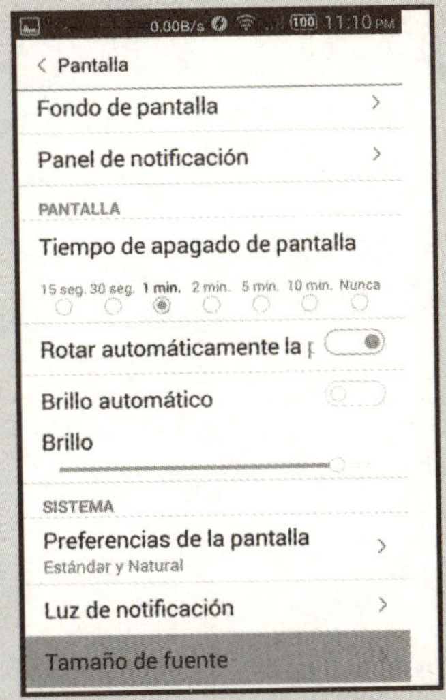

03 Deslice su dedo por la barra hasta llevarla a la opción `Grande`. Luego, toque `Aceptar` para regresar a la pantalla anterior.

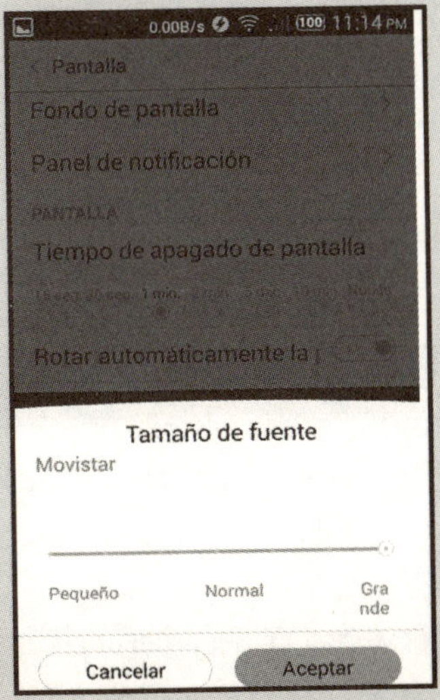

04 Toque el botón ubicado a la derecha del botón `Inicio` para volver a la pantalla de configuración general. Aquí pulse la opción `Más` y, luego, `Accesibilidad`.

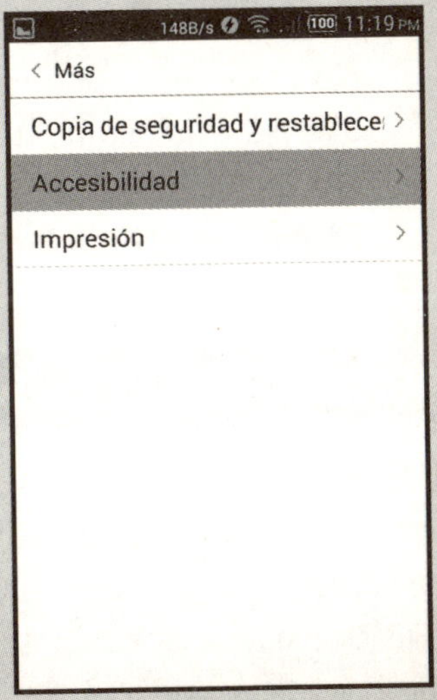

▶ **05** Active la opción `Texto grande`.

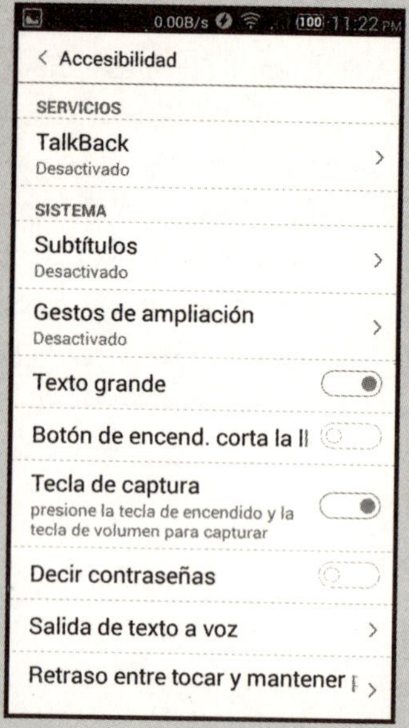

LA TIENDA DE APLICACIONES

Cada sistema operativo móvil ofrece a sus usuarios un espacio virtual para buscar, descargar e instalar diferentes tipos de aplicaciones o apps, especialmente creadas para dicho sistema. La tienda de aplicaciones Play Store es la plataforma desarrollada por Google para los dispositivos con sistema operativo Android. Esta plataforma

TALKBACK

TalkBack es un servicio de accesibilidad desarrollado por Google para dispositivos Android, que ayuda a los usuarios invidentes o con problemas de visión a utilizar sus dispositivos. Esta aplicación ya viene instalada en la mayoría de los móviles Android. TalkBack proporciona comentarios por voz y con vibración para describir qué se selecciona, toca o activa.

permite a los usuarios navegar y descargar no solo aplicaciones, sino también música, libros, revistas y películas. En cualquier dispositivo Android encontraremos el icono de acceso a esta plataforma.

PRÁCTICA 13: Buscar e instalar aplicaciones

Las aplicaciones son un aspecto muy importante de nuestro móvil, porque son las que permiten ampliar las funciones básicas de un smartphone o una tablet. Es muy probable que lo primero que deseamos instalar sea un programa de mensajería muy popular como WhatsApp, pero también redes sociales como Facebook, Twitter o Instagram, juegos y otras apps interesantes y útiles que podemos explorar desde la Play Store.

En el siguiente **Paso a paso** aprenderemos a buscar e instalar una aplicación en nuestro móvil.

PXP7: INSTALAR UNA APLICACIÓN EN EL MÓVIL

01 Busque en su teléfono o tablet la aplicación `Play Store` y tóquela para abrirla.

02 Al ingresar a la plataforma, verá diferentes aplicaciones agrupadas por categorías. En la parte superior de la pantalla encontrará un cuadro de búsqueda, para escribir el nombre de una aplicación específica. Al ingresar las primeras letras del nombre, el sistema le mostrará un listado de aplicaciones que correspondan a ellas. Toque sobre la que le interesa, como por ejemplo, `WhatsApp Messenger`.

03 Ahora verá información sobre la aplicación seleccionada. Toque `Instalar` para iniciar la descarga. Una vez finalizado el proceso de instalación en el dispositivo, el icono de la aplicación instalada aparecerá en la pantalla del teléfono.

Apps útiles

Las personas que transitan la tercera edad pueden encontrar aplicaciones diseñadas especialmente para esta franja etaria, u otras que pueden ser aprovechadas en diferentes aspectos, como la salud, el ejercicio físico y mental o el entretenimiento.

Por ese motivo, les sugerimos 16 aplicaciones increíblemente útiles que se pueden descargar gratuitamente desde la Play Store.

1. Medisafe

A medida que avanza nuestra edad, necesitamos cada vez más medicinas para mantener la salud. Recordar los horarios de cada pastilla puede convertirse en un problema. Pero existen apps que permiten establecer recordatorios para facilitar esta tarea. Una de ellas es **Medisafe**, que permite indicar el nombre del medicamento, una breve descripción de este y la frecuencia con la que debemos tomarlo. La app permite también ingresar la fecha de inicio de la toma, y a partir de estos datos, recibiremos los recordatorios de tomas posteriores con sonidos en nuestro dispositivo. Además, ofrece la posibilidad de ingresar a otro usuario (denominado **Medi-amigo**, que puede ser un miembro de la familia o cuidador), que recibirá una notificación si no registramos en la app la toma, para que actúe como control externo.

2. Diabetes - Diario de glucosa

Una aplicación ideal para las personas que padecen diabetes tipo 1 o 2, que permite tener en el móvil el registro diario de las tomas de control del nivel de glucosa en la sangre, y muestra la información en gráficos interactivos que pueden compartirse con nuestro médico. Permite registrar el nivel de glucosa en sangre (con registro mg/dl o mmol/l), el seguimiento por fecha y hora, e incluso agregar observaciones sobre momentos específicos, como por ejemplo, antes o después del desayuno, el almuerzo o la cena, la medicación, luego de hacer ejercicio o al enfrentar cualquier otra situación que afecte el nivel de glucosa.

3. Blood Pressure Pro

Esta app permite registrar los datos de tensión y advierte si son buenos o malos. A partir de esos registros, genera una base de datos y muestra un historial de todos los registros por fecha, con gráficos. Incluye una opción para exportar los datos a formato PDF o Excel.

4. Runtastic Heart Rate – Pulso

Una app que convierte a nuestro smartphone o tablet en un monitor de frecuencia cardíaca personal. Para ello, desde la aplicación, debemos colocar y sostener el dedo índice contra la lente de la cámara trasera (con flash o en un lugar bien iluminado, preferentemente con la luz del día), sin presionar muy fuerte, para no alterar la circulación sanguínea que pueda afectar los resultados. Se recomienda realizar la medición en estado de relajación y quietos, para no comprometer su exactitud. Luego, se mostrarán los resultados en gráficos fáciles de leer.

Estos resultados se pueden subir al sitio web de **Runtastic** (**www.runtastic.com**) para compararlos y analizarlos por día, semana o año.

5. NoMeOlvides

Esta app obtuvo el Primer Premio en el Concurso de Apps de la Cátedra de Telefónica de la Universidad Politécnica de Madrid. Fue diseñada para personas de edad avanzada, que padecen demencia senil o la enfermedad de Alzheimer, para realizar múltiples ejercicios de refuerzo mental.

Una forma de frenar el proceso degenerativo del cerebro es realizando ejercicios de forma periódica para mantenerlo activo. Gracias a los ejercicios que potencian la memoria, un paciente con alzhéimer puede retrasar o, incluso, revertir el progreso de su enfermedad de manera significativa. Las actividades que propone esta aplicación incluyen ejercicios de lenguaje, operaciones matemáticas simples, adivinanzas y refranes, dibujar, identificar imágenes, escribir un diario y hasta construir un árbol genealógico propio. Todas las actividades se han diseñado siguiendo pautas médicas de refuerzo mental y son altamente recomendables para pacientes con alzhéimer, demencia senil u otros problemas de memoria. Sin embargo, puede ser aprovechada por personas de mediana edad que no tengan aún problemas de deterioro cognitivo, como una forma de prevenirlo.

6. UbicaPhone Tercera Edad

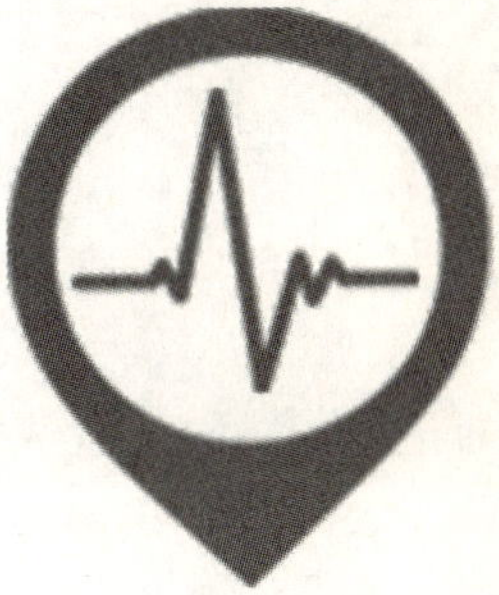

Ofrece una solución para brindar seguridad a las personas de edad avanzada y a sus familiares o cuidadores, manteniendo la independencia del adulto mayor a través de la localización y logística de dispositivos móviles. Esta app permite saber dónde está, en cualquier momento, el dispositivo móvil de una persona, y envía reportes automáticos con la ubicación en intervalos de tiempo que podemos personalizar dependiendo de lo que deseemos.

También es posible crear **geocercas** o cercas virtuales, para que los familiares del adulto mayor puedan crear límites, y recibir notificaciones y alertas mediante correo electrónico cuando el dispositivo entre o salga de la geocerca.

Otra función interesante es el botón de alerta o solo agitar el teléfono (o tablet) cuando necesitemos asistencia. Esta acción envía una notificación por correo electrónico y mensajes de texto a los familiares, con la ubicación donde se registró la alerta. Además, incluye la función autollamada, con la que se activa el altavoz y permite el automarcado de un número previamente programado.

PROGRAMAR ALARMAS

Con las nuevas funciones de los dispositivos móviles, los despertadores quedaron en el pasado. Todos ofrecen la posibilidad de crear alarmas, que se activarán a la hora especificada, con diferentes intervalos de repeticiones. Para ello debemos buscar la aplicación Alarmas o Reloj, que permite definir la hora, los días en los que deseamos que se active y la cantidad de veces que debe repetirse. También es posible establecer un tono o una melodía específicos.

7. Big Launcher

Una app que simplifica la cantidad de iconos y elementos visibles en cada pantalla, y deja solo los principales, además de amplificar el tamaño de la interfaz del dispositivo. Ideal para personas de la tercera edad o con discapacidad visual. Esta aplicación sustituye la interfaz de cualquier dispositivo Android, y se activa automáticamente al encenderlo. Permite tener a simple vista las funciones más básicas del móvil, como el reloj, la cámara o los contactos, además del acceso a las apps que utilizamos con mayor frecuencia.

Figura 3. Big Launcher es una app muy recomendable para adultos mayores, porque simplifica la interfaz del dispositivo y aumenta, considerablemente, el tamaño de los iconos y del texto.

8. PNL Senior

Esta app toma el modelo de Programación Neurolingüística (PNL) y funciona como un *coach* personal. Permite elegir, a través de videos, diferentes temas sobre los que deseamos mejorar. Encontraremos videos con afirmaciones positivas sobre la tercera edad, relaciones sociales, pasado, optimismo, mejorar sueño y salud, mejorar memoria, amor, desarrollo espiritual, bienestar y autoestima. También permite poner afirmaciones positivas como fondo de pantalla en el dispositivo. Aunque esta app está enfocada en la tercera edad, es importante considerar que se trata de una opción válida para personas de todas las edades.

Requiere conexión a internet para su funcionamiento, por lo que se recomienda utilizarla siempre que tengamos disponible una red WiFi, para evitar de esta manera el consumo excesivo de datos que pueden encarecer nuestra factura de telefonía móvil. De forma predeterminada, se instala en la tarjeta SIM y ocupa muy poco espacio.

9. Lumosity

Lumosity es una de las aplicaciones más conocidas y utilizadas para el entrenamiento cerebral, desarrollada por un equipo de científicos y diseñadores para explorar nuevas formas de impulsar la investigación cognitiva. Según afirman sus creadores, Lumosity está basado en la neurociencia y contempla los más recientes avances sobre el funcionamiento neurológico, para optimizar el resultado de sus juegos y pruebas. Esta app permite entrenar nuestro cerebro en cinco áreas: Memoria, Atención, Velocidad, Flexibilidad y Resolución de Problemas, con ejercicios concretos para cada una de ellas. Los juegos se adaptan al desempeño personal para mantener el desafío en las diferentes tareas cognitivas.

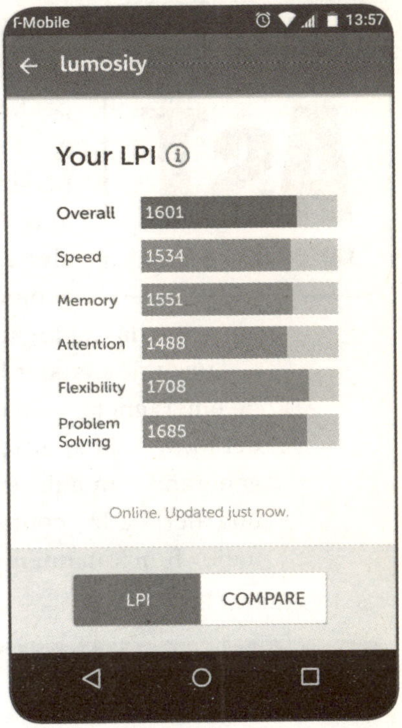

Figura 4. Lumosity muestra en forma gráfica los resultados obtenidos en cada una de las áreas.

10. Sudoku

El Sudoku fue creado para mejorar el coeficiente intelectual. De las páginas de diarios y revistas, ha pasado a su versión digital en esta app que tiene varios niveles de dificultad y una interfaz de usuario altamente personalizable. Como dato de interés, podemos mencionar que la Asociación de Alzheimer de América ha respaldado a Sudoku como un juego cerebral eficiente que puede ayudar a reducir las posibilidades de contraer esta enfermedad.

11. Palabras con amigos

Permite jugar al tradicional Scrabble en nuestro dispositivo, formando palabras en español, inglés, francés, alemán, italiano y portugués. Se puede jugar con los contactos de Facebook o buscar nuevos amigos, pero también admite partidas individuales sin conexión. Incluye funciones de chat durante la partida.

12. Botón de Pánico AsT

Permite enviar alertas automáticas a nuestros contactos –mediante mensaje de texto, correo electrónico o publicación de Facebook a un grupo de personas preestablecido– cuando nos encontramos ante una situación de peligro o riesgo de salud. Estas alertas incluyen un mensaje con nuestra ubicación geolocalizada en Google Maps, con la dirección aproximada del lugar donde nos encontramos.

Luego de instalar la aplicación y configurar nuestros contactos de emergencia, solo debemos tocar un botón en la pantalla de inicio del móvil y la aplicación obtendrá nuestras coordenadas actuales generando un enlace a Google Maps con la ubicación, y luego enviará una alerta a los contactos a través de los medios seleccionados. Para un mejor funcionamiento se recomienda tener habilitada la red WiFi.

13. Google Maps

Esta aplicación ya se encuentra instalada en todos los móviles Android, y ofrece navegación GPS por voz para llegar en automóvil, en bicicleta, en transporte público o a pie. Antes de ingresar a Google Maps debemos activar la función **GPS** en nuestro móvil; luego, solo tendremos que escribir la dirección hacia la que queremos ir o presionar el icono del micrófono para indicarla por voz.

Además ofrece imágenes de interior y de **Street View** de restaurantes, museos y otros lugares.

Figura 5. Google Maps se combina con las funciones de GPS de nuestro móvil para guiarnos en cualquier parte del mundo hasta la dirección indicada.

14. Traductor de Google

Si nos gusta viajar por el mundo o simplemente aprender palabras en otros idiomas, esta app es imprescindible. En el modo de texto permite traducir palabras o frases hasta en 103 idiomas, con conexión a internet, pero se pueden definir hasta 52 idiomas para traducción sin conexión. Tocando el icono de la cámara, podemos sacar fotos de texto para obtener traducciones en 37 idiomas. También es posible tocar el icono del micrófono para dictar la palabra o la frase que deseamos traducir, sin utilizar el teclado.

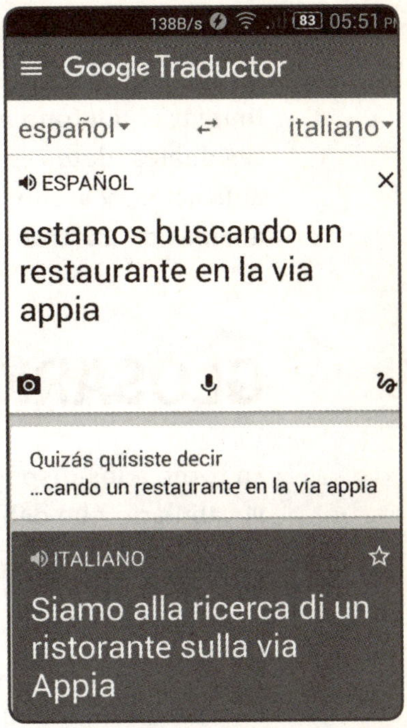

Figura 6. En **Google Traductor** podemos traducir fácilmente cualquier palabra o frase al idioma que seleccionemos.

15. Periódicos mundiales

Con esta app podremos tener en el móvil los principales diarios y revistas de más de 70 países. Incluye funciones de traducción y permite descargar contenido para leerlo sin conexión. Para los habitantes de Argentina, la app **Diarios Argentinos** reúne todos los diarios y revistas más importantes de este país. Y para Perú, Bolivia y España tenemos las apps **Periódicos Peruanos**, **Periódicos Bolivianos** y **Periódicos Españoles**, respectivamente.

DESACTIVAR DATOS MÓVILES

El uso de internet, redes sociales y algunas aplicaciones que se utilizan con conexión pueden consumir una gran cantidad de datos, aumentando considerablemente los gastos de telefonía móvil. Para evitar el uso del tráfico de datos, debemos desactivar los datos móviles en nuestro equipo y utilizar, siempre que sea posible, una red WiFi. Al desactivar los datos móviles, y si no disponemos de WiFi, podremos realizar llamadas, enviar SMS y usar aplicaciones que no requieren conexión a internet.

16. Clean Master

Es una aplicación desarrollada para móviles Android, que nos permite limpiar el teléfono inteligente borrando archivos basura, archivos residuales (datos extras que se instalan cuando descargamos una aplicación) y archivos temporales. De esta forma, libera memoria además de ahorrar batería. Se descarga gratuitamente desde Play Store.

GLOSARIO

En torno a los dispositivos móviles, se ha generado un nuevo vocabulario que debemos conocer para comprender mejor algunos de los términos que escuchamos o leemos cada vez con mayor frecuencia.

LTE

LTE son las siglas en inglés de **Long Term Evolution**, o 'evolución a largo plazo'. **LTE** es una tecnología de transmisión de datos de banda ancha inalámbrica que está principalmente diseñada para poder dar soporte al constante acceso a internet de los dispositivos móviles. Esta tecnología es utilizada en los teléfonos móviles de cuarta generación, denominados **4G**, para la bajada y subida de datos desde internet.

Desde un aspecto técnico, LTE o 4G LTE es un estándar de comunicación móvil desarrollado para asegurar la competitividad del sistema de comunicación móvil para el futuro, satisfaciendo las necesidades de los usuarios que demandan cada vez más calidad y mayor rapidez de servicio.

MicroSD

Una tarjeta SD (**Secure Digital**) es una tarjeta de memoria para almacenar contenidos en dispositivos portátiles, tales como teléfonos móviles, cámaras digitales, tablets o navegadores GPS. Las tarjetas microSD son el formato más habitual en los dispositivos pequeños, como teléfonos móviles o tablets, cuyo tamaño es de 15 mm de alto x 11 mm de ancho x 10 mm de grosor. En los equipos en los que es necesario quitar y poner la tarjeta de memoria a menudo, como las cámaras digitales o las consolas de videojuegos, suelen utilizarse tarjetas SD de tamaño estándar, de 32 mm de alto x 24 mm de ancho x 21 mm de grosor.

MMS

Las siglas MMS corresponden, en inglés, a **Multimedia Messaging Service**. Es un formato estándar de mensajería, que permite enviar y recibir contenidos multimedia en teléfonos móviles, incorporando sonido, video o fotos. La mensajería multimedia permite también el envío de estos contenidos a cuentas de correo electrónico; esto amplia las posibilidades de la comunicación móvil e, incluso, permite publicar fotografías digitales, videos o audios en las redes sociales, sin la mediación de una computadora.

QR

Los códigos QR, siglas en inglés de **Quick Response** o 'respuesta rápida', son códigos de barras bidimensionales, desarrollados por la compañía japonesa Denso Wave en 1994. La matriz de puntos en la que se guardan los datos no es legible para el ojo humano. Se debe leer con un teléfono móvil o con un dispositivo que disponga de un lector de códigos QR. Es común encontrarlos en sitios web y en publicidades.

Figura 7. Al capturar el código QR con el teléfono móvil, en unos segundos aparecerá la información correspondiente en la pantalla.

Ringtone

Es el término que se usa para definir el sonido que produce un teléfono móvil para indicar la llegada de un mensaje de texto o al recibir una llamada. Esta palabra es usada ampliamente para referirse a los sonidos personalizados que tienen los teléfonos móviles de última generación, superando el simple *ring*, fonética utilizada para describir el timbre de sonido de los primeros teléfonos móviles. La nueva generación de timbres para teléfonos móviles se basa en sistemas de sonidos digitales, que pueden incluir hasta partes de nuestra canción favorita.

Roaming

Es un concepto relacionado con la capacidad de un dispositivo móvil para moverse de una zona de cobertura a otra. Es decir, es la capacidad de enviar y recibir llamadas en redes móviles fuera del área de servicio local de nuestro proveedor de telefonía móvil, dentro de la zona de servicio de otra empresa del mismo país, o durante una estancia en otro país diferente, con la red de una empresa extranjera.

SIM

SIM son las siglas en inglés de **Subscriber Identity Module** o 'módulo de identificación del suscriptor'. Es una tarjeta que se utiliza en los teléfonos móviles para almacenar de forma segura la información del usuario del teléfono, necesaria para identificarse en la red (clave de autenticación e identificación del área local). La tarjeta SIM también almacena datos del operador necesarios para el servicio de mensajes, entre otros.

Si un teléfono móvil tiene una tarjeta SIM bloqueada, el dispositivo solo puede utilizarse en países y operadores específicos. Para facilitar la competitividad entre las diferentes compañías, la mayoría de los fabricantes de smartphone utilizan tarjetas SIM desbloqueadas o liberadas, para que el aparato pueda ser utilizado en otros países y el usuario tenga la libertad de elegir al proveedor del servicio de telefonía.

SMS

SMS son las siglas en inglés de **Short Message Service**, y es el término ampliamente utilizado para referirse a los mensajes de texto. El impacto de servicios como WhatsApp ha provocado un rápido descenso en el uso de estos mensajes.

WPA

Cuando queremos conectar nuestro móvil a una red WiFi diferente a la que utilizamos habitualmente, aparece el listado de redes WiFi disponibles, y si la que seleccionamos no es abierta o pública, veremos una leyenda que dice que está protegida con WPA o WPA2. Las siglas **WPA** corresponden, en inglés, a **Wi-Fi Protected Access**. Fue creado en respuesta a las serias debilidades de otros protocolos como **WEP** (**Wired Equivalent Privacy**).

RESUMEN

En este capítulo exploramos el universo de los dispositivos móviles. Pudimos conocer las principales características externas de smartphones y tablets, así como sus funciones básicas. Aprendimos a configurar un móvil, a administrar los contactos, a buscar e instalar una aplicación desde Play Store y, también, hicimos un recorrido por algunas apps que pueden mejorar nuestra experiencia con el equipo. Como reflexión final, recomendamos la exploración de nuestro aparato sin miedo, aunque también es importante recordar que podemos pedir ayuda a nuestros familiares y amigos cuando no logramos solucionar alguna situación. Un dispositivo móvil es un elemento indispensable para mantenernos conectados en cualquier momento y en cualquier lugar.

ACTIVIDADES

TEST DE AUTOEVALUACIÓN

1 ¿Cuál es la principal diferencia entre un smartphone y una tablet?

2 ¿En qué se diferencia el altavoz del auricular?

3 ¿Cuáles son las ventajas de utilizar un dispositivo móvil Android?

4 ¿Qué es la pantalla de bloqueo?

5 ¿Es posible agregar contactos nuevos que no se hayan sincronizado automáticamente a través de nuestra cuenta de Google?

6 Mencione dos razones para almacenar los contactos en la tarjeta SIM.

7 ¿Qué posibilidades ofrecen los dispositivos móviles para adaptarlos a nuestras necesidades?

8 ¿Qué es Play Store?

9 ¿Cómo podemos buscar una aplicación específica en esta tienda?

10 ¿Para qué sirve la aplicación Google Maps?

EJERCICIOS PRÁCTICOS

1 En su dispositivo móvil –tablet o smartphone– ubique y explore los diferentes botones externos (físicos o táctiles). Localice los altavoces en la parte trasera del dispositivo.

2 Agregue un nuevo contacto desde la aplicación Contactos.

3 Agregue un nuevo contacto a partir de una llamada o un mensaje de una persona que no tiene agendada en el teléfono.

PROFESOR EN LÍNEA

Si tiene alguna consulta técnica relacionada con el contenido, puede contactarse con nuestros expertos: profesor@redusers.com.

04 WhatsApp

WhatsApp se ha convertido en una aplicación imprescindible para mantenernos conectados en todo momento con familiares y amigos. En este capítulo aprenderemos los conceptos clave y algunos trucos para aprovechar al máximo este programa de mensajería.

¿QUÉ ES WHATSAPP?

La **mensajería instantánea** es una forma de comunicación en tiempo real entre dos o más personas. Los mensajes se envían y se reciben a través de dispositivos conectados a internet, utilizando para ello aplicaciones específicas, como **WhatsApp**. Esta aplicación gratuita ha superado ampliamente en todo el mundo el uso de los mensajes de texto o SMS, porque cumple la misma función, pero además de texto permite enviar imágenes, videos y grabaciones de audio, crear grupos y listas de difusión, e incluso realizar llamadas gratuitas desde la misma aplicación. WhatsApp es una aplicación exclusiva para teléfonos, aunque recientemente ha desarrollado una versión web a la que podemos acceder desde cualquier dispositivo con conexión a internet, como nuestra computadora o una tablet, siempre que tengamos instalado previamente este programa en nuestro teléfono.

WhatsApp usa la conexión a internet a través de 4G, 3G o WiFi del teléfono, y no tiene cargos adicionales para el envío y la recepción de mensajes. Por lo tanto, es totalmente gratuito si utilizamos

Figura 1. Una vez descargado e instalado en nuestro teléfono, debemos vincular el número de nuestro móvil para que WhatsApp sincronice a nuestros contactos.

una conexión WiFi. En caso contrario, será también gratuito si no sobrepasamos el límite de datos incluido en nuestro plan; si no, el uso de WhatsApp puede generar cargos adicionales.

WhatsApp o WhatsApp Messenger se descarga gratuitamente desde la tienda de aplicaciones que corresponde a nuestro sistema operativo (por ejemplo, Play Store para Android).

WHATSAPP VERSUS SMS

Ambos sistemas de mensajería pueden parecer similares, pero tienen diferencias que debemos conocer. Los SMS son mensajes de texto que se envían entre dos teléfonos móviles con una cantidad de caracteres limitada. Todos los teléfonos móviles tienen la opción de enviar y recibir SMS con un costo unitario, salvo acuerdos con el operador. Para utilizar este, servicio no es necesaria una conexión a internet. En cambio, Whatsapp requiere de conexión y ofrece la posibilidad de enviar mensajes de texto, voz, imágenes o videos, sin límite y gratuitos, siempre que usemos una red WiFi.

PERSONALIZAR WHATSAPP

Luego de instalar la aplicación en nuestro teléfono y de sincronizar los contactos, al ingresar a WhatsApp veremos que una lista de nuestros contactos se encuentra instalada allí. Es decir que, para establecer una comunicación entre dos personas a través de WhatsApp, es necesario que ambas tengan instalada la aplicación y que la otra persona sea parte de nuestros contactos. No es posible enviar un mensaje de WhatsApp a quien no haya sido agregado previamente como contacto.

Para comunicarnos mediante WhatsApp, en primer lugar debemos agregar a los usuarios al listado de contactos.

Pero antes de comenzar a utilizar este programa de mensajería, podemos realizar algunas tareas de personalización que nos permitirán adaptarlo mejor a nuestras necesidades y preferencias. Por ejemplo, cambiar la imagen, el estado, el fondo, y aumentar el tamaño de la letra, entre otras opciones.

PRÁCTICA 14: Agregar imagen y estado

Nuestra foto y estado es lo que verán nuestros contactos de WhatsApp cuando nos busquen en su lista o reciban nuestros mensajes. De forma predeterminada, el icono de imagen mostrará la silueta de un muñeco dentro de un círculo, y como estado, la leyenda en inglés **Hey There! I am using WhatsApp**. En el siguiente **Paso a paso** veremos cómo agregar una imagen y personalizar nuestro estado.

SILENCIAR UN GRUPO

Al formar parte de uno o de varios grupos de WhatsApp, podemos recibir una gran cantidad de notificaciones, dado que se producirán cada vez que un miembro, de cualquiera de ellos, envíe un nuevo mensaje. Para evitar los molestos sonidos de las notificaciones reiteradas, o simplemente porque nos encontramos en una situación en la que no es posible atender estos mensajes, podemos silenciarlos. Para ello, tocamos sobre el nombre del grupo y luego activamos la opción **Silenciar**. Continuaremos recibiendo las notificaciones, pero sin sonido.

PXP1: CAMBIAR IMAGEN Y ESTADO EN WHATSAPP

01 Ingrese a WhatsApp y toque el botón ubicado a la izquierda del de `Inicio`; o en la barra superior, toque los 3 puntos que aparecen en la esquina superior derecha de la pantalla de la aplicación. En cualquiera de los dos casos, en el menú desplegable toque `Ajustes`.

02 En la siguiente pantalla toque el icono de imagen; a continuación, aparecerá una nueva pantalla con este icono ampliado, que muestra la imagen de una cámara de fotos en la esquina inferior derecha del círculo. Toque el dibujo de la cámara y aparecerá un menú con las opciones `Cámara` para tomar una fotografía en ese momento, y `Galería` para elegir una imagen almacenada en su teléfono.

03 Dependiendo de la opción elegida en el paso anterior, en la siguiente pantalla aparecerá la imagen con un cuadro desplazable para seleccionar la parte de la foto que desea mostrar. Desplace con el dedo este recuadro hasta encontrar la posición que desee y luego toque Ok.

04 La porción de la imagen seleccionada aparecerá en el círculo central. Debajo, se muestra un nombre de usuario predeterminado por WhatsApp. Si desea cambiarlo, toque en este recuadro para borrar el texto y escribir un nombre de usuario diferente. Luego, toque sobre el estado predeterminado, en la sección `Estado y teléfono`.

05 Puede elegir alguno de los estados sugeridos por WhatsApp o tocar el icono del lápiz para escribir un estado personalizado.

06 En la siguiente pantalla, escriba su nuevo estado y toque Ok para finalizar.

PRÁCTICA 15: Aumentar el tamaño del texto

WhatsApp ofrece la posibilidad de ajustar el tamaño de la fuente de los mensajes para poder leerlos con mayor comodidad. En el siguiente **Paso a paso** aprenderemos a realizar este importante ajuste que nos permitirá leer los mensajes sin recurrir a los anteojos.

Ajustar el tamaño del texto es una de las opciones que nos ofrece WhatsApp, es útil para quienes tienen dificultades con letras pequeñas.

PXP2: AUMENTAR EL TAMAÑO DEL TEXTO EN WHATSAPP

01 Ingrese a WhatsApp y toque el botón ubicado a la izquierda del botón `Inicio`; o en la barra superior, toque los 3 puntos que aparecen en la esquina superior derecha de la pantalla de la aplicación. En cualquiera de los dos casos, en el menú desplegable toque `Ajustes`. En la siguiente pantalla toque `Chats`.

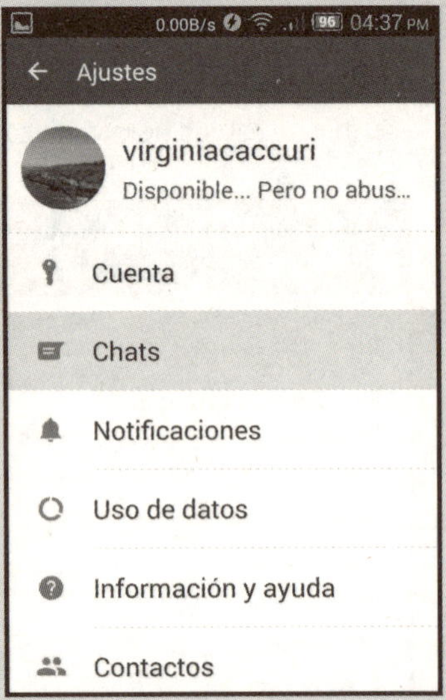

02 A continuación toque Tamaño `de fuente` y, en el menú emergente, seleccione `Grande`.

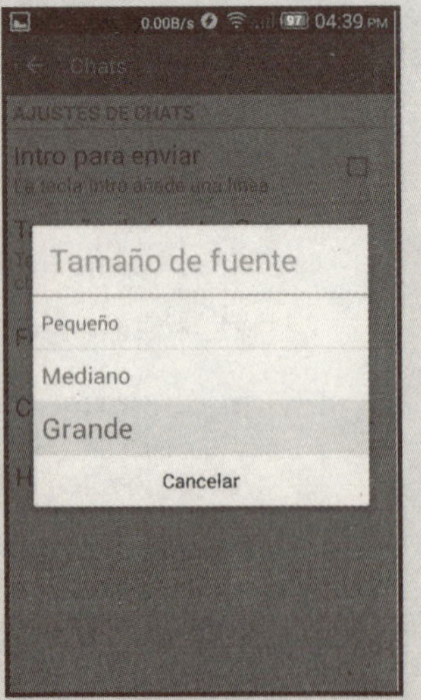

03 A partir de este momento podrá leer los mensajes sin hacer esfuerzos.

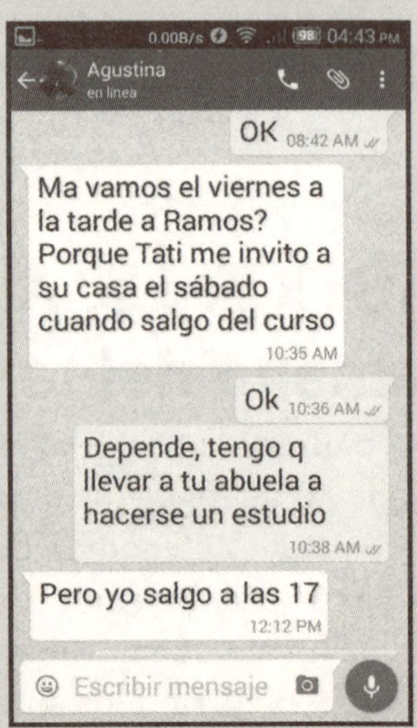

AGREGAR CONTACTOS

WhatsApp toma los contactos agendados en nuestro teléfono y los sincroniza automáticamente. Esto significa que, al ingresar a WhatsApp, veremos la lista de nuestros contactos que también utilizan esta aplicación. Pero con el tiempo, es probable que hagamos nuevas amistades y deseemos comunicarnos con ellas a través de WhatsApp. Aunque estos nuevos amigos tengan instalada esta aplicación, no los veremos en los contactos de WhatsApp si previamente no los agregamos como contactos en nuestro teléfono, procedimiento que describimos en el capítulo anterior.

PRÁCTICA 16: Agregar nuevos contactos

Luego de agregar nuevos contactos en nuestro teléfono, debemos actualizar la lista de contactos de WhatsApp para que los sincronice. El siguiente **Paso a paso** muestra el procedimiento para mantener actualizada nuestra lista de contactos.

PXP3: ACTUALIZAR LA LISTA DE CONTACTOS EN WHATSAPP

01 Ingrese a WhatsApp y, en la parte superior de la pantalla de la aplicación, toque `Contactos`. Luego toque el botón ubicado a la izquierda del botón `Inicio`; o en la barra superior toque los 3 puntos que aparecen en la esquina superior derecha de la pantalla de la aplicación. En cualquiera de los dos casos, en el menú desplegable toque `Actualizar`.

02 Luego de unos segundos aparecerá un mensaje para indicar que la lista de contactos se ha actualizado.

03 Los contactos nuevos que tengan WhatsApp aparecerán en su lista ordenados alfabéticamente. Para los nuevos contactos que no tengan instalada la aplicación se mostrará junto a ellos el botón `Invitar`, que permite enviarles un mensaje de texto con un link para descargar WhatsApp.

LAS TILDES EN LOS MENSAJES DE WHATSAPP

En la esquina inferior derecha del globo de un mensaje enviado aparecen diferentes tildes, y cada una de ellas tiene un significado propio. Una sola tilde de color gris indica que el mensaje salió del teléfono, pero todavía no se ha descargado en el teléfono del receptor, ya sea por encontrarse apagado o por no disponer de una conexión a internet. La doble tilde gris significa que el mensaje fue entregado al dispositivo del destinatario, pero aún no lo ha leído, mientras que la doble tilde azul señala que el destinatario leyó el mensaje.

ENVIAR MENSAJES

Enviar un mensaje de texto desde WhatsApp es tan simple como enviar un SMS; solo tenemos que ingresar a la aplicación, tocar el contacto con el que deseamos comunicarnos y tocar dentro del cuadro **Escribir mensaje** para activar el teclado en pantalla y comenzar a escribir. Pero WhatsApp ofrece otras opciones muy interesantes para enviar mensajes divertidos con imágenes, videos o audios.

En la siguiente **Guía visual** observamos los principales elementos que aparecen en el cuadro de mensaje.

GUÍA VISUAL 1: EL CUADRO DE MENSAJE DE WHATSAPP

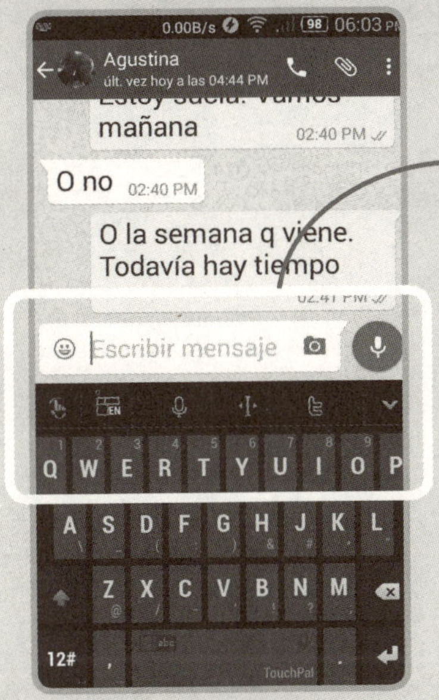

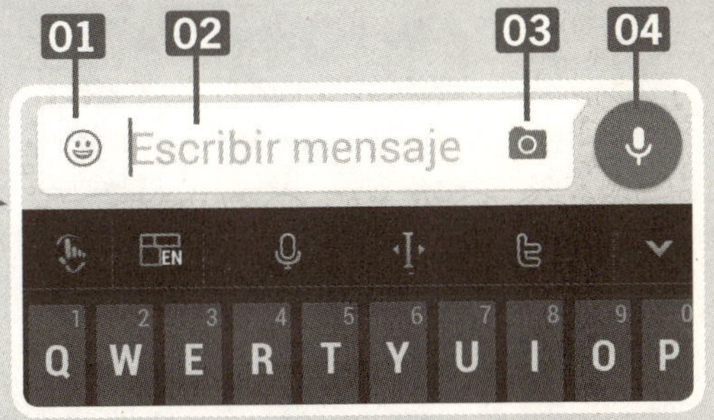

01 **EMOJI O EMOTICONO:** tocando este icono se abre una galería de emojis o emoticonos agrupados por categorías, para enviar pequeñas imágenes en el mensaje.

02 **CUADRO DE TEXTO:** al tocar dentro de este cuadro se activa el teclado para escribir un mensaje de texto.

03 **CÁMARA:** al tocar este icono se activa la cámara del teléfono para tomar una fotografía y enviarla a través de un mensaje de WhatsApp. Una vez tomada la foto, se puede agregar un texto de comentario.

04 **MICRÓFONO:** al mantener pulsado este icono podemos grabar un mensaje de audio. El mensaje se grabará mientras mantenemos pulsado este icono; al soltarlo, finaliza la grabación y se envía el audio.

Cuando escribimos un texto o tocamos el icono de emojis, veremos que junto al cuadro de mensaje aparece un botón con una flecha hacia la derecha; al tocarlo, se envía el mensaje.

Además de estas opciones, en la barra superior del chat activo veremos el icono de un clip; al tocar este icono, se despliega un menú con diferentes opciones que podemos adjuntar en un mensaje, cuyo detalle observamos en la siguiente **Guía visual**.

GUÍA VISUAL 2: ELEMENTOS QUE SE PUEDEN ADJUNTAR EN UN MENSAJE

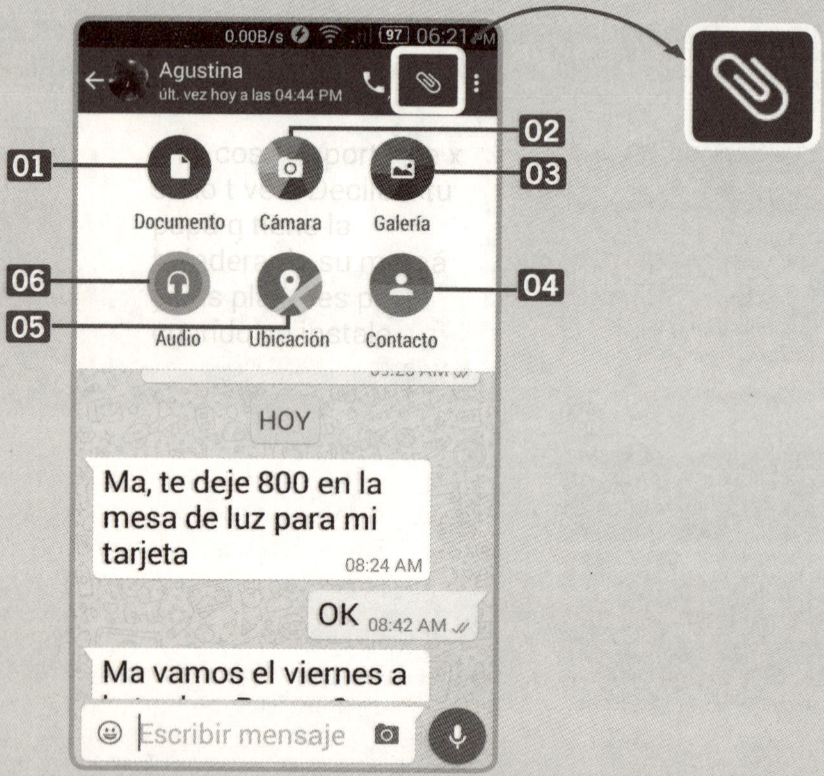

01 **DOCUMENTO**: permite buscar archivos PDF u otros documentos que están almacenados en nuestro teléfono, para adjuntarlos en un mensaje.

02 **CÁMARA**: al tocar este icono aparecen las opciones **Tomar foto** y **Grabar video**, para ejecutar la acción que seleccionemos.

▶

▶

03 **GALERÍA:** desde este icono se puede acceder a las imágenes almacenadas en el teléfono para seleccionar una y enviarla a través de WhatsApp.

04 **CONTACTO:** permite enviar los detalles de uno de los contactos agendados en el teléfono.

05 **UBICACIÓN:** activa el GPS del teléfono para enviar al contacto las coordenadas de nuestra ubicación actual o la referencia a un lugar cercano.

06 **AUDIO:** este icono activa un menú con las opciones **Grabadora de sonido**, **Música**, **Elegir pista de audio** y **Grabar con WhatsApp**. Dependiendo de la opción elegida, se puede grabar un mensaje o enviar un archivo de audio que esté guardado en el teléfono.

GRUPOS Y LISTAS

Con WhatsApp es posible enviar mensajes a grupos de contactos, de forma simultánea. Un **grupo** permite conversar con hasta 256 personas a la vez. Es una excelente manera de mantenerse en contacto con familiares y amigos que comparten un interés en común. La principal ventaja de los grupos es que todos los participantes pueden leer los mensajes de cada miembro y seguir un tema. Por otra parte, las **listas de difusión** permiten enviar un mismo mensaje a varias personas de forma simultánea, pero se diferencian de los grupos porque en este último caso los destinatarios no saben a quién más se ha enviado ese mismo mensaje y, por tanto, no se pueden comunicar entre síl sino solamente con quien ha enviado el mensaje.

ENVIAR MENSAJES

Antes de pulsar **Enviar** es recomendable leer lo que se ha escrito para evitar confusiones indeseadas. Aunque solo aparezca una tilde junto al mensaje enviado, este ya salió del teléfono y no se puede detener; el destinatario lo recibirá en un momento u otro. El único caso en el que se puede eliminar un mensaje enviado sin que llegue al destinatario es cuando, en lugar de figurar una tilde, aparece un reloj; este icono indica que nuestro teléfono tiene algún problema de conectividad y el mensaje aún no ha salido.

PRÁCTICA 17: Crear un grupo de WhatsApp

La principal ventaja que ofrecen los grupos de WhatsApp es que permiten una mayor comunicación en menor tiempo. Todos los integrantes del grupo conocen lo que los otros piensan, escriben y envían. Por lo tanto, es recomendable que las personas que añadimos en un grupo se conozcan entre sí, porque de lo contrario, estaríamos frente a un problema de privacidad, ya que entrarían en contacto miembros que no se conocen.

Además, antes de crear un grupo debemos tener en cuenta si existen intereses compartidos entre los contactos y si están de acuerdo en participar. Teniendo en cuenta estos aspectos, en el próximo **Paso a paso** aprenderemos a crear un grupo de WhatsApp y a agregar miembros en él.

PXP4: CREAR UN GRUPO EN WHATSAPP

01 Ingrese a WhatsApp y toque el botón ubicado a la izquierda del botón `Inicio`; o en la barra superior toque los 3 puntos que aparecen en la esquina superior derecha de la pantalla de la aplicación. En ambos casos, en el menú desplegable toque `Nuevo grupo`.

02 Toque el cuadro de texto `Escriba el asunto aquí` y defina un nombre para el grupo, teniendo en cuenta que no puede superar los 25 caracteres. Adicionalmente, puede tocar el icono de emoticono y seleccionar un emoji. Luego, pulse `Listo` en el teclado o `Siguiente` en la parte superior de la pantalla.

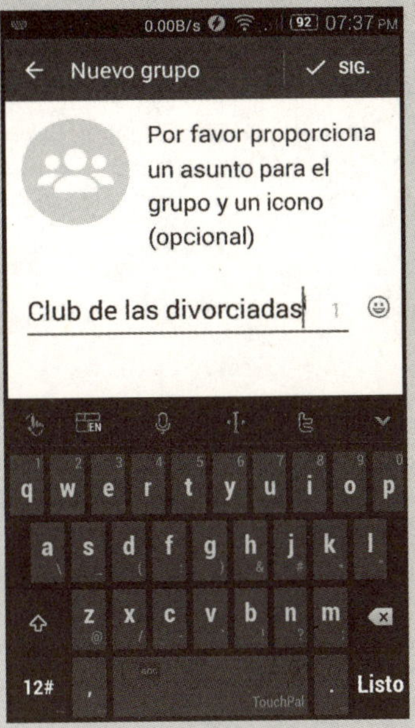

03 En el cuadro `Escriba el nombre de un contacto` ingrese el nombre del primer miembro. Al escribir la primera letra, aparecerán automáticamente los contactos cuyo nombre comienza con la letra ingresada. Una vez localizado el contacto en esta lista, tóquelo para añadirlo. Los contactos agregados se mostrarán debajo de este cuadro. Repita este procedimiento hasta agregar a todos los miembros, con un máximo de 256 contactos. Luego, toque `Crear`.

▶ **04** El nuevo grupo aparecerá en su lista de contactos. Al entrar a este chat ya puede comunicarse con todos los miembros a la vez.

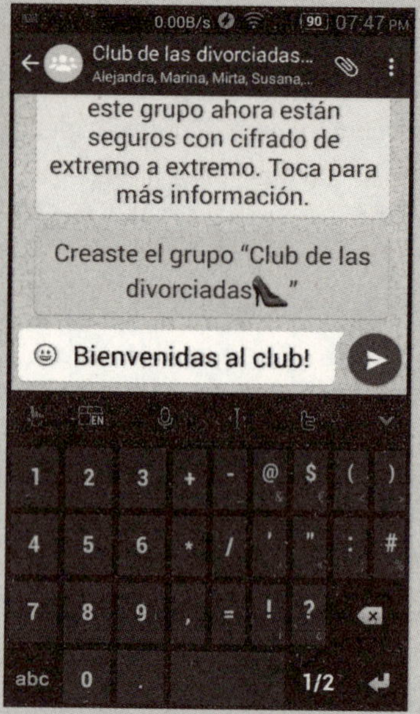

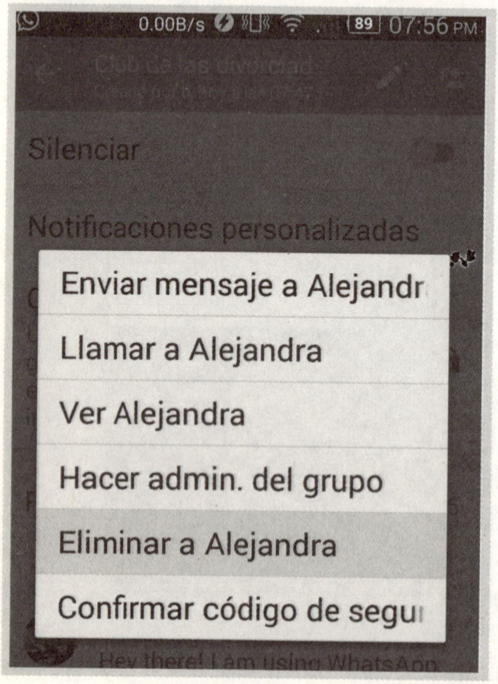

Una vez creado el grupo, podemos ingresar a este chat y tocar sobre la barra del nombre para editarlo. En las opciones de edición es posible silenciar las notificaciones del grupo, añadir nuevos participantes, eliminar miembros o abandonar el grupo, entre otras.

Figura 2. Para eliminar a un miembro del grupo, tocamos la barra del nombre para ingresar a las opciones de edición, y luego tocamos sobre el nombre del participante. En el menú seleccionamos **Eliminar a**.

PRÁCTICA 18: Crear una lista de difusión

Como mencionamos antes, las listas de difusión permiten enviar un mismo mensaje a varias personas de forma simultánea, pero los destinatarios no saben a quién más se ha enviado ese mismo mensaje y, por tanto, no se pueden comunicar entre sí. Esta funcionalidad de WhatsApp es útil para no tener que repetir o copiar un mismo mensaje cuando se lo envía a diferentes contactos que no están agrupados debido a que no comparten un mismo interés. Entonces, cada destinatario recibirá el mensaje y podrá respondernos de forma independiente, pero no tendrá la posibilidad de saber con quién más lo compartimos.

El procedimiento es similar al de la creación de un grupo, como veremos en el próximo **Paso a paso**.

PXP5: CREAR UNA LISTA DE DIFUSIÓN EN WHATSAPP

01 Ingrese a WhatsApp y toque el botón ubicado a la izquierda del botón `Inicio` o toque los 3 puntos que aparecen en la esquina superior derecha de la pantalla de la aplicación. En ambos casos, en el menú desplegable que aparece toque `Nueva lista de difusión`.

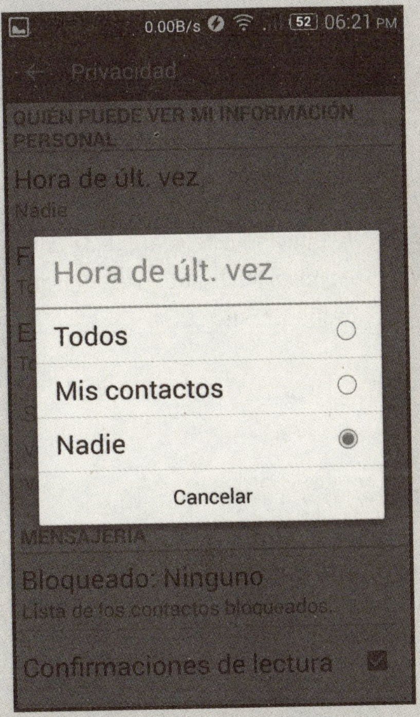

02 En el cuadro `Escriba el nombre de un contacto` ingrese el nombre del primer destinatario y selecciónelo de la lista que aparecerá al escribir las primeras letras. Los contactos agregados se mostrarán debajo de este cuadro. Repita este procedimiento hasta agregar a todos los destinatarios, tendrá un máximo de 256 contactos posibles. Luego, toque `Crear`.

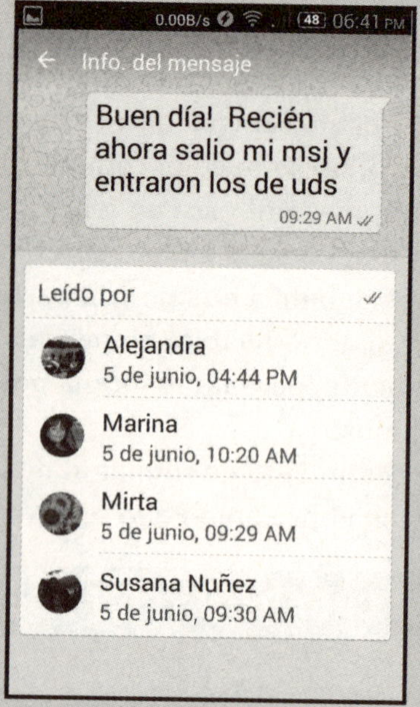

03 La nueva lista de difusión aparecerá en su lista de contactos. Al entrar a este chat puede enviar un mismo mensaje a los diferentes destinatarios.

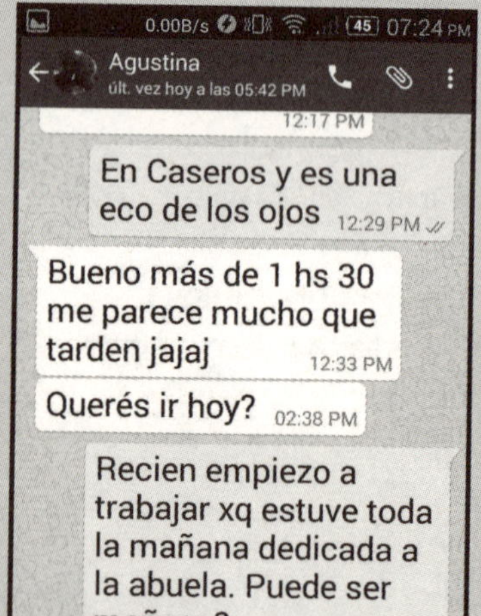

TRUCOS PARA WHATSAPP

Hasta aquí hemos analizado algunas de las funciones básicas de WhatsApp; pero esta aplicación tiene muchos secretos escondidos, cuyo uso puede mejorar aún más nuestra experiencia. Por eso, a continuación destacamos 10 trucos imprescindibles para utilizar esta aplicación como expertos.

1. Crear acceso directo a un contacto

Cuando ingresamos a WhatsApp, desde la sección **Chats** accedemos a las últimas conversaciones realizadas; más abajo, en esta misma lista, encontraremos las conversaciones más antiguas. Tanto desde esta sección como desde **Contactos** es posible efectuar la comunicación con nuestros amigos o familiares.

Sin embargo, buscar un contacto no siempre es sencillo y, en algunas ocasiones, podemos necesitar enviar un mensaje con cierta urgencia. Por estos motivos, resulta muy útil crear un acceso directo en la pantalla de inicio de nuestro teléfono a un determinado contacto, que nos permita abrir el chat de forma directa, sin necesidad de entrar a la aplicación y buscarlo.

Para ello, ingresamos a WhatsApp y, en la sección denominada **Chats**, mantenemos pulsado durante unos segundos el nombre de un contacto. Luego, vamos a la parte superior de la pantalla, tocamos los tres puntos y, en el menú desplegable, seleccionamos **Crear acceso directo**.

Figura 3. Al tocar la opción **Crear acceso directo** se genera un icono de la conversación seleccionada en la pantalla de inicio del teléfono, para ingresar directamente a este chat.

2. Marcar un mensaje como Favorito

Algunas veces puede suceder que leemos un mensaje o vemos una imagen de manera rápida, pero, por algún motivo, más tarde necesitemos volver sobre estos elementos para analizarlos con mayor detenimiento. Buscar un mensaje dentro de una conversación puede ser una tarea tediosa, especialmente si no es alguno de los últimos mensajes que recibimos de ese chat.

Afortunadamente, WhatsApp ofrece la posibilidad de marcarlo como **Favorito**, para poder recuperarlo con facilidad. Para ello, debemos pulsar unos segundos sobre el mensaje, imagen, audio o video que nos interesa –preferentemente en el mismo momento en el que lo recibimos– y de esta forma veremos que en la barra superior aparecen nuevos iconos, entre ellos, una estrella. Al pulsar este icono estamos marcando como favorito el mensaje que hemos seleccionado.

Para recuperarlo, ingresamos a la sección **Chats** de WhatsApp; luego tocamos los tres puntos y, en el menú desplegable, seleccionamos la opción denominada **Mensajes destacados**.

Figura 4. Desde **Mensajes destacados** podemos acceder a los mensajes que marcamos como favoritos. Tocando sobre uno de estos elementos, la aplicación nos dirigirá a la conversación de origen.

EVITAR QUE VEAN QUE LEÍMOS UN MENSAJE (1)

Para evitar que nuestros contactos sepan cuándo leímos los mensajes que nos enviaron, podemos aplicar este procedimiento: ingresamos a WhatsApp, tocamos los tres puntos en la barra superior y elegimos **Ajustes**; en la siguiente pantalla tocamos **Cuenta** y a continuación **Privacidad**; luego, quitamos la marca de verificación de la opción **Confirmaciones de lectura**. Es importante tener en cuenta que tampoco podremos ver las confirmaciones de lectura de otras personas.

3. Marcar un chat como no leído

Otra forma de volver a leer los mensajes que nos interesan sin tener que rastrearlos es marcarlos como no leídos. De este modo, podemos mantener pendiente una conversación para volver a leerla con detenimiento más tarde. Para ello, en la sección **Chats** de WhatsApp debemos pulsar unos segundos sobre una conversación, tocar los tres puntos que aparecen en la esquina superior derecha, y elegir **Marcar como no leído** en el menú desplegable.

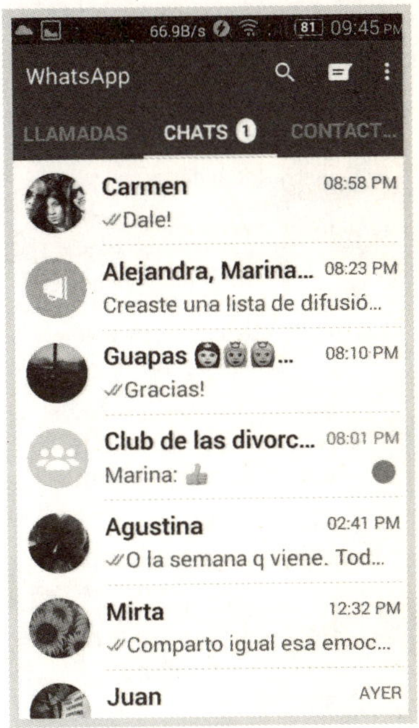

Figura 5. Las conversaciones marcadas como no leídas aparecen en el listado de chats con un círculo verde, para indicarnos que tenemos una acción pendiente. El círculo verde desaparecerá al abrir el chat.

EVITAR QUE VEAN QUE LEÍMOS UN MENSAJE (2)

Otra forma sencilla de evitar que nuestros contactos sepan si hemos leído un mensaje, es ver su contenido en el momento en el que nos llega la notificación a nuestro teléfono, sin tocar sobre ella para evitar verlo en WhatsApp. De ese modo, no tenemos que modificar la configuración predeterminada y podemos continuar viendo la confirmación de lectura de nuestros contactos.

4. Borrar mensajes y chats

Es probable que en algún momento deseemos o necesitemos borrar uno o varios mensajes de una conversación. Para ello, mantenemos pulsado durante unos segundos el mensaje que deseamos eliminar; en la barra superior aparecerán nuevos iconos, entre ellos, un cesto de basura. Al tocar este icono, el mensaje seleccionado se eliminará de nuestro teléfono, aunque debemos tener en cuenta que esta acción no afecta al teléfono del receptor, ni siquiera cuando borramos un mensaje de un grupo. Es decir que desaparecerá de nuestro teléfono, pero permanecerá en los dispositivos de los otros miembros.

Si queremos borrar varios mensajes en un solo paso, debemos mantener pulsado el primero de ellos durante unos segundos, y a continuación, hacemos lo mismo con los mensajes restantes que deseamos eliminar. Luego, tocamos el icono del cesto de basura que figura en la barra superior.

Si deseamos eliminar todos los mensajes de una conversación, ingresamos en ella y, en la barra superior, tocamos el icono de los tres puntos; en el menú desplegable seleccionamos **Más** y, en el siguiente menú, **Vaciar chat**.

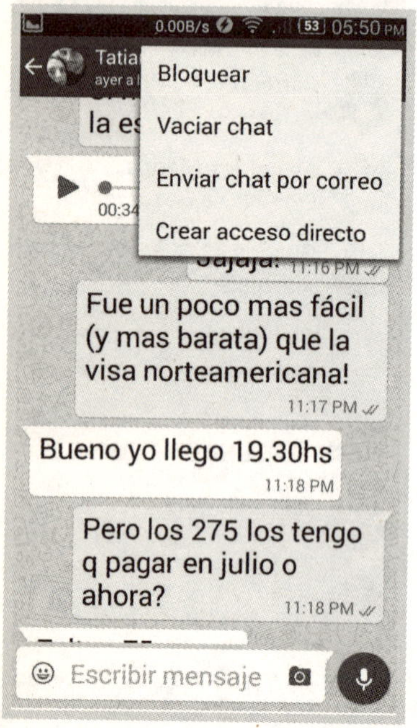

Figura 6. La opción **Vaciar chat** borra todos los mensajes de una conversación, pero no quita el contacto de la lista de WhatsApp ni de nuestro teléfono.

5. Ocultar la fecha de la última conexión

De forma predeterminada, WhatsApp muestra la hora en la que nos conectamos por última vez para leer mensajes. Si no nos interesa mostrar a otros esta información, ingresamos a la aplicación, tocamos los tres puntos en la barra superior y, en el menú desplegable, seleccionamos **Ajustes**. En la siguiente pantalla tocamos **Cuenta** y a continuación, **Privacidad**. La pantalla siguiente mostrará, entre otras opciones, **Hora de última vez**, con la opción predeterminada **Todos**. Para cambiarla, pulsamos sobre **Hora de última vez** y en el menú elegimos **Nadie**. Debemos tener en cuenta que, al activar esta opción, no podremos ver la hora de la última conexión de nuestros contactos.

Desde esta misma pantalla, también es posible configurar otras opciones de privacidad, como la de mostrar nuestra foto de perfil y estado a todos, solo a nuestros contactos o a nadie.

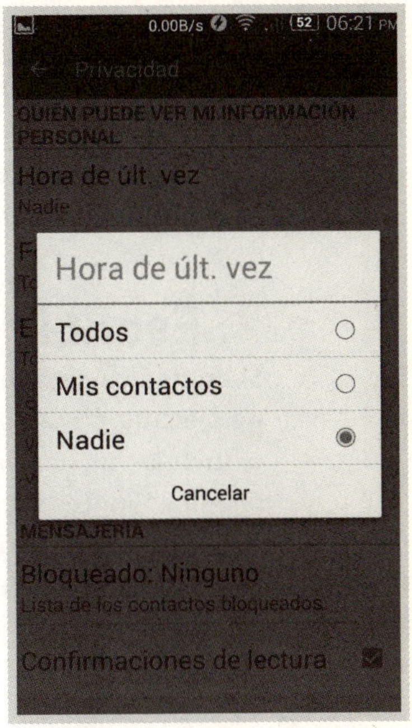

Figura 7. Podemos mostrar la hora de nuestra última conexión a **Todos**, solo a **Mis contactos** o a **Nadie**.

6. Descubrir quién ha leído un mensaje en un grupo

La doble tilde de color azul junto a un globo de un mensaje enviado nos confirma que el destinatario lo ha leído. Pero, en un grupo, esta doble tilde azul solo aparece cuando todos los miembros han leído el mensaje; de lo contrario, solo veremos una única tilde de color gris.

Para saber cuáles son los miembros del grupo que ya leyeron el mensaje, lo mantenemos pulsado durante unos segundos y, en la barra

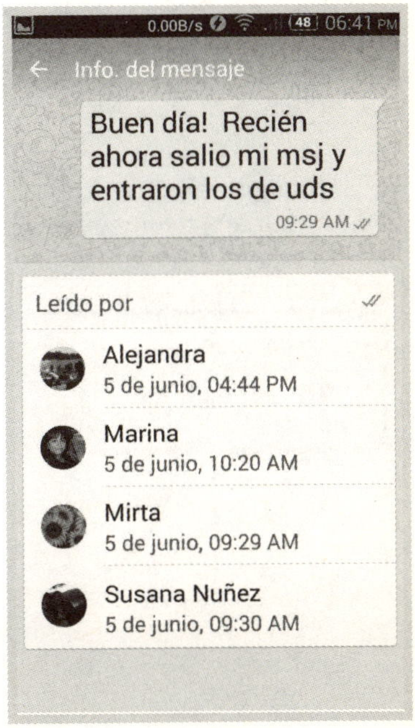

Figura 8. La pantalla de información nos permite conocer no solo cuáles son los miembros de un grupo que han leído nuestro mensaje, sino también en qué fecha y a qué hora lo han hecho.

superior, tocamos el icono de información, representado por una letra **i** minúscula dentro de un círculo. En la siguiente pantalla aparecerá el listado de contactos que ya leyeron el mensaje.

Debemos tener en cuenta que este procedimiento solo funciona con nuestros propios mensajes enviados al grupo.

7. Escribir mensajes con formato

Si queremos escribir mensajes con estilo, WhatsApp ofrece la posibilidad de ejecutar algunos códigos para destacar palabras en negrita, en cursiva o, incluso, tachar palabras. Para colocar una palabra o frase en negrita, debemos ingresar un **asterisco** (*) al inicio y al final. Por ejemplo, si queremos que aparezca en negrita la frase **No puedo ir hoy**, debemos escribir ***No puedo ir hoy***. Para destacar una palabra o frase en cursiva, ingresamos un **guion bajo** (_) al inicio y al final. Por ejemplo, para colocar en cursiva la frase anterior escribimos **_No puedo ir hoy_**. También podemos combinar los formatos negrita y cursiva en una misma palabra o frase, como por ejemplo, **_*No puedo ir hoy*_** o ***_No puedo ir hoy_***.

Para tachar una palabra o una frase, ingresamos el carácter ~ al inicio y al final. Por ejemplo, para tachar la palabra **No** de la frase anterior escribimos **~No~ puedo ir hoy**.

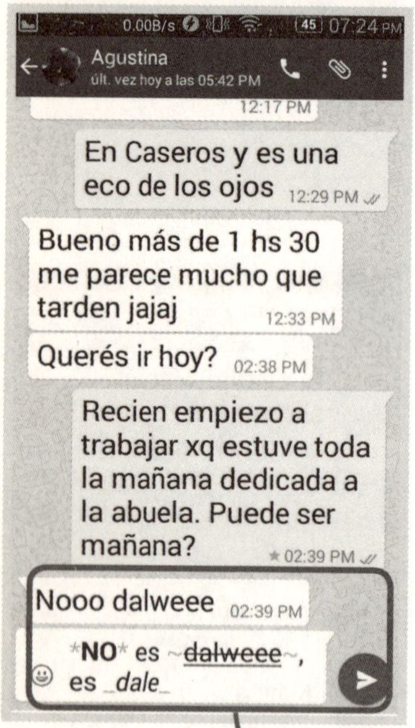

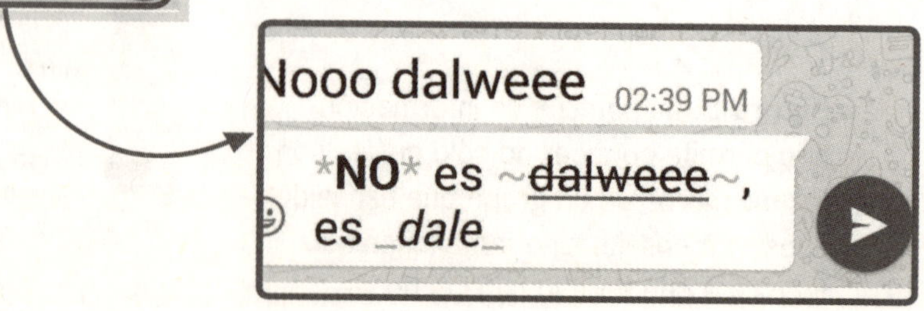

Figura 9. Con estos códigos de WhatsApp, nuestros mensajes de texto se destacarán ya que nos permiten resaltar las palabras importantes.

8. Llamadas por WhatsApp

Desde el año 2015, WhatsApp incorporó un servicio de llamadas que permite hablar con otra persona desde la aplicación. Aunque aún presenta algunas fallas, resulta muy interesante porque estas llamadas son completamente gratuitas si se utiliza una red WiFi. Si no disponemos de este tipo de conexión, la aplicación utilizará la red 3G o 4G y consumirá datos de nuestro plan, lo que puede incrementar los costos. Además, las llamadas que se realizan sin WiFi suelen tener fallas constantes en la conexión entre los dispositivos, provocando que se corte la comunicación en forma reiterada o se oiga entrecortado.

Para realizar una llamada desde WhatsApp, ingresamos al chat de un contacto y, en la barra superior, veremos el icono de un teléfono. Al presionarlo, ya estamos llamando a esa persona.

Cuando alguien nos llama a través de WhatsApp, veremos una notificación en la pantalla del móvil. Para contestar, presionamos y deslizamos el botón verde. Si no deseamos contestar, presionamos y deslizamos el botón rojo para rechazar la llamada.

Figura 10. La pantalla de llamada de WhatsApp muestra la foto de perfil del contacto, el botón para colgar y por debajo, los iconos para colocar el altavoz, contestar por mensaje y desactivar el micrófono.

9. Reenviar mensajes

Para enviar a otro contacto un mensaje que enviamos o recibimos, sin escribirlo nuevamente, debemos mantenerlo presionado durante unos segundos y, en la barra superior, seleccionamos **Copiar** (identificado con dos hojas de papel superpuestas) o **Reenviar** (una flecha hacia la derecha). Si seleccionamos **Copiar**, el proceso se completa ingresando al chat de otro contacto (o dentro del mismo chat) y mantenemos presionado durante unos segundos el cuadro de mensaje hasta que aparezca la opción **Pegar**. Tocamos esta opción y el texto del mensaje o el elemento multimedia se colocará allí. Esta opción es más adecuada para mensajes de texto que deseamos editar antes de enviarlo a otra persona, ya que permite borrar parte del texto o agregar nuevas palabras.

Si deseamos enviar el mensaje o el elemento multimedia sin modificarlo, es más sencillo utilizar la opción denominada **Reenviar**, ya que nos permite seleccionar el contacto para enviar el mensaje en forma directa.

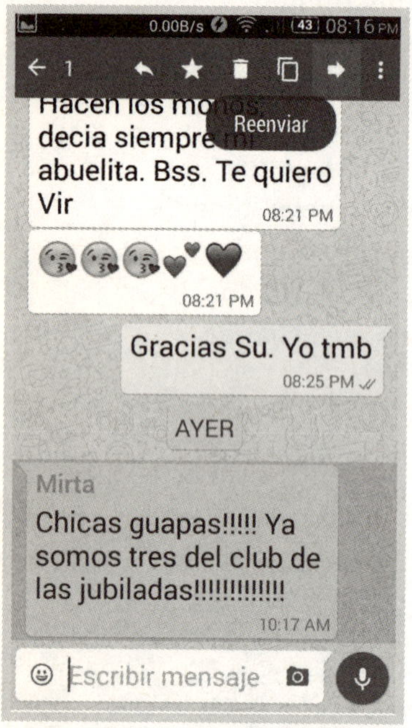

Figura 11. Al seleccionar un mensaje, una imagen, un audio o un video, encontraremos en la barra superior los iconos correspondientes a **Copiar** y **Reenviar**.

10. Bloquear contactos

Si no deseamos recibir mensajes y llamadas a través de WhatsApp de alguno de nuestros contactos, podemos bloquearlo. Para ello,

ENVIAR CHATS POR CORREO ELECTRÓNICO

Ya sea porque deseamos conservar ciertas conversaciones o leerlas con mayor comodidad, o porque queremos compartirlas con otra persona que no usa WhatsApp, podemos enviar un chat por correo electrónico. Para ello, ingresamos al chat, pulsamos los tres puntos en la barra superior y luego **Más**. En el siguiente menú seleccionamos **Enviar chat por correo**. WhatsApp creará un mensaje de correo con un archivo de texto que contiene el historial de la conversación y todas las imágenes, videos y audios incluidos.

ingresamos al chat de ese contacto, tocamos los tres puntos en la barra superior, y luego seleccionamos **Más**. En el siguiente menú desplegable, tocamos la opción **Bloquear contacto**. El contacto no se enterará ni recibirá una notificación de haber sido bloqueado. A partir de ese momento ya no recibiremos mensajes o llamadas de WhatsApp de esa persona, ni podremos enviarle mensajes o realizar llamadas. Además, los contactos bloqueados no podrán ver la hora de nuestra última conexión ni saber si estamos en línea. Tampoco verán cambios de estado o foto de perfil.

Sin embargo, debemos tener en cuenta que los contactos bloqueados permanecen en nuestra lista de contactos en WhatsApp y nosotros, en las suyas.

El procedimiento para desbloquear un contacto es muy sencillo; solo tenemos que entrar a su chat y escribirle un mensaje. Cuando pulsemos la flecha para enviarlo, aparecerá un cartel indicándonos que para enviar el mensaje debemos desbloquear al contacto. Pulsamos **Desbloquear**, y se restablecerán las comunicaciones a través de WhatsApp.

Figura 12. Cuando recibimos un mensaje o llamada de WhatsApp de un número desconocido o no agendado en los contactos de nuestro teléfono, al ingresar al chat veremos las opciones **Bloquear** y **Agregar**.

ELIMINAR IMÁGENES Y VIDEOS DE WHATSAPP

A lo largo del tiempo, enviamos y recibimos una gran cantidad de fotos y videos a través de WhatsApp. Estos se guardan en forma automática en la memoria de nuestro teléfono, lo que consume mucho espacio. Por tanto, es conveniente que periódicamente eliminemos estos archivos. Para ello, pulsamos sobre una imagen o un video durante unos segundos para activar el icono del cesto de basura en la barra superior. Al tocar este icono, aparecerá un mensaje para confirmar la eliminación, en el que debemos tildar la opción **Eliminar archivos multimedia del teléfono**. Luego tocamos **Eliminar** para finalizar.

WHATSAPP WEB

WhatsApp Web es una plataforma en línea que reproduce a nuestra computadora todas nuestras conversaciones de WhatsApp del móvil, para leerlas con mayor comosidad. En el siguiente **Paso a paso**, aprenderemos a activar este servicio.

PXP6: USAR WHATSAPP WEB

01 En un navegador de internet escriba la dirección **web.whatsapp.com**.

CAMBIAR EL FONDO DE WHATSAPP

Es posible cambiar el fondo predeterminado de WhatsApp para todas las conversaciones, para personalizar esta aplicación a nuestro gusto. Para ello, ingresamos a WhatsApp, tocamos los tres puntos en la barra superior y elegimos **Ajustes**; en la siguiente pantalla pulsamos **Chats**, y a continuación, **Fondo**. La aplicación nos ofrecerá la posibilidad de elegir una imagen desde nuestra galería de fotos, aplicar un color sólido o descargar otros fondos desde internet.

▶
02 En su teléfono, ingrese a WhatsApp, toque los tres puntos en la barra superior y, en el menú desplegable, seleccione `WhatsApp Web`. A continuación, acerque su teléfono a la pantalla de la computadora para escanear el código QR de la página web.

03 Al finalizar este proceso, verá todas sus conversaciones en la ventana del navegador.

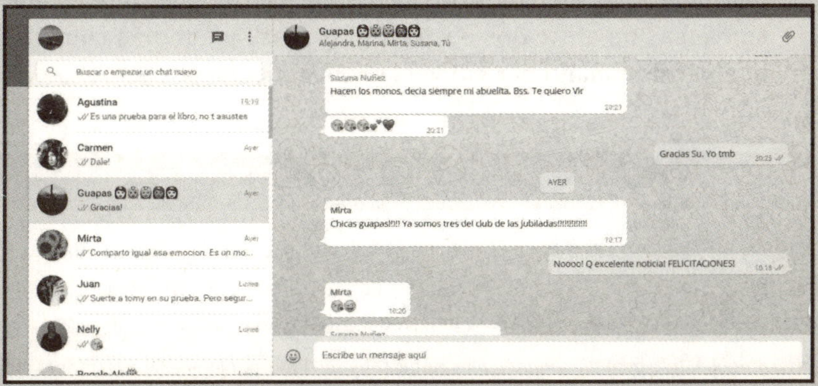

Debemos tener en cuenta que la conexión a los servidores de WhatsApp no se realiza desde la página web, sino directamente desde nuestro móvil; por lo tanto, es necesario que el teléfono esté encendido para sincronizar ambos sistemas. Es decir que WhatsApp Web es un acceso directo a la aplicación de nuestro teléfono móvil, y depende en todo momento de este para funcionar.

Todos los mensajes que enviamos o recibimos desde la versión web, aparecerán en nuestro teléfono, y viceversa. Cuando tenemos activa la versión web, aparecerán notificaciones en la computadora, aunque no estemos en ese momento en la página de WhatsApp Web.

GLOSARIO

Como no podía ser de otra manera, el uso de WhatsApp también ha generado nuevo vocabulario. A continuación ampliamos el significado de algunas palabras que se han utilizado en este capítulo.

Chat

El término inglés **chat** puede ser traducido como **charla**. Sin embargo, la Real Academia Española ha aceptado el uso de esta palabra en su idioma original, a la que define como 'intercambio de mensajes electrónicos a través de internet que permite establecer una conversación entre dos o varias personas', y también como 'servicio que permite mantener conversaciones mediante chats'.

TELEGRAM

Telegram es una app de mensajería instantánea que ha ganado muchos adeptos, pues ofrece una serie de opciones que los usuarios valoran. Entre las opciones destacadas de Telegram encontramos un alto nivel de seguridad y rapidez en la ejecución. También permite enviar fotografías a nuestros contactos sin que disminuya su calidad, posee una enorme cantidad de *stickers* y hace posible el uso de chats secretos con otros usuarios, en los que la información es cifrada y se autodestruye.

En WhatsApp, un chat es una conversación o el conjunto de mensajes de texto, audio, video e imágenes que se intercambian con un contacto o con un grupo.

Emojis o emoticonos

Emoji es un término japonés que se utiliza para denominar a los ideogramas o caracteres usados en mensajes electrónicos y sitios web. Por su parte, los emoticonos representan, generalmente, una cara que expresa emociones. En efecto, la palabra *emoticono* surge de la conjunción de los términos **emoción** e **icono**.

WhatsApp ofrece una variada galería de ambos tipos de dibujos, para acompañar un mensaje de texto o para usarlos en reemplazo de las palabras. Cuando pulsamos el icono del emoji en un cuadro de mensaje, se despliega la galería de emoticonos y emojis, organizados en las siguientes categorías:

Figura 13. Para cambiar de categoría de emojis, debemos deslizar el dedo o pulsar sobre la imagen que identifica a cada grupo.

LINE

Line es una aplicación de mensajería instantánea que ofrece prácticamente las mismas funcionalidades que WhatsApp, pero tiene algunos aspectos que la diferencian, como por ejemplo, permite agregar contactos que no estén agendados en el teléfono, incluso con solo agitar el teléfono si nos encontramos físicamente junto a esa persona. También ofrece una mayor variedad de *stickers*, visualmente más atractivos que los emojis de WhatsApp. Se puede descargar gratuitamente desde Play Store.

- **Recientes**: muestra los últimos emoticonos que utilizamos.
- **Smilyes & People**: aquí encontramos caras que expresan diferentes emociones y figuras de personas.
- **Animals & Nature**: este apartado nos ofrece figuras de animales y flores, entre otras opciones.
- **Food & Drink**: iconos de alimentos y bebidas.
- **Activity**: se trata de elementos vinculados principalmente con el deporte, aunque también encontraremos instrumentos musicales o una paleta de pintura.
- **Travel & Places**: iconos de medios de transporte y algunos símbolos especiales, como la cara de la Estatua de la Libertad de Nueva York, un templo judío, una mezquita y una pagoda china.
- **Objects**: agrupa diferentes tipos de objetos, como herramientas, útiles escolares y calendarios, entre otros.
- **Symbols**: ofrece ideogramas, relojes y símbolos varios.
- **Flags**: una colección de banderas de diferentes países.

Estado

La función del estado en WhatsApp sirve para indicarles a nuestros contactos qué estamos haciendo o cómo estamos. Se presenta como una leyenda, palabra o frase predeterminada o escrita por el usuario. Debido a que es lo que los contactos ven de nosotros, algunos usuarios utilizan esta función para escribir frases de reflexión, graciosas u originales.

Figura 14. Cuando ingresamos a nuestra lista de contactos de WhatsApp, junto al nombre de cada uno de ellos, vemos su imagen y el estado que cada uno ha definido para mostrar.

Aunque el estado de WhatsApp es ignorado por algunos usuarios, otros lo mantienen acualizado día a día. En cualquier caso se trata de una excelente forma para que nuestros contactos sepan, antes de iniciar una conversación, nuestro estado de ánimo, las actividades que estamos realizando o simplemente lean una frase graciosa que les alegre el día.

El estado de WhatsApp no solo debe incorporar caracteres alfanuméricos, ya que también podemos hacer uso de los emoticones disponibles en la app. Una buena idea es crear un mensaje divertido integrando alguna frase entretenida y emoticones que refuercen la idea que deseamos presentar.

RESUMEN

WhatsApp ha pasado a formar parte de nuestra vida cotidiana, ofreciendo un sistema ágil, gratuito y sencillo que nos permite estar siempre en contacto con nuestros familiares y amigos. En este capítulo descubrimos que no es solo para los más jóvenes, sino que ofrece muchas posibilidades para los adultos mayores. Y por ello, aprendimos a configurarlo, para adaptarlo a nuestras necesidades, agregar contactos, crear grupos y listas de difusión, y también conocimos trucos para usarlo como expertos. Además, aprendimos a conectarnos a esta aplicación desde nuestra computadora, vinculando la aplicación móvil con WhatsApp Web. En síntesis, descubrimos que esta aplicación no puede faltar en nuestro teléfono si queremos estar al día con todo lo que sucede en nuestro entorno familiar y personal.

ACTIVIDADES

TEST DE AUTOEVALUACIÓN

1 ¿Qué es la mensajería instantánea?

2 ¿Por qué el uso de WhatsApp ha desplazado a los mensajes de texto?

3 ¿Cuáles son las principales opciones de personalización que ofrece WhatsApp?

4 ¿Es posible agregar como contacto de WhatsApp a una persona que no está agendada en nuestro teléfono?

5 ¿Qué tipos de mensajes se pueden enviar a través de WhatsApp?

6 ¿Qué es un grupo de WhatsApp?

7 ¿Cuál es la diferencia entre un grupo de WhatsApp y una lista de difusión?

8 ¿Cuál es la utilidad de crear un acceso directo a un contacto?

9 ¿Qué caracteres específicos debemos utilizar para colocar en un mensaje de texto palabras o frases en negrita o en cursiva, y para tacharlas?

10 ¿Qué es WhatsApp Web?

EJERCICIOS PRÁCTICOS

1 Ingrese a WhatsApp y cambie su estado y su foto de perfil.

2 Aumente el tamaño del texto de los mensajes para leerlos con mayor comodidad.

3 Cree un grupo de WhatsApp. Envíe un mensaje de bienvenida a los miembros y luego verifique quiénes lo han leído.

4 Active WhatsApp Web en el navegador de su computadora, y envíe mensajes a sus contactos y grupos desde la aplicación en la PC .

PROFESOR EN LÍNEA

Si tiene alguna consulta técnica relacionada con el contenido, puede contactarse con nuestros expertos: profesor@redusers.com.

05 Internet

Realizar trámites, leer noticias, comunicarse con amigos y familiares –en forma económica y desde cualquier parte del mundo– o mirar una película son algunas de las tantas alternativas que ofrece la Web, la tecnología que llegó para cambiarnos la vida.

¿QUÉ ES INTERNET?

Internet es una gran red internacional de comunicaciones conformada por diferentes redes de todo el mundo. La palabra *internet* es la conjunción de dos vocablos en inglés: **inter** ('entre') y **net** ('red'), porque es un sistema que permite conectar computadoras y otros dispositivos. No es una empresa ni una organización, sino un **sistema de comunicación**. Por lo tanto, no es propiedad de ningún país y tampoco tiene un único dueño, propietario ni administrador. Su organización es descentralizada.

A través de este sistema, podemos acceder a distintos servicios para buscar información, enviar y recibir correos electrónicos, recorrer sitios de la **World Wide Web**, acceder a las redes sociales, leer periódicos, ver videos y películas, hacer compras, realizar trámites o administrar nuestra cuenta bancaria, entre otras tantas opciones que se multiplican cada día.

En la **Tabla 1** observamos las principales características de internet como medio de comunicación.

CARACTERÍSTICAS DE INTERNET	
UNIVERSAL	Cualquier persona puede acceder desde cualquier lugar del mundo, si dispone de un equipo y una infraestructura de conectividad.
MULTIFUNCIÓN	Internet cumple diferentes propósitos: medio de información, comunicación, entretenimiento, multimedia, correo electrónico, redes sociales, comercio electrónico o aprendizaje, entre otros.
INTERACTIVIDAD	Todos los usuarios tienen un rol activo; no solo consumen contenidos, sino que los pueden crear, compartir, comentar, participar, interactuar, entre otras opciones.
ILIMITADA	La Web se expande cada día, tanto en cantidad de usuarios como en prestación de servicios.

Tabla 1. Estas características convierten a internet en un medio de información y comunicación único y diferente a cualquiera de los otros medios masivos que conocemos.

LOS NAVEGADORES

Para acceder a internet necesitamos un programa especial denominado **navegador**, a través del cual podemos acceder a todos los servicios de internet mediante una interfaz gráfica. El término **navegador** –también conocido como **browser** por su denominación en inglés– se aplica a este tipo de programas porque permiten explorar los contenidos en lo que podríamos considerar como un **mar de la información**; por lo tanto, es común el uso de la expresión **navegar por internet**.

En líneas generales, la interfaz de un navegador presenta los elementos que se exponen en la siguiente **Guía Visual**, que muestra las características del navegador **Google Chrome**. Es importante tener en cuenta que otros navegadores presentan algunos elementos diferentes o ubicados en otra posición.

LA HISTORIA DE INTERNET

Internet nació como un proyecto militar. En 1962, como consecuencia del fortalecimiento del comunismo, las Fuerzas Armadas de Estados Unidos junto a un grupo de investigadores comenzaron a diseñar una red de comunicaciones que pudiera resistir un ataque nuclear y que no dependiera exclusivamente de las líneas telefónicas. En este contexto, en 1969 surge **ARPANET**, una red experimental que permitió conectar computadoras de cuatro universidades, sentando las bases del desarrollo posterior.

GUÍA VISUAL 1: INTERFAZ DEL NAVEGADOR GOOGLE CHROME

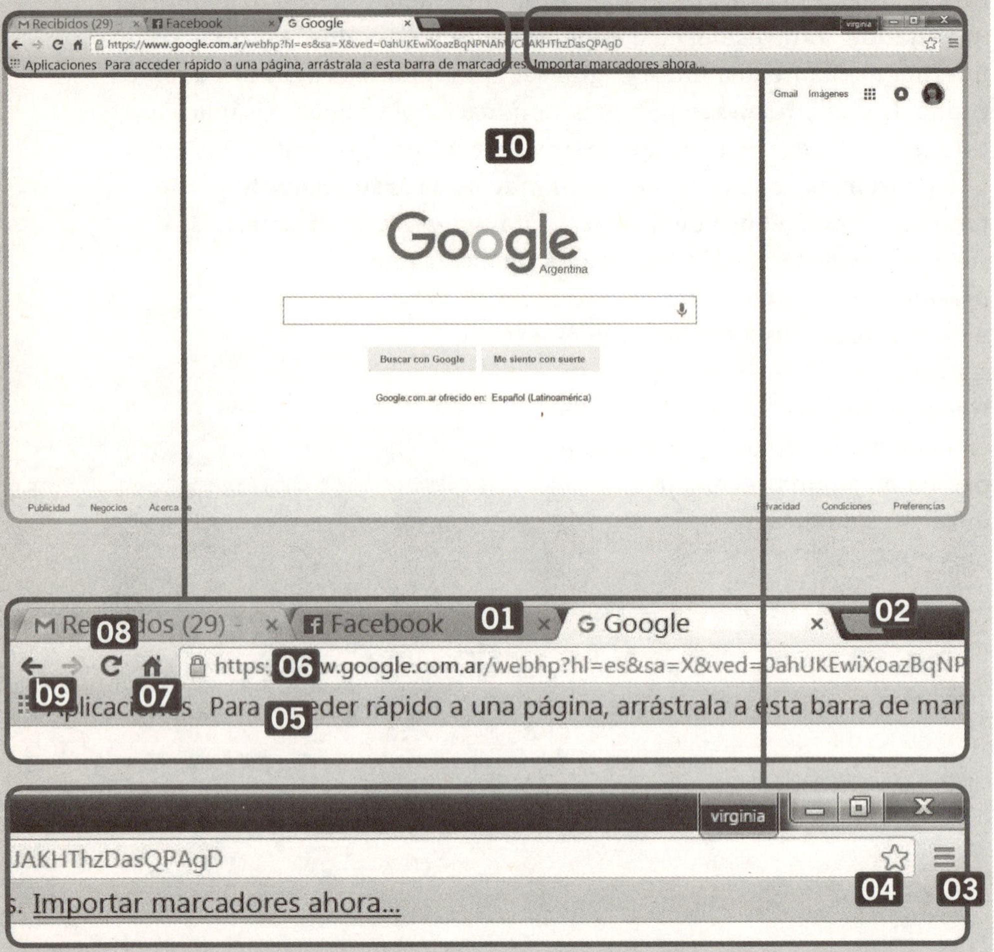

01 **PESTAÑAS O SOLAPAS:** permiten tener varias páginas abiertas al mismo tiempo, y acceder a su contenido haciendo clic sobre ellas. Para identificar el sitio que abrimos, cada pestaña muestra el nombre de este. También podemos cerrar un sitio web haciendo clic en la X que aparece a la derecha de la solapa. Todos los navegadores actuales permiten la navegación por pestañas.

02 **NUEVA PESTAÑA:** abre una nueva solapa. En algunos navegadores puede aparecer con el signo +, pero siempre a continuación de la última pestaña abierta.

▶

03 **MENÚ:** desde aquí se accede a un menú desplegable con opciones para configurar y personalizar el navegador.

04 **AGREGAR A MARCADORES O FAVORITOS:** al tocar o hacer clic sobre este icono, se agrega la página activa (es decir, la pestaña que estemos utilizando) a la barra de marcadores, creando un acceso rápido a ella, que estará disponible cada vez que ingresemos al navegador. Esta función está presente en todos los navegadores.

05 **BARRA DE MARCADORES:** en esta barra aparecerán los nombres de los sitios que se han marcado como favoritos. Además de utilizar el icono de la estrella, podemos hacer clic sobre la solapa del sitio que deseamos marcar y arrastrarla hasta esta barra.

06 **BARRA DE DIRECCIONES:** permite escribir criterios de búsqueda o direcciones de sitios web. Cuando ingresamos a una página, esta barra muestra su dirección completa.

07 **INICIO:** al tocar o hacer clic sobre este icono desde cualquier sitio web permite volver a la página inicial, es decir, la página predeterminada para iniciar el navegador. También es conocida como *homepage*, por su denominación en inglés.

08 **RECARGAR O ACTUALIZAR:** esta opción, disponible en todos los navegadores, permite cargar nuevamente la página actual cuando no se muestra su contenido completo o deseamos que se actualicen publicaciones, entre otras. Esta acción se conoce como refresh. También se logra presionando la tecla **F5**.

09 **ATRÁS Y ADELANTE:** desde estas flechas se puede regresar a la página anterior o, desde la anterior, volver a la que estábamos.

10 **CONTENIDO:** en la sección central de cualquier navegador se visualiza el contenido de la página activa.

Navegadores de escritorio y móviles

Los dispositivos móviles también utilizan un navegador para conectarnos a internet, adaptado al tamaño más reducido de la pantalla y a la capacidad del dispositivo. Es decir, un **navegador web** es una aplicación completa que se ejecuta en una computadora, mientras que un navegador móvil o **micronavegador** es una aplicación pequeña que funciona en un teléfono inteligente u otro dispositivo portátil.

Por lo general, las computadoras tienen un navegador web preinstalado, como **Internet Explorer** o **Microsoft Edge** para

Windows, o **Safari** para Mac OS. También podemos descargar gratuitamente otros navegadores como **Mozilla Firefox** (**www.mozilla.org/es-AR/firefox/new**) o **Google Chrome** (**www.google.es/chrome/browser/desktop**).

Por su parte, debemos tener en cuenta que los teléfonos inteligentes y las tablets traen instalado un micronavegador compatible con el sistema operativo del dispositivo; por ejemplo, los equipos con sistemas Android incluyen la versión móvil de Google Chrome.

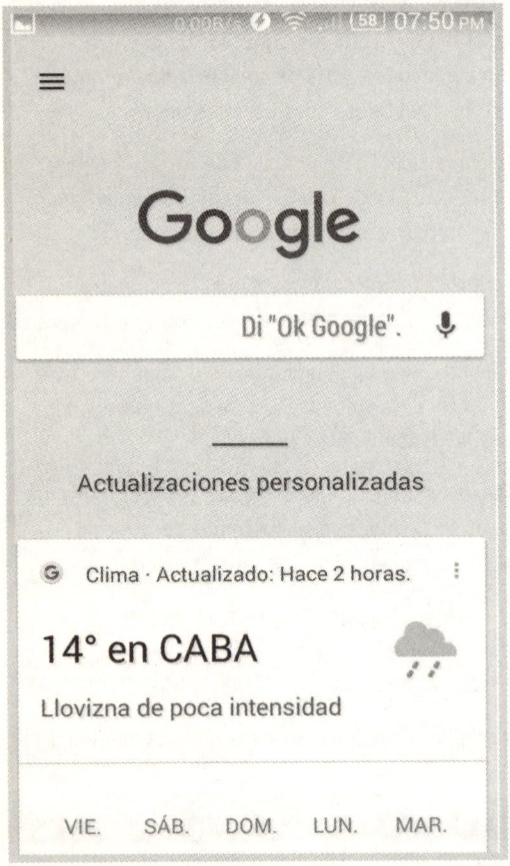

Figura 1. La página de inicio de un navegador móvil muestra una cantidad de elementos reducida si lo comparamos con su versión para computadoras.

¿QUÉ ES FLASH?

Flash es una tecnología para crear animaciones gráficas y distribuirlas a través de internet. Su uso es muy frecuente para la creación de juegos interactivos en línea. Para ver este tipo de contenidos necesitamos **Flash Player**, un reproductor multimedia compatible con la mayoría de los navegadores de escritorio, pero no con los navegadores móviles. Por ese motivo, es muy probable que nuestro juego favorito en línea no pueda reproducirse en una tablet.

Las principales diferencias entre los navegadores de escritorio y los navegadores móviles son las siguientes:

Tanto la incompatibilidad de algunas funciones como la resolución son las principales diferencias entre navegadores de escritorio y móviles.

- **Resolución**: los micronavegadores optimizan el contenido web para que pueda ser visualizado con mayor comodidad en la pantalla de un móvil. Por lo tanto, algunos elementos de un sitio web que vemos sin problemas en un navegador de escritorio pueden no estar presentes o aparecer distorsionados en el navegador móvil. Por ese motivo, la mayoría de los sitios web tienen versiones adaptadas para dispositivos móviles.
- **Incompatibilidad de algunas funciones**: un micronavegador no puede acceder a determinadas funciones, como la animación **Flash** (animaciones creadas con un programa específico) o ciertos formatos de videos en línea que se pueden ver sin dificultad con un navegador de escritorio. Por ese motivo, la mayoría de los desarrolladores de sitios web están utilizando **HTML5**, que es compatible con todos los equipos y dispositivos en los que se ejecuta un navegador.

Las direcciones de internet

Cada página que abrimos en el navegador tiene una dirección única que la identifica, denominada dirección electrónica, dirección web o **URL**, por las siglas en inglés de *Uniform Resource Locator* o 'localizador de recursos uniforme'. Existe una URL única para cada página de cada uno de los sitios de internet, pero también para cada uno de los elementos que podemos encontrar en línea, como documentos, imágenes, videos, formularios, archivos, entre otros.

Aunque tal vez ya estamos familiarizados con la estructura de estas direcciones porque las escribimos o las vemos cotidianamente para ingresar a los sitios que nos interesan, es probable que no conozcamos qué significa cada una de las partes necesarias para que esa dirección pueda ser interpretada por el navegador, y así identificar y localizar el contenido. En la siguiente **Guía Visual** analizamos la estructura de una URL.

GUÍA VISUAL 2: LAS PARTES DE UNA DIRECCIÓN DE INTERNET

01 **HTTP** O **HTTPS:** siglas en inglés de *Hyper Text Transfer Protocol* o 'protocolo de transferencia de hipertexto'. Es el protocolo que utilizan los navegadores para transferir la información que vemos en internet a través de servidores, redes y equipos, que pueden utilizar sistemas muy diversos entre sí. Existe una versión de http denominada **https** que permite la transferencia segura de información privada. En los sitios que utilizan este protocolo aparece el icono de un candado junto a la URL.

02 **WWW:** siglas en inglés para *World Wide Web*. Identifica el sistema que se utiliza en internet para navegar de un sitio a otro a través de enlaces o links.

03 **NOMBRE DEL SITIO:** se trata del nombre utilizado para identificar el sitio, en general, se corresponde con el nombre de la marca o la empresa

04 **DOMINIO:** compuesto por tres letras que representan el tipo de organización que publica el sitio. Los más utilizados son .com para sitios comerciales o empresas, .edu para universidades y sitios educativos, .gov para organismos gubernamentales, .org para organizaciones sin fines de lucro y .mil para instituciones militares, entre otros.

Las direcciones de los sitios web desarrollados en todos los países del mundo, con excepción de Estados Unidos, llevan también un **subdominio** o **dominio de nivel geográfico** a continuación del dominio, para identificar el país de origen. Debemos saber que este subdominio está formado por dos letras, a modo de ejemplo podemos mencionar: **.ar** para Argentina, **.uy** para Uruguay, **.cl** para Chile, **.pe** para Perú y **.mx** para México.

Por ejemplo, la dirección **http://www.anses.gob.ar** nos indica que se trata de un sitio gubernamental de Argentina.

LOS BUSCADORES

Internet es la fuente de información más consultada en todo el mundo, ya que nos permite acceder de inmediato a muchísimos datos en forma de textos, fotos, sonidos y videos, provenientes de los más diversos puntos del planeta, desplazando a otras fuentes de información tradicionales, como libros, diccionarios, enciclopedias o periódicos en papel. Su impacto se debe a que se puede obtener una variedad casi infinita de material, puesto a disposición por organizaciones y personas de todo el mundo. Esta información se encuentra alojada en servidores de distintas partes del mundo y, si no conocemos la dirección electrónica de un recurso específico, no podremos accedera él.

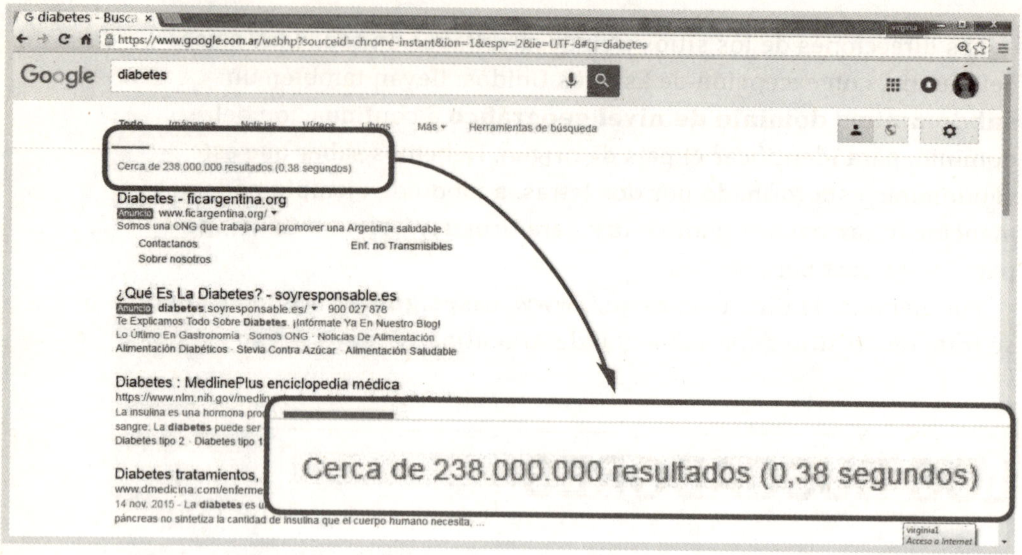

Figura 2. Un buscador tiene la capacidad de mostrar millones de resultados en pocos segundos. En cada resultado aparecen destacadas en negrita las palabras que coinciden exactamente con la búsqueda.

Por este motivo, se han desarrollado herramientas específicas y muy potentes denominadas **buscadores** o **motores de búsqueda**.

En palabras sencillas, un buscador es un sistema que nos permite encontrar páginas web y otros recursos dispersos en servidores de todo el mundo, a partir de una palabra o una frase. Sobre la base de este criterio de búsqueda ingresado, el buscador se encarga de rastrear todos los resultados que coincidan con lo pedido, y ofrece un listado ordenado en forma decreciente según el grado de relevancia y concordancia con el criterio de búsqueda.

BUSCAR DESDE LA BARRA DE DIRECCIONES

Desde la barra de direcciones de **Google Chrome** no solo podemos acceder a las páginas de internet; esta también funciona como cuadro de búsqueda. Esta barra de direcciones multiuso, denominada **omnibox**, muestra sugerencias para páginas web, o búsquedas potenciales o ya realizadas a medida que escribimos. Esto hace que navegar por la Web sea más rápido y fácil.

Los principales buscadores, en orden de importancia por cantidad de usuarios diarios a nivel mundial, son **Google**, **Bing** y **Yahoo**. En los próximos apartados analizaremos las características de Google, por ser el buscador más utilizado en todo el planeta, a tal punto que en español se ha popularizado el término **googlear** como sinónimo de **buscar información en internet**, aunque aún no ha sido aceptado por la Real Academia Española.

El buscador Google

La página de inicio del buscador Google es muy simple: solo contiene un cuadro de búsqueda y dos botones. Si ejecutamos el buscador de Google en el navegador **Google Chrome**, a la derecha del cuadro de búsqueda vemos el icono de un micrófono. Es la herramienta de **Búsqueda por voz**, que nos permite realizar búsquedas sin escribir, solo tenemos que tocar o hacer clic sobre este icono y decir en voz alta lo que queremos buscar. Solo funciona si tenemos un micrófono incorporado o conectado al equipo. Es importante considerar que esta función no está disponible en otros navegadores, pero la encontraremos en los dispositivos móviles Android.

Si escribimos un criterio de búsqueda, al anotar las primeras letras comenzarán a aparecer sugerencias que coincidan con ellas; si lo que buscamos aparece en este listado, solo tenemos que hacer clic o tocar sobre la palabra o frase en esta lista. Pero, si queremos continuar escribiendo nuestro criterio de búsqueda e ignorar las sugerencias, podemos confimar la entrada de tres maneras diferentes: presionando la tecla **ENTER** en el teclado de una computadora de escritorio portátil,

¿.GOV O .GOB?

El dominio **.gov** se utiliza para identificar los sitios de las entidades y organismos que dependen del gobierno. Es la abreviatura de la palabra **government**, que significa 'gobierno' en inglés y se escribe con **v**. Algunos países latinoamericanos –como la Argentina, México o Colombia, entre otros– han adoptado la forma **.gob** con **b**, para atender a la demanda idiomática de nuestra lengua oficial, que representa mejor a la palabra **gobierno** en español.

tocando o haciendo clic en el icono de la lupa que aparece junto al cuadro de búsqueda, o tocando o haciendo clic en el botón **Buscar con Google**. En un dispositivo móvil también podemos tocar la tecla **Buscar** en el teclado en pantalla.

Luego de ingresar un criterio de búsqueda, entre el cuadro de búsqueda y los resultados aparece una barra horizontal que nos ofrece la posibilidad de realizar la búsqueda en diferentes canales o medios, y otras funciones para ajustar la búsqueda a nuestras necesidades. En la siguiente **Guía Visual** observamos la función de cada uno de los elementos de esta barra.

GUÍA VSUAL 3: BARRA DE BÚSQUEDA DE GOOGLE

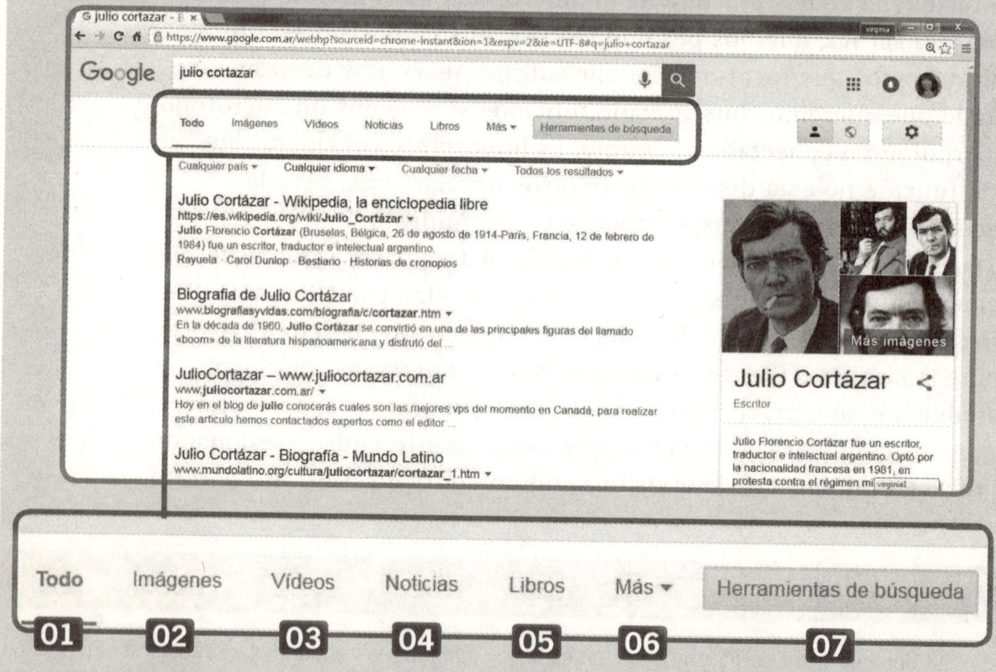

01 **TODO:** es la opción predeterminada que muestra todos los resultados que coinciden con la búsqueda ingresada, incluyendo sitios web, imágenes, videos, noticias y libros.

02 **IMÁGENES:** filtra la búsqueda por las imágenes encontradas en internet que coinciden con el criterio ingresado.

▶

03 **VIDEOS:** filtra la búsqueda por videos encontrados que coinciden con el criterio de búsqueda ingresado.

04 **NOTICIAS:** muestra las noticias encontradas en diferentes diarios y portales de internet que concuerdan con el criterio de búsqueda.

05 **LIBROS:** muestra un listado de libros digitalizados por Google y almacenados en Google Libros, que tratan sobre el tema de la búsqueda. En algunas ocasiones, este elemento puede no estar visible y encontrarse en el menú desplegable **Más**.

06 **MÁS:** este menú desplegable contiene siempre dos opciones: **Aplicaciones**, para buscar en diferentes tiendas apps, complementos o extensiones que coinciden con la búsqueda, y **Maps**, para buscar en Google Maps. En algunas ocasiones, la opción **Maps** aparece visible en la barra, y dentro de **Más** encontraremos **Libros**.

07 **HERRAMIENTAS DE BÚSQUEDA:** este botón ofrece diferentes opciones para filtrar la búsqueda, según el servicio seleccionado previamente. Por ejemplo, podemos filtrar los resultados por país, idioma o fecha; pero si está activa la opción **Imágenes o Videos**, podemos filtrar por tamaño, color, duración, entre otras opciones.

Optimizar la búsqueda de información

Realizar una búsqueda con Google es aparentemente sencillo: solo tenemos que escribir o decir palabras en el cuadro de búsqueda y, en pocos segundos, obtenemos millones de resultados. Pero ¿cómo discriminamos entre las numerosas páginas propuestas? La cantidad de resultados puede ser abrumadora, y demanda tiempo y esfuerzo rastrear la información más relevante. Para simplificar la tarea podemos aplicar estos consejos:

ME SIENTO CON SUERTE

Si hacemos clic en **Me siento con suerte** –en Google Chrome; en otros navegadores este botón aparece con el nombre **Voy a tener suerte**– sin escribir ningún criterio de búsqueda, nos dirige a **http://www.google.com/doodles**, una página de Google desde la que podemos acceder a una galería de logos animados y videos, que son ediciones especiales que Google realiza para su página de inicio en ciertos aniversarios o conmemoraciones, tanto a nivel nacional como internacional.

- No es necesario escribir palabras y caracteres comunes, como las preposiciones **el**, **la**, **y**, **de**, o signos de pregunta. Tanto Google como cualquier otro buscador omite estas palabras y no las toma en cuenta como palabras clave. Por ejemplo, la búsqueda **¿cuál es el mejor restaurante en Nueva York?** devuelve los mismos resultados que **mejor restaurante nueva york**.
- No es necesario escribir mayúsculas al buscar nombres propios. Las búsquedas no distinguen mayúsculas de minúsculas. Se obtienen los mismos resultados al buscar **Nueva York** o **nueva york**.
- No es necesario escribir tildes. El buscador no los toma en cuenta. Se obtienen los mismos resultados al buscar **avión** o **avion**.
- Los buscadores no tienen en cuenta el orden en el cual están escritas las palabras. Es lo mismo buscar **recetas pollo** que **pollo recetas**.

Ahora que ya vimos lo que no tenemos que hacer porque no es necesario o es irrelevante, veamos otras acciones que podemos realizar para optimizar las búsquedas:

- Omitir ciertos resultados en la búsqueda: el signo – o guión medio delante de una palabra hace que el buscador excluya de los resultados los sitios web que contengan esa palabra. Por ejemplo, **recetas pollo** traerá todos los recursos relacionados con las recetas de pollo, pero **recetas pollo –curry** solo traerá las recetas de pollo que no utilicen curry en la preparación.
- Utilizar palabras adecuadas para cada web: un motor de búsqueda funciona haciendo coincidir las palabras que escribimos con las páginas web. Por ello, se obtienen mejores resultados si utilizamos términos que tengan mayores probabilidades de aparecer en alguna página. Por ejemplo, en lugar de escribir **me duele la cabeza**, escribimos **dolor de cabeza**, porque ese es el término que se utilizaría en un sitio web médico.
- Hacer búsquedas específicas: cuantos más elementos agreguemos a la búsqueda, más precisos serán los resultados. Por ejemplo, **restaurantes** nos traerá todos los sitios web que incluyan esta palabra, **restaurantes palermo** nos mostrará los sitios que incluyan tanto los de Buenos Aires como los de Palermo en Italia, y **restaurantes palermo buenos aires**, solo los que se encuentren en este barrio de esta ciudad.

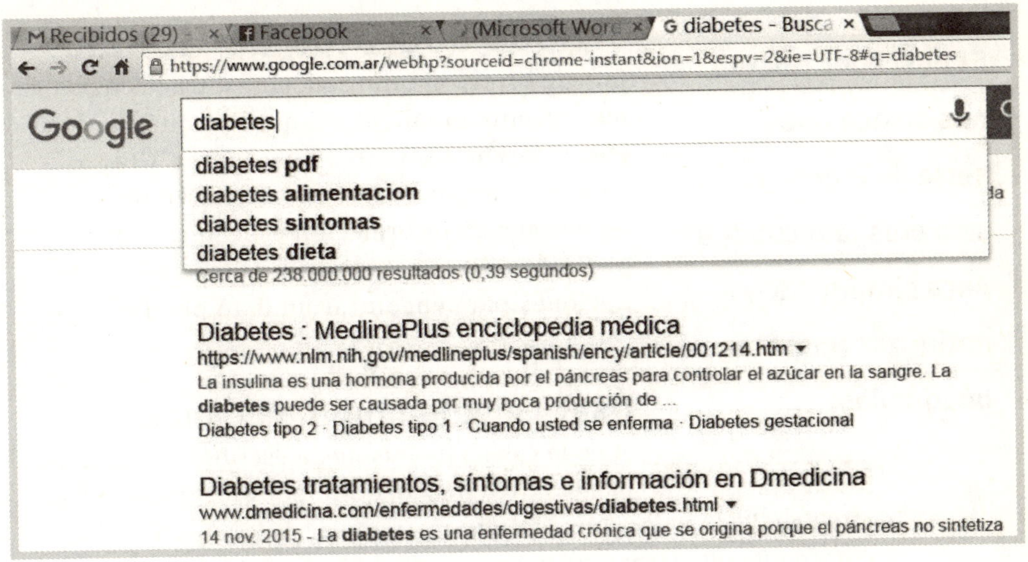

Figura 3. El listado de sugerencias de Google nos ayuda a ingresar criterios más adecuados para optimizar la búsqueda.

- Usar las sugerencias de búsqueda: al comenzar a escribir las primeras letras de una palabra, el buscador mostrará automáticamente criterios de búsqueda relacionados, que corresponden a búsquedas ya realizadas por nosotros mismos u otras muy comunes en internet. Si lo que estamos buscando aparece en este listado de sugerencias, no es necesario que continuemos escribiendo. Bastará con seleccionar una de ellas.

NAVEGACIÓN INTELIGENTE

La primera regla de la navegación inteligente es mantener al máximo el anonimato. Esto significa coservar la privacidad de toda la información personal, tanto en los sitios de internet como en las redes sociales, foros o chats en los que participemos, porque todo está conectado. Algunos ejemplos de información personal que nunca deberíamos facilitar por internet –con excepción de sitios seguros y de probada reputación– son el nombre completo, el domicilio, el número de teléfono, las contraseñas, los nombres de familiares o los números de las tarjetas de crédito.

El buscador Google nos ofrece una serie de trucos y secretos, adecuados para simplificar y optimizar nuestras búsquedas.

Trucos secretos de Google

Google ofrece algunos eficientes trucos que nos permiten realizar búsquedas, que no encontraremos en otros buscadores. Gracias a estas funciones secretas obtendremos resultados de información específica, sin necesidad de rastrear entre millones de opciones para encontrar un dato preciso.

Usar Google como diccionario

Si en la casilla de búsqueda escribimos cualquier palabra, Google mostrará todos los sitios que la contienen. Pero si escribimos **define:x** (remplazando **x** por la palabra cuyo significado deseamos conocer), aparecerá en primer lugar un recuadro con la definición de esa palabra, sin necesidad de entrar a ningún sitio para obtener la definición adecuada.

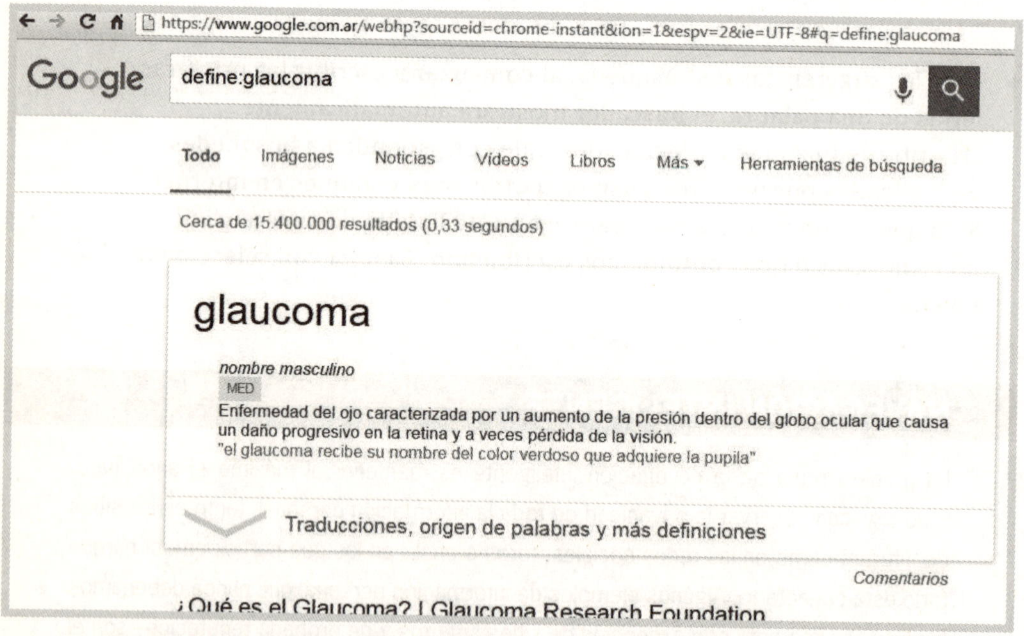

Figura 4. Si hacemos clic o tocamos sobre **Traducciones, origen de palabra y más definiciones**, se amplía el cuadro de definiciones para conocer la etimología de la palabra y traducirla a otros idiomas.

Obtener conversiones de medidas

Podemos conocer el equivalente de cualquier medida con solo escribir en el cuadro de búsqueda el número y la unidad de medida, y la medida a la que deseamos convertirlo. Algunos ejemplos:

- **Pies a metros o centímetros**: convierte el número especificado en pies a metros o centímetros, y viceversa. Algunos ejemplos: 60 pies a metros, 60 feet a cm, 60 pies = m o 60 feet = cm.
- **Pulgadas a metros, centímetros o milímetros**: convierte el número especificado en pulgadas a metros, centímetros o milímetros, y viceversa. Algunos ejemplos: 60 pulgadas a metros, 60 inches a cm, 60 pulgadas = m o 60 inches = cm.
- **Libras a kilogramos**: convierte el número especificado en libras a kilogramos, y viceversa. Algunos ejemplos: 60 libras a kilos, 60 lbs a kg o 60 lbs = k.
- **Fahrenheit a Celsius**: convierte el número especificado en grados Fahrenheit a grados Celsius, y viceversa. Algunos ejemplos: 60 f a c, 60 f a Celsius, 60 f a grados, o 60 f = c.

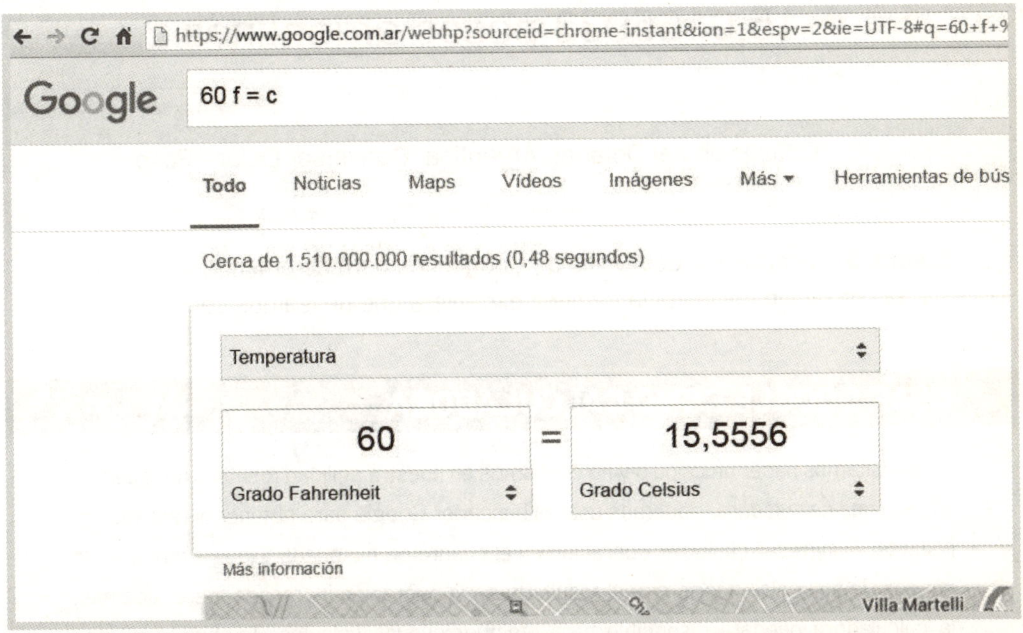

Figura 5. En todos los casos, el cuadro de resultado mostrará a la izquierda la medida original y a la derecha, la conversión a la unidad de medida especificada.

Conocer el valor del dólar y otras monedas

Google permite obtener la conversión de divisas en función del tipo de cambio actual, sin necesidad de consultar en sitios específicos. Por ejemplo, para la conversión del dólar podemos utilizar **usd = ars** (para pesos argentinos), **dólares a pesos chilenos** o **usd a mx** (para la moneda de México). Si queremos conocer el valor del euro u otra moneda, debemos remplazar la palabra dólares o la sigla **usd** por **euro** o **real**, entre otras opciones.

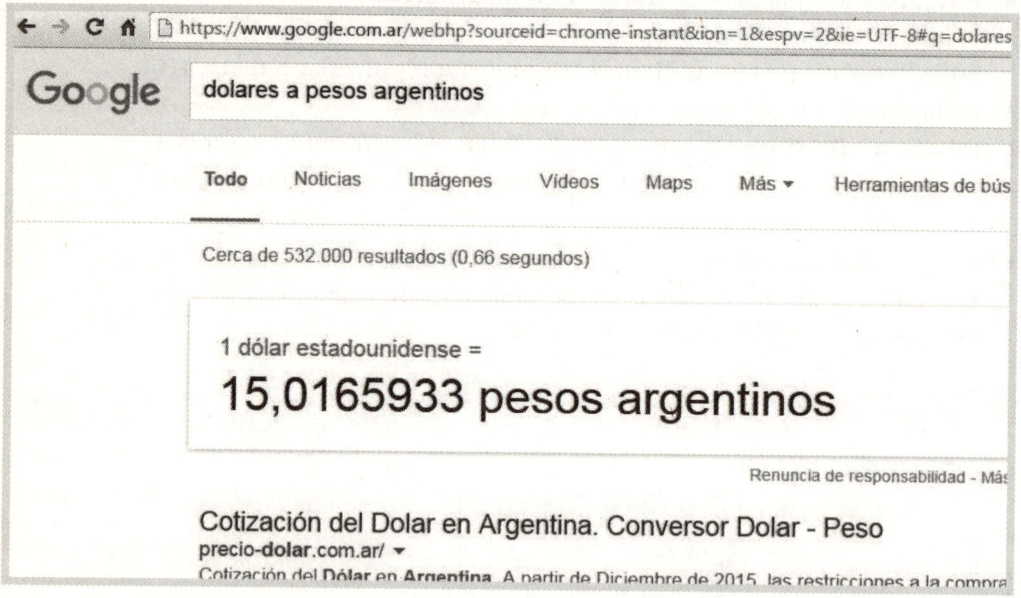

Figura 6. El conversor de divisas de Google nos permite obtener, al instante, la cotización oficial de la moneda extranjera que deseamos consultar.

USAR GOOGLE COMO CALCULADORA

Si necesitamos hacer un cálculo y no confiamos en nuestra agilidad mental o no tenemos a mano una calculadora, podemos usar el buscador Google para obtener el resultado al instante. Al ingresar cualquier operación en el cuadro de búsqueda, Google mostrará la imagen de una calculadora, con el resultado de la operación ingresada, pero, además, la calculadora quedará disponible para efectuar nuevos cálculos. También podemos activarla escribiendo **calculadora** en el cuadro de búsqueda.

Conocer la hora actual en otras ciudades del mundo

Desde el cuadro de búsqueda podemos consultar la hora en cualquier lugar del mundo, introduciendo la palabra **hora** seguida por el nombre de una ciudad, por ejemplo, **hora paris**. Si solo ingresamos la palabra **hora** en el buscador, aparecerá la hora actual de nuestra propia ubicación.

Consultar el clima actual en otras ciudades del mundo

Para conocer el estado del clima actual en cualquier lugar del mundo, escribimos la palabra **clima** seguida por el nombre de una ciudad, por ejemplo, **clima paris**. Si escribimos únicamente la palabra **clima**, aparecerán los datos del tiempo correspondientes a nuestra ubicación actual.

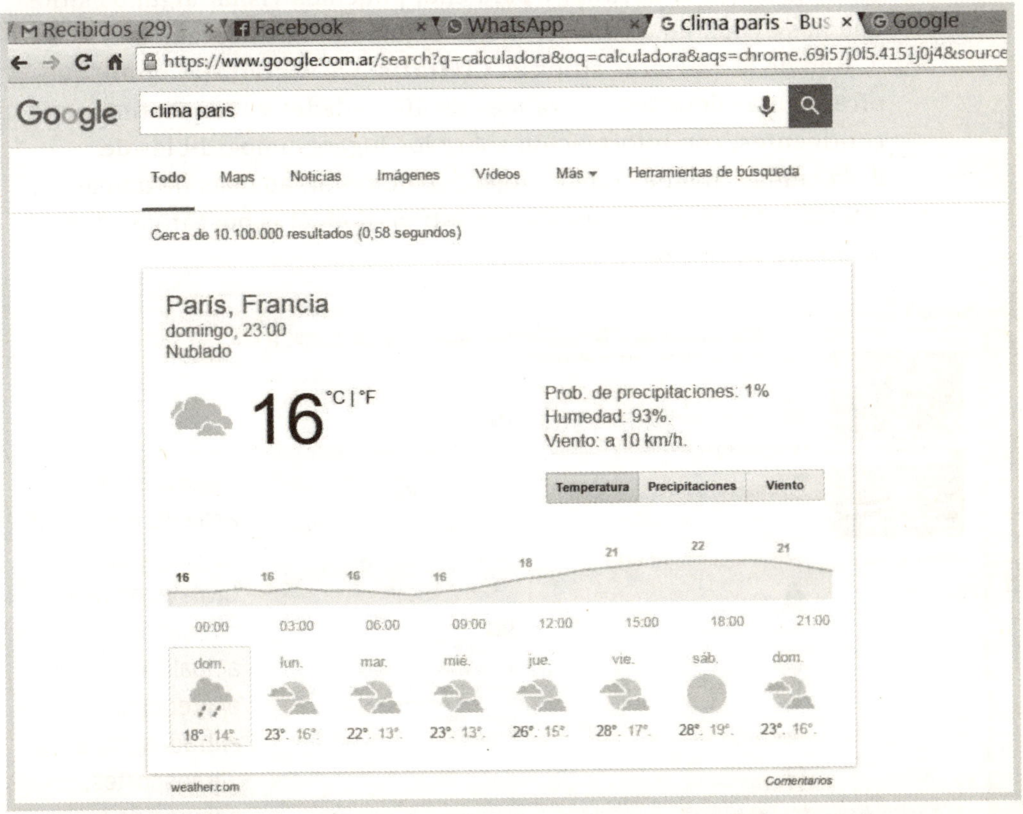

Figura 7. La búsqueda por clima muestra la fecha, la hora, la temperatura, las precipitaciones, la humedad y el viento, además del pronóstico para los próximos días.

SITIOS CLAVE

Aunque las redes sociales **YouTube** y **Wikipedia** son los sitios más visitados en internet, este medio ofrece mucho más. Planificar un viaje, realizar visitas virtuales a museos, hacer compras en línea o aprender idiomas son solo algunas de las opciones que podemos encontrar para integrar satisfactoriamente internet a nuestra vida cotidiana.

Viajes y turismo

En internet encontraremos todas las opciones para planificar un viaje, comprar pasajes, reservar hoteles y adquirir entradas o paquetes de excursiones, sin movernos de nuestra casa. Lo primero que debemos hacer es elegir el destino, y para ello, podemos visitar algunos sitios que nos ayudarán a conocer mejor el lugar al que deseamos ir.

Uno de los mejores sitios es **Civitatis** (**www.civitatis.com**), que ofrece guías detalladas para más de 40 ciudades en los distintos continentes, con información sobre los lugares imperdibles de cada ciudad, dónde comer, alojarse o comprar, además de mapas interactivos. Una vez elegido el destino, podemos buscar las guías de la ciudad de dos formas:

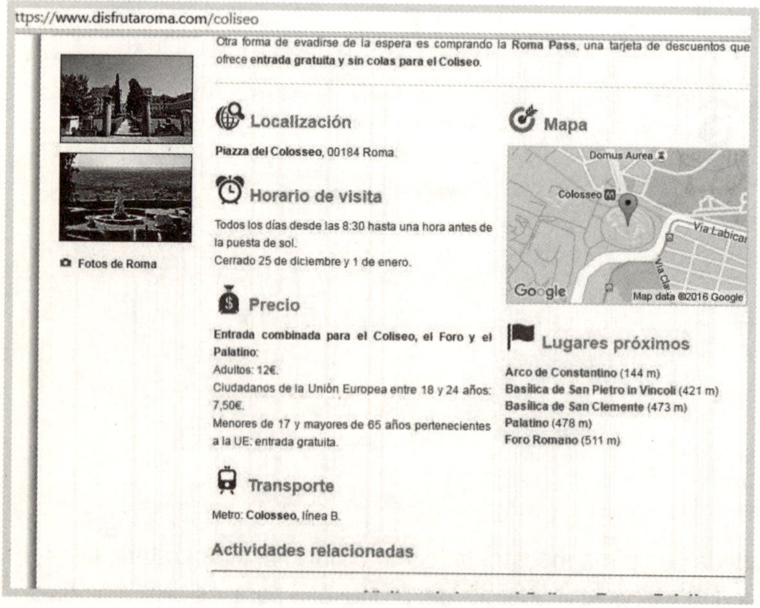

Figura 8. Un aspecto interesante de las guías de Civitatis es que ofrecen información actualizada sobre el precio de entradas, horarios y transportes, además de la dirección y ubicación en el mapa.

1. Ingresando al sitio web de Civitatis y buscando la ciudad correspondiente desde la página.
2. Escribiendo la dirección, por ejemplo, **www.disfrutaroma.com** o **www.disfrutabarcelona.com** (reemplazando **roma** o **barcelona** por la ciudad que nos interesa).

Otro sitio útil para buscar guías turísticas es la red social **Mi nube** (**www.minube.com**); al ingresar a esta web solo tenemos que escribir el nombre de una ciudad en el cuadro de búsqueda y nos mostrará fotos e información compartida por los usuarios. Si hacemos clic en **Descargar gratis**, podemos bajar la guía de la ciudad en formato PDF. Además de la plataforma web, está disponible como aplicación para móviles Android e iOS.

Luego de elegir el destino, tenemos que comprar los pasajes. Podemos ingresar directamente a la página web de una aerolínea o utilizar sitios que realizan la búsqueda de vuelos en todas las compañías aéreas disponibles. Uno de los más utilizados en Latinoamérica es **Despegar**; al escribir **www.despegar.com**, nos dirigirá automáticamente a la página que corresponde a nuestro país. Además de vuelos, desde Despegar podemos reservar hoteles, alquilar

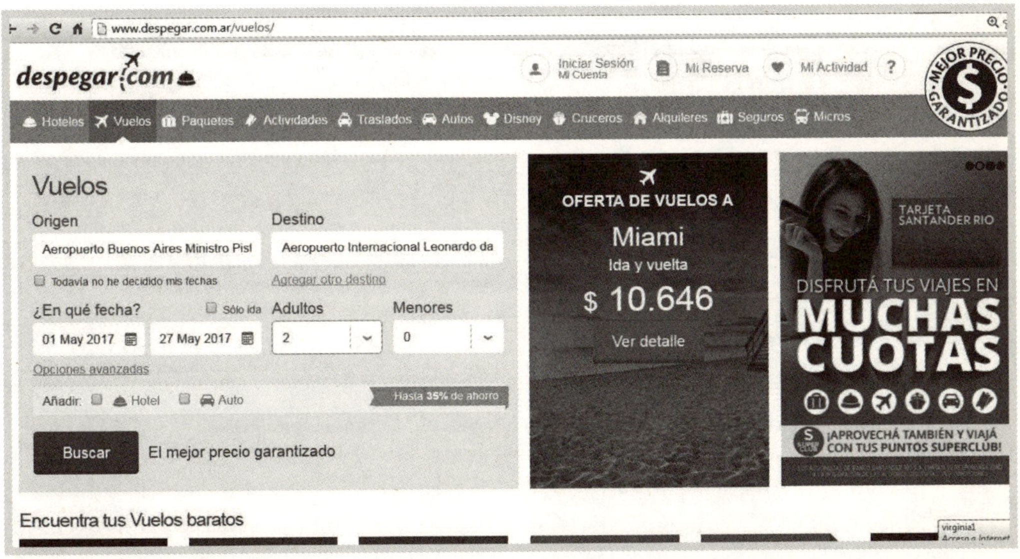

Figura 9. Para comprar un pasaje aéreo, debemos ingresar el origen y el destino, las fechas de partida y de regreso, y la cantidad de pasajes, entre otras opciones.

autos o comprar paquetes completos. Tanto para comprar desde la página de cada aerolínea como desde Despegar, debemos disponer de una tarjeta de crédito.

El siguiente paso es reservar el hotel. Para ello contamos con sitios como **Booking** (**www.booking.com**), **Trivago** (**www.trivago.com**) u **Hoteles** (**www.hoteles.com**), solo por mencionar a los más utilizados. En este caso también necesitaremos una tarjeta de crédito para realizar la reserva, aunque en algunas ocasiones podemos elegir entre pagar la estadía completa desde el sitio web o pagar al ingresar al hotel.

Salud

Cada vez es más común que las personas de todas las edades busquen información sobre salud o síntomas. Es muy importante tener en cuenta que, aunque esta información pueda estar respaldada por instituciones o profesionales de prestigio, **nunca** debe reemplazar a nuestro médico. No obstante, es posible aprender mucho sobre algunas enfermedades e, incluso, descubrir tratamientos que luego podemos comentar con nuestro doctor. Existen varios sitios dedicados a esta temática, como **MedlinePlus** (**www.nlm.nih.gov/medlineplus/spanish**), una

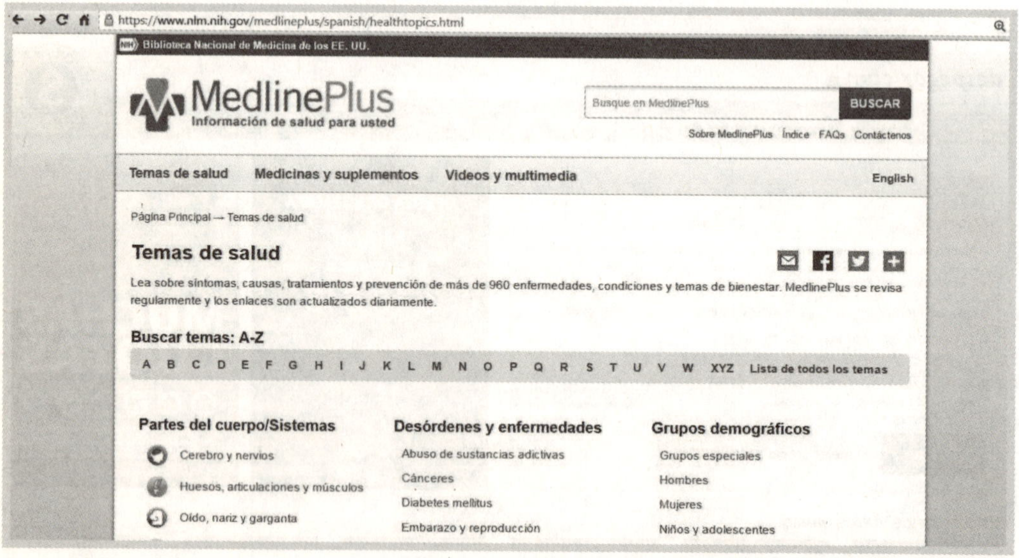

Figura 10. La sección **`Temas de salud`** de **MedlinePlus** permite buscar alfabéticamente información sobre enfermedades y prevención, entre otros temas.

completa enciclopedia médica cuya información está respaldada por la Biblioteca Nacional de Medicina de Estados Unidos. Las páginas de MedlinePlus contienen enlaces cuidadosamente seleccionados a portales y noticias de salud actualizados diariamente. También ofrece imágenes médicas y videos, así como artículos con información sobre enfermedades, exámenes, síntomas y procedimientos quirúrgicos.

Museos virtuales

Estos son solo algunos ejemplos de los museos que ofrecen una visita virtual, sin movernos de nuestro sillón favorito:

- **Museo del Louvre (http://musee.louvre.fr/visite-louvre)**: ***La Gioconda*** o la ***Venus de Milo*** son algunos de los atractivos más sobresalientes que se pueden visitar desde la página web de este museo, además de antigüedades egipcias, arte islámico o la Galerie d'Apollon, cuyo techo es un homenaje a Luis XIV.

Figura 11. El tour virtual por el **Museo del Louvre** ofrece un plano interactivo para acceder a vistas en 360° de las diferentes salas y colecciones.

- **Museo Frida Khalo (www.recorridosvirtuales.com/frida_kahlo/museo_frida_kahlo.html)**: la famosa **Casa Azul** ofrece un recorrido virtual por las recámaras, el patio y la cocina de este lugar ubicado en Coyoacán, México.
- **Gallería degli Uffizi (www.uffizi.com/virtual-tour-uffizi-gallery.asp)**: una gran oportunidad para conocer esta joya arquitectónica del siglo XVI, donde podremos encontrar obras del renacimiento italiano de artistas como Botticelli, Leonardo da Vinci, Miguel Ángel, Rafael o Tiziano.

Cocina

Para los aficionados a la cocina, internet es un gran aliado para buscar recetas nuevas con las que sorprender a amigos y familiares. A diferencia de los libros tradicionales de recetas, estos sitios suelen ofrecer videos paso a paso para la elaboración de diferentes platos. Existen muchos sitios dedicados a este tema, y dejamos a los lectores la libertad de buscarlos según sus preferencias. Sugerimos, sin embargo, algunos que ofrecen recetas especiales para personas que tienen un tipo de dieta restringida por problemas de salud, pero que, a pesar de ello, desean cultivar sus cualidades *gourmet*. Entre otros,

Figura 12. Además de recetas de postres sin azúcar, **Dulces Diabéticos** ofrece consejos para ayudar a controlar esta enfermedad y mejorar la calidad de vida de quienes la padecen.

proponemos **Dulces Diabéticos** (**http://dulcesdiabeticos.com**), un blog dedicado a personas que padecen diabetes o a sus familiares, con recetas e información útil sobre postres y dulces sin azúcar.

Aprender idiomas

Internet brinda diversas posibilidades para aprender idiomas, incluso de forma gratuita. Uno de ellos es **Duolingo** (**www.duolingo.com**), que ofrece lecciones de inglés, francés, italiano, alemán, catalán y portugués, con ejercicios combinados de lectura, escritura y escucha. Permite realizar una prueba de nivel para los que ya saben algo del idioma seleccionado, fijar metas diarias y crear un perfil para guardar el progreso de las lecciones.

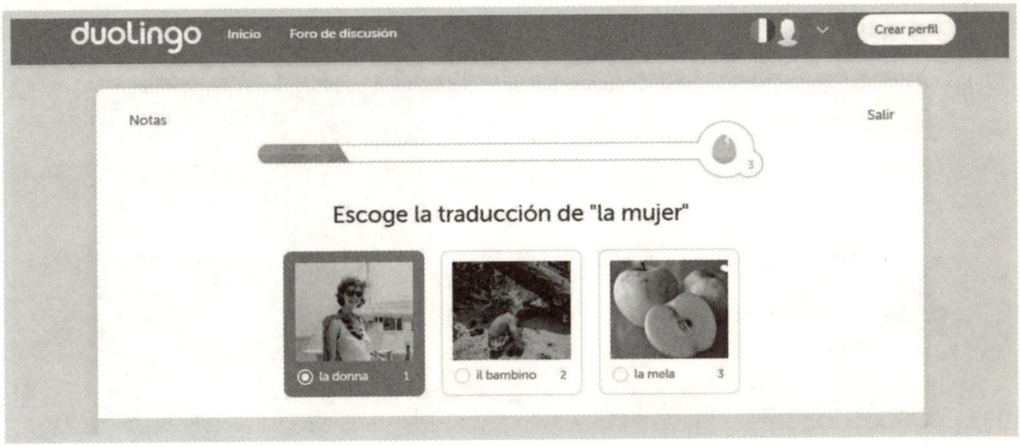

Figura 13. **Duolingo** presenta una serie de lecciones en línea que incluyen contenido multimedia y ejercicios prácticos.

GOOGLE ARTS & CULTURE

Es un proyecto de Google que recopila en un solo sitio imágenes en alta resolución de obras de arte expuestas en varios museos del mundo, así como un recorrido virtual por las galerías en las que se encuentran. Se pueden buscar por lugar, artistas, técnicas o corrientes artísticas. Para disfrutar de este sitio, debemos ingresar a **www.google.com/culturalinstitute/beta**.

Radio y televisión

Cada día crece en todo el mundo la cantidad de usuarios que escucha su emisora de radio favorita o ve programas de televisión en internet. Hoy, los principales medios ofrecen su programación en línea, a través de sitios que permiten, además, descargas de contenido y propuestas de interactividad a través de las redes sociales.

Para disfrutar de esta experiencia, solo tenemos que ingresar el nombre de la emisora de radio o del canal de televisión en el buscador para acceder a su sitio web, desde donde podemos escuchar o ver el programa que se está transmitiendo en ese momento o episodios pasados.

Figura 14. Los sitios web de algunas emisoras de radio ofrecen la posibilidad de ver la transmisión en vivo en HD.

BENEFICIOS DE APRENDER IDIOMAS

Los beneficios de aprender un idioma en la tercera edad son numerosos y variados. Según un estudio realizado por National Geographic, aprender una nueva lengua retrasa los efectos del envejecimiento. Es decir, una persona que domine únicamente su lengua materna tendrá más probabilidades de que su cerebro envejezca con mayor rapidez que aquel cerebro que conozca dos o más lenguas.

También podemos utilizar otras plataformas como **En la Radio** (**www.enlaradio.com.ar**) para encontrar todas las emisoras argentinas, o **Escuche Radio en Internet** (**www.radioemisoraslatinas.com**) que ofrece el acceso a las principales radios de América Latina, agrupadas por país. Por su parte, el sitio **Somos latinos** (**http://tv.somoslatinos.es**) nos permite acceder a canales de televisión en línea de 40 países.

Compras en línea

Comprar a través de internet es uno de los grandes fenómenos a nivel mundial, por razones de comodidad, rapidez y sobre todo ahorro, ya que muchas ofertas interesantes se encuentran solo disponibles en la Web. En esta categoría, **Mercado Libre** (**www.mercadolibre.com**) se ha convertido en la comunidad de compra y venta en línea más grande de América Latina. Esta empresa argentina cuenta con operaciones también en Bolivia, Brasil, Chile, Colombia, Costa Rica, Ecuador, Guatemala, México, Panamá, Perú, Portugal, República Dominicana, Uruguay y Venezuela. Al ingresar la dirección genérica, nos dirigirá automáticamente a la que corresponde a nuestro país (si estamos en uno de los que la empresa tiene servicios).

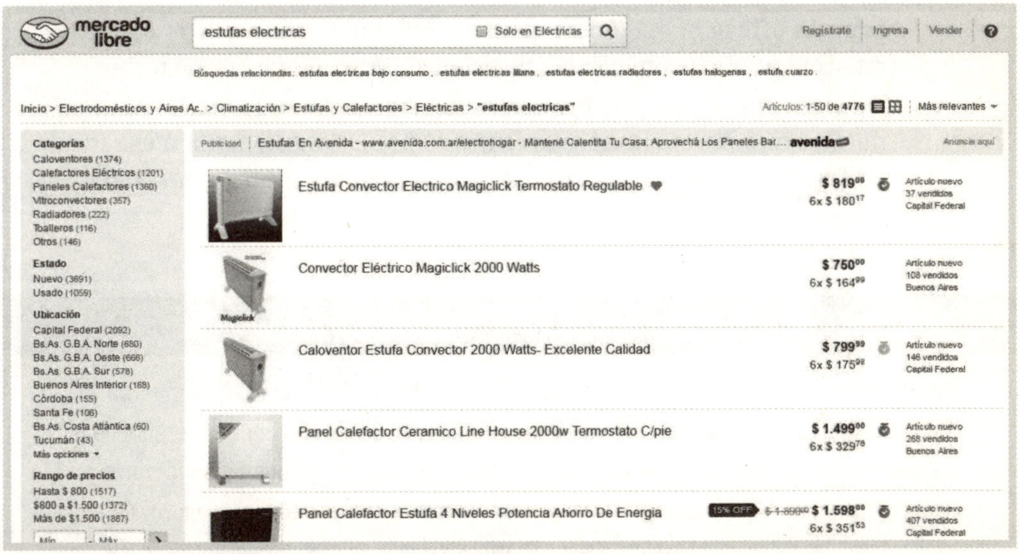

Figura 15. A través de Mercado Libre se pueden comprar o vender tanto productos nuevos como usados a precio fijo.

Las compras a través de Mercado Libre son seguras, y podemos elegir diferentes formas de pago, además de convenir la entrega con el vendedor. Antes de concretar una compra, es recomendable verificar la reputación del vendedor que esta plataforma le asigna a partir de las calificaciones de los usuarios.

Buscar pareja

Si la soledad es un problema, internet también tiene la solución a través de sitios que ofrecen la posibilidad de conocer a otras personas. Registrarse en una página de citas no es una señal de rendición, ni es admitir que no se puede encontrar una pareja sin ayuda, sino que tiene la ventaja de tener una primera impresión –en caso de que cada uno sea sincero– de agrado, satisfacción o desencanto, que dispone o no al encuentro presencial. Internet es un puente que, si se utiliza bien, puede acompañar y permitir un conocimiento previo al presencial que calme y atenúe las ansiedades típicas de un primer encuentro.

Uno de los más utilizados es **Loventine** (**www.loventine.com.ar**), un sitio argentino que, no obstante, permite crear perfiles en distintos idiomas para buscar pareja en otros lugares del mundo. Los usuarios pueden especializar su búsqueda por ubicación, cultura u objetivo, además ofrece la opción de elegir qué detalles del perfil se quieren mostrar y a cuáles usuarios, y escoger quién puede contactarlos. Adicionalmente, es posible completar una sección sobre lo que se desea como pareja ideal y Loventine buscará alguien afín a ese ideal de forma automática. Usarlo es completamente gratis, sin servicios adicionales de pago.

MATCH

Match (**www.match.com**) es tal vez el sitio de citas más famoso, con más de 60 millones de usuarios en América Latina, que se pueden buscar utilizando el nombre de la ciudad donde la persona quiere encontrar pareja. Permite crear álbumes de fotografías, chatear con más de una persona a la vez, de un modo completamente seguro. Ofrece tres niveles de usuarios –**Básico**, **Oro** y **Platinum**– que se pueden personalizar según preferencias. El nivel Básico es gratuito.

CONSEJOS PARA NAVEGAR SEGUROS

Internet es un avance importante que llegó para cambiarnos la vida; pero debemos tener en cuenta que, junto con sus innumerables ventajas, también presenta riesgos y amenazas que pueden disminuirse si seguimos las siguientes recomendaciones:

- Evitar conectarse a redes WiFi abiertas, porque este tipo de conexión puede ser usada para vulnerar la seguridad de nuestro equipo. Si no es posible (como por ejemplo, en un aeropuerto

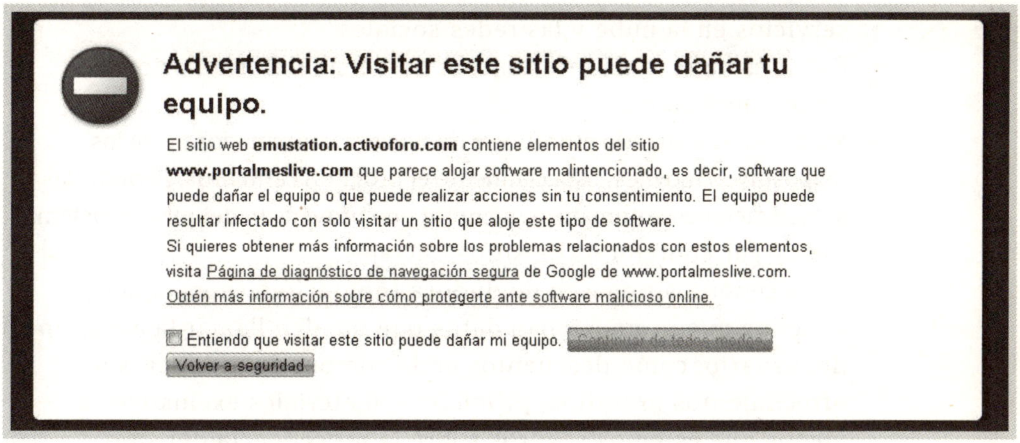

Figura 16. Si al intentar ingresar a un sitio web aparece una página similar a esta o se activa una ventana del antivirus, lo más recomendable es no continuar.

KEYLOGGERS

Son programas que se introducen en un equipo y registran las pulsaciones que se realizan en el teclado. Posteriormente, las graban en un archivo y las envían a través de internet. De esta manera, otros usuarios acceden a contraseñas, números de una tarjeta de crédito u otro tipo de información personal. Siempre que un sitio web ofrezca la opción, utilice el teclado virtual. Asimismo, es recomendable tener instalado un programa **antispyware** que pueda detectar diversos keyloggers y limpiarlos.

u otro lugar público), debemos evitar el uso de servicios que requieran de información sensible.

- Siempre que sea posible, entrar a los sitios que utilizan el protocolo de seguridad https.
- No hacer clic en enlaces que parezcan sospechosos ni acceder a sitios de dudosa reputación.
- Utilizar contraseñas robustas, que sean fáciles de recordar, pero difíciles de descifrar. Evitar palabras que puedan aparecer en el diccionario, fechas de cumpleaños o aniversarios, secuencias numéricas o combinaciones de menos de 8 caracteres. Las claves más largas que emplean caracteres alfanuméricos y la combinación de mayúsculas y minúsculas son más seguras. Tampoco se debe usar la misma clave para todos nuestros servicios en la nube y las redes sociales.
- Evitar el ingreso de información personal en formularios de origen dudoso o desconocido.
- Mantener actualizado el software de nuestra computadora y de los dispositivos móviles, especialmente el programa antivirus. Permitir las actualizaciones automáticas, siempre que provengan del mismo sistema.
- Descargar contenidos de sitios oficiales.
- No acceder a sitios web de dudosa reputación, especialmente aquellos que promocionan datos que pueden llamar la atención del usuario, como descuentos en la compra de productos u ofrecimientos gratuitos, primicias o materiales exclusivos, a menos que estemos seguros sobre la procedencia del sitio.

GLOSARIO

Vocabulario básico para comprender mejor los nuevos conceptos que circulan en torno al uso de internet.

Blog

Sitio web que incluye, a modo de diario personal de su autor o autores, contenidos de interés actualizados con frecuencia que pueden ser comentados por los lectores.

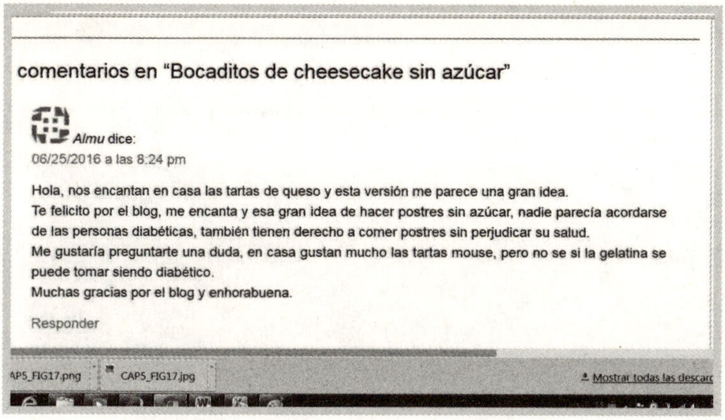

Figura 17. Los comentarios de un blog permiten generar un debate alrededor de sus contenidos, y compartir información entre los diferentes lectores.

Computación en la nube

Este concepto, también denominado solo como **la nube**, se refiere a la posibilidad de ofrecer servicios a través de internet en los que el usuario no necesita ser experto para utilizarlos, como almacenamiento de archivos y suites ofimáticas en línea. Desde estas plataformas también es posible compartir archivos de documentos, audio, imágenes y videos con otros usuarios, sin necesidad de utilizar el correo electrónico para enviarlos.

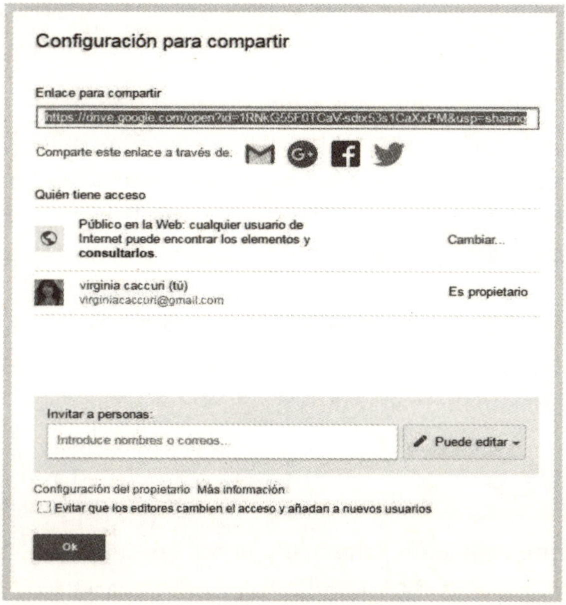

Figura 18. Todos los archivos que creamos o guardamos en Google Drive se pueden compartir a través de las redes sociales o el correo electrónico.

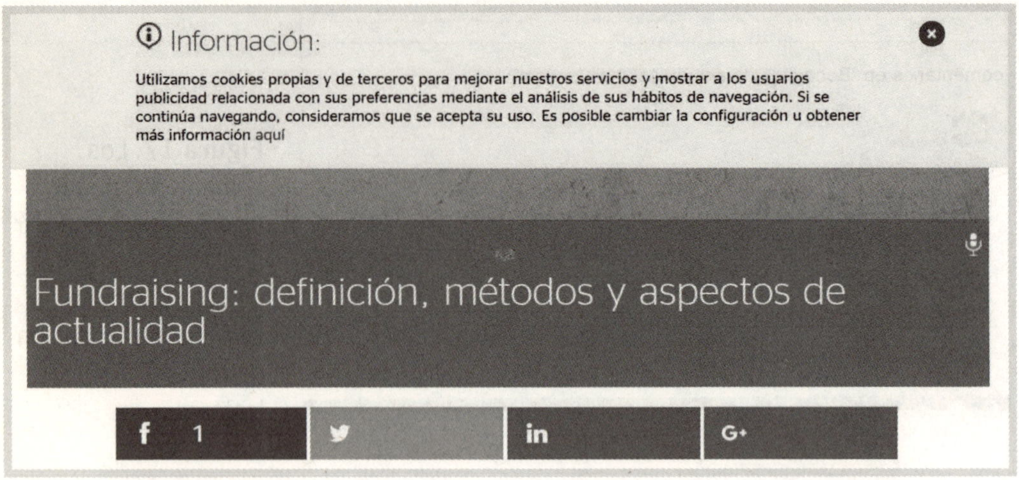

Figura 19. En la mayoría de los sitios web aparece un cartel similar al de la imagen, que advierte que se utilizan cookies propias y de terceros.

Los servicios gratuitos más utilizados son **OneDrive** (**https://onedrive.live.com**) de Microsoft, para utilizarlo es necesaria una cuenta de correo electrónico de **Outlook** o **Hotmail**, y **Google Drive** (**https://drive.google.com**) de Google, donde necesitamos una cuenta de correo electrónico de **Gmail**.

Cookies

El vocablo inglés cookie se traduce como "galletita", pero en internet se utiliza para denominar archivos que crean los sitios web a los que accedemos. Las cookies almacenan la información de navegación, como preferencias para ese sitio web o los datos de nuestro perfil. Existen dos tipos de cookies: las **de origen** que son establecidas por el sitio web que se muestra en la barra de direcciones, y las **de terceros** que proceden de otros sitios web que poseen elementos insertados en la página que visitamos, como anuncios o imágenes. No son virus, aunque pueden ser utilizadas con fines maliciosos.

Streaming

Es una tecnología que permite reproducir música y video en tiempo real desde el servidor web, sin necesidad de descargar ningún archivo

Figura 20. Netflix proporciona, mediante tarifa plana mensual, streaming de películas y series de televisión a demanda por internet.

(es decir, con solo estar conectados). Con **streaming**, podemos ejecutar el contenido de manera directa desde su origen, sin ningún tipo de demora. **Netflix** (**www.netflix.com**) y **Spotify** (**www.spotify.com**) son los dos servicios de streaming más utilizados en todo el mundo para ver películas y series, y escuchar música, respectivamente.

RESUMEN

Internet ha cambiado para siempre las maneras de acceder a la información. En este capítulo, realizamos un recorrido por algunas de sus funciones más destacadas, aprendimos qué es un navegador y un buscador, y algunos trucos para realizar búsquedas sin perdernos en "el mar de la información". Además, descubrimos algunos sitios para tener en cuenta y consejos para navegar más seguros.

ACTIVIDADES

TEST DE AUTOEVALUACIÓN

1 ¿Qué es internet?

2 ¿Cuáles son sus principales características?

3 ¿Qué es un navegador web o de escritorio?

4 ¿Cuáles son las diferencias entre un navegador web y un micronavegador?

5 ¿Qué es un buscador?

6 ¿Cómo podemos optimizar la búsqueda de información en internet?

7 ¿Qué tipos de conversiones podemos realizar directamente desde el cuadro de búsqueda de Google?

8 ¿Cuál es la diferencia entre ingresar la palabra **hora** y la frase **hora Roma**?

9 ¿Cuál es la diferencia entre ingresar la palabra **clima** y la frase **clima Roma**?

10 ¿Qué podemos hacer para disminuir los riesgos y las amenazas que se presentan al navegar por internet?

EJERCICIOS PRÁCTICOS

1 Ingrese a un sitio de internet que le interese. Observe la URL en la barra de direcciones del navegador e interprete la información de la dirección electrónica.

2 En el cuadro de búsqueda o en la barra de direcciones, escriba la palabra **calculadora**. A continuación, realice diferentes tipos de cálculos.

3 Realice un recorrido virtual por alguno de los museos sugeridos.

PROFESOR EN LÍNEA

Si tiene alguna consulta técnica relacionada con el contenido, puede contactarse con nuestros expertos: profesor@redusers.com.

06 El correo electrónico

Actualmente, tener una cuenta de correo electrónico no es solo una opción; casi obligadamente todos debemos tener un correo electrónico para poder usar muchos de los restantes servicios de internet, como acceder a las redes sociales, recibir facturas de servicios o el resumen de la tarjeta de crédito, entre otras múltiples opciones que requieren de su uso.

CUENTAS DE CORREO ELECTRÓNICO

El correo electrónico ha transformado la comunicación postal tradicional, entre otras razones, porque es gratuito e inmediato. Este servicio permite enviar y recibir mensajes de manera instantánea a través de internet, incluyendo texto, imágenes y archivos de todo tipo.

Para usar este servicio necesitamos crear una cuenta en un programa específico para leer y enviar mensajes de correo electrónico. Este tipo de programas se ofrecen bajo dos modalidades: **webmail**, donde los mensajes se envían y reciben a través de una página web diseñada especialmente para ello; y **cliente de correo electrónico**, que es un programa que se instala en la computadora para gestionar los mensajes recibidos y redactar otros nuevos.

Los servicios de webmail más conocidos y utilizados son: **Gmail** de Google y **Outlook** de Microsoft (antes llamado **Hotmail** o **Windows Live**). Por otra parte, el programa cliente de correo electrónico más utilizado es **Outlook**, en su versión de escritorio que viene incluida en el paquete de programas Microsoft Office.

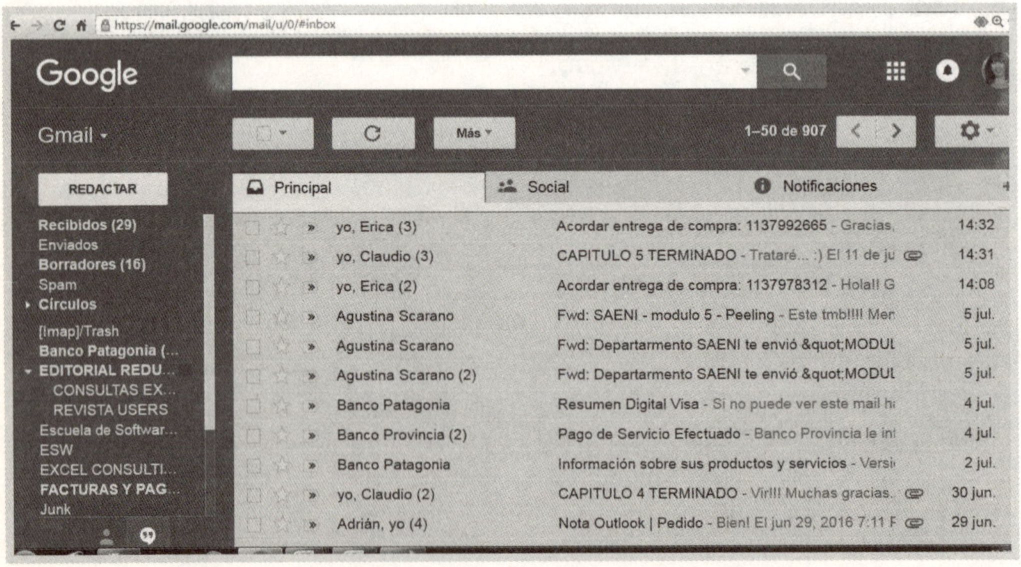

Figura 1. Un servicio de correo web o webmail provee una interfaz web para acceder a nuestra cuenta de correo electrónico.

GMAIL

Gmail (abreviatura de **Google Mail**) es un servicio de webmail gratuito desarrollado por Google para crear cuentas de correo electrónico accesibles desde cualquier dispositivo con conexión a internet. Luego de registrarnos en Gmail, podemos acceder automáticamente también a otros servicios de Google, como la red social **Google+**, **YouTube** y la plataforma de computación en la nube **Google Drive** (donde es posible crear y compartir diferentes tipos de documentos).

PRÁCTICA 19: Crear una cuenta en Gmail

Si aún no tenemos una cuenta de Gmail, ha llegado el momento de realizar el registro necesario para comenzar a utilizar este servicio de correo electrónico. Pero, antes de iniciar el procedimiento, debemos pensar en dos datos importantes: el nombre de usuario y la contraseña.

El nombre de usuario es la identificación de nuestra cuenta, por lo tanto, debemos elegir un nombre que nos represente y sea fácilmente reconocible por nuestros contactos. En este sentido no hay reglas, podemos utilizar el nombre que deseemos (si no está siendo utilizado por otro usuario), pero es conveniente pensar en los posibles destinatarios de nuestros correos. Lo más adecuado es utilizar nuestro nombre y apellido completos, iniciales o bien apodos con los que nos identifiquen (tal vez puede ser incómodo para nuestros hijos o nietos recibir nuestro correo electrónico de una cuenta como **amorcito60**, **tugatitomimoso** o **nefertari**).

¿CÓMO USAN EL E-MAIL LAS PERSONAS MAYORES?

Una investigación realizada por la Universidad Pompeu Fabra de Barcelona estudió el uso del correo electrónico en las personas mayores. Para ello, analizaron por 3 años las prácticas de 400 personas de entre 64 y 80 años. La investigación demostró que las personas mayores utilizan el correo electrónico en dos grupos sociales diferentes: los familiares (pocos e-mails al mes, pero detallados y emocionales) y los amigos (más frecuentes y con información basada en su socialización).

Por ejemplo, si María Leone desea crear su nombre de usuario puede probar con **marialeone**, **leonemaria**, **marial**, **mleone** o **maria.leone**, entre otras combinaciones. En este último caso, es conveniente aclarar que Gmail solo admite letras, números y puntos en los nombres de usuario, a diferencia de otros servicios de webmail que permiten también el uso de guión medio (–) o guión bajo (_). También debemos tener en cuenta que los nombres de usuario en Gmail deben tener una extensión de entre 6 y 30 caracteres.

Con respecto a la contraseña, ya hemos analizado en capítulos anteriores las pautas para crear contraseñas fuertes y seguras, por lo que se recomienda tenerlas en cuenta.

En el siguiente **Paso a paso** aprenderemos a crear una cuenta de Google, que es la que nos permite acceder a su servicio de correo electrónico como punto de partida para la utilización de otros servicios que ofrece esta compañía.

PXP1: CREAR UNA CUENTA DE GOOGLE

01 En la barra de direcciones de su navegador escriba **https://accounts.google.com/SignUp**; complete los datos del formulario que aparece a la derecha de la página y luego haga clic en el botón `Siguiente paso`.

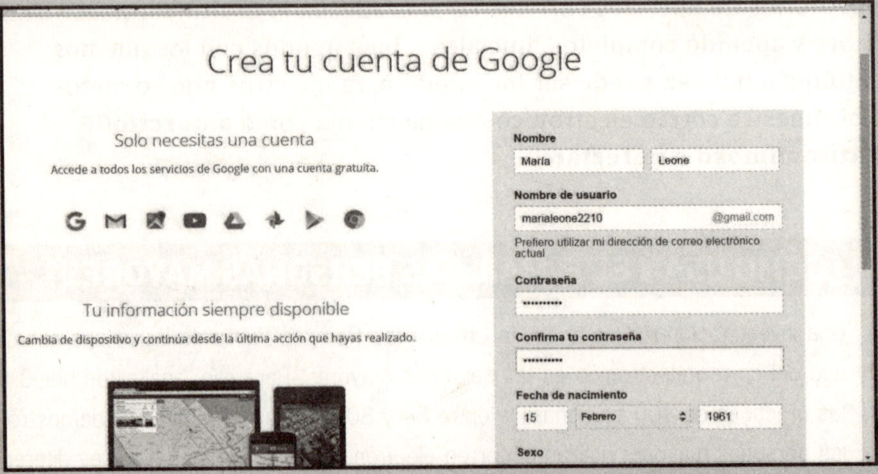

02 Aparecerá la pantalla de **Privacidad y Condiciones**; léalos (recomendado) y luego haga clic en el botón `Acepto`.

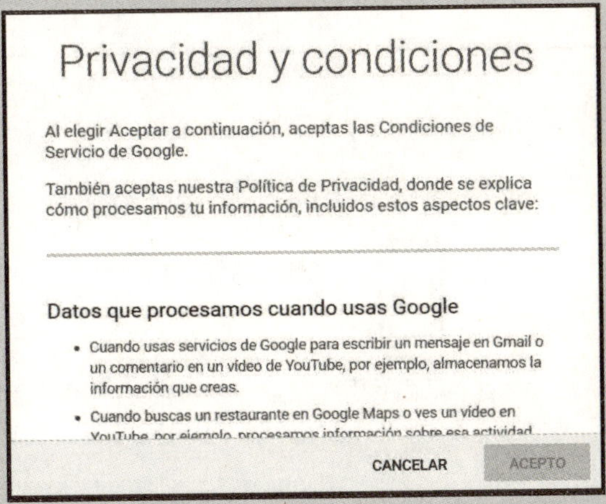

03 En la siguiente pantalla, Google le solicitará que verifique su cuenta ingresando su número de teléfono móvil. Luego de ingresar su número, seleccione la forma en que desea recibir la notificación, tildando la casilla de verificación junto a `Mensaje de texto (SMS)` o `Llamada de voz`. A continuación, haga clic en `Continuar`.

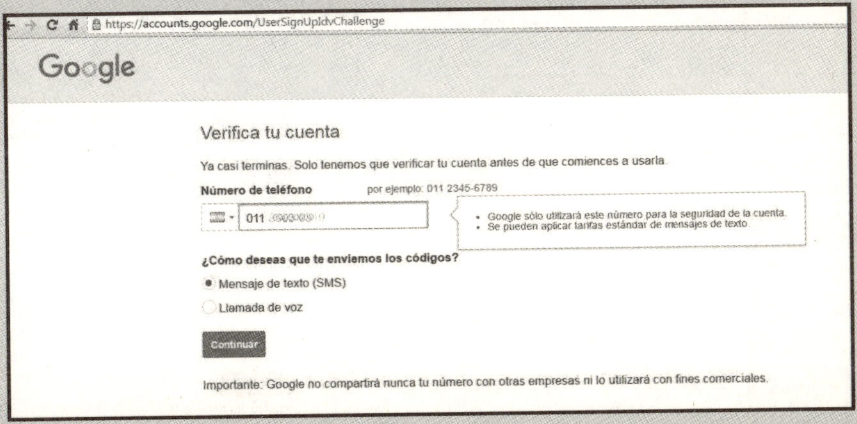

04 En la siguiente pantalla debe escribir el código de verificación proporcionado por Google, que ha recibido según la opción elegida en el paso anterior. Luego de ingresar este código, seleccione el botón `Continuar`.

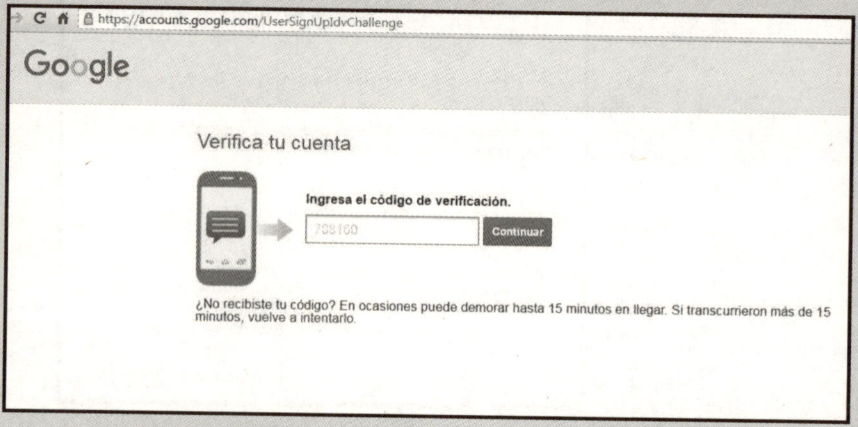

05 Si el proceso de verificación de la cuenta ha sido exitoso, aparecerá la pantalla de bienvenida que muestra su nueva dirección de correo electrónico. Haga clic en el botón `Continuar`.

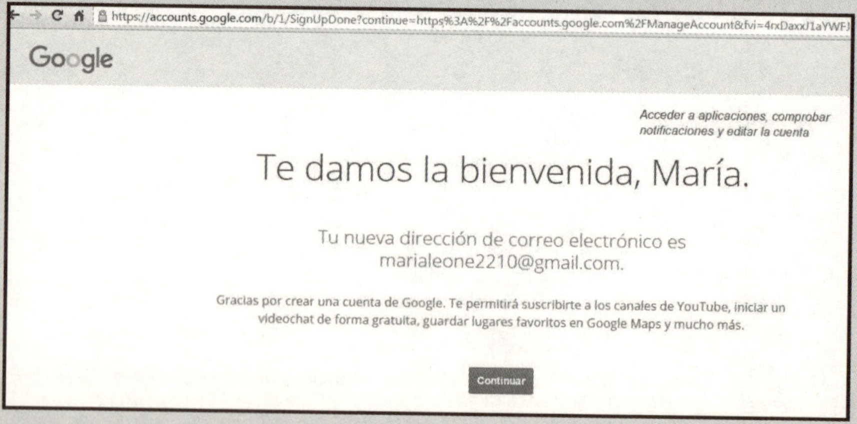

06 En la siguiente pantalla verá diferentes secciones para configurar su cuenta de Google. Para ingresar directamente a su nuevo correo electrónico, en la parte superior derecha de la pantalla haga clic en `Aplicaciones` y, en el menú desplegable, seleccione `Gmail`.

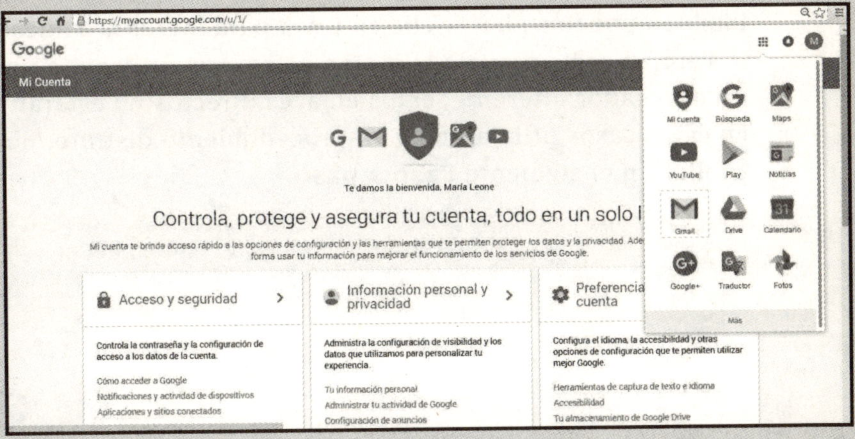

07 Accederá a su cuenta, donde verá tres correos enviados por el equipo de Gmail con orientaciones para comenzar a utilizar este servicio de correo electrónico.

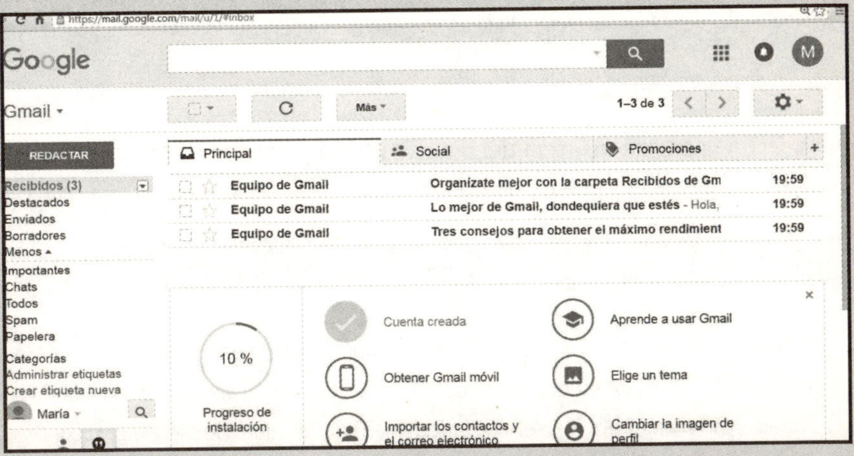

PRÁCTICA 20: Ingresar a Gmail

Cuando creamos una cuenta de Google y utilizamos el navegador Google Chrome, la página principal del buscador Google muestra de forma predeterminada el enlace directo a **Gmail**, que abrirá nuestra cuenta de correo electrónico. A la derecha de este enlace se encuentra el icono **Aplicaciones**, desde este menú desplegable también podemos hacer clic en **Gmail** para ingresar a nuestra cuenta.

Pero, si se ha cerrado la sesión o estamos utilizando un equipo o un navegador diferente, estos enlaces directos no estarán presentes. En estos casos utilizaremos un procedimiento distinto, que se explica en el siguiente **Paso a paso**.

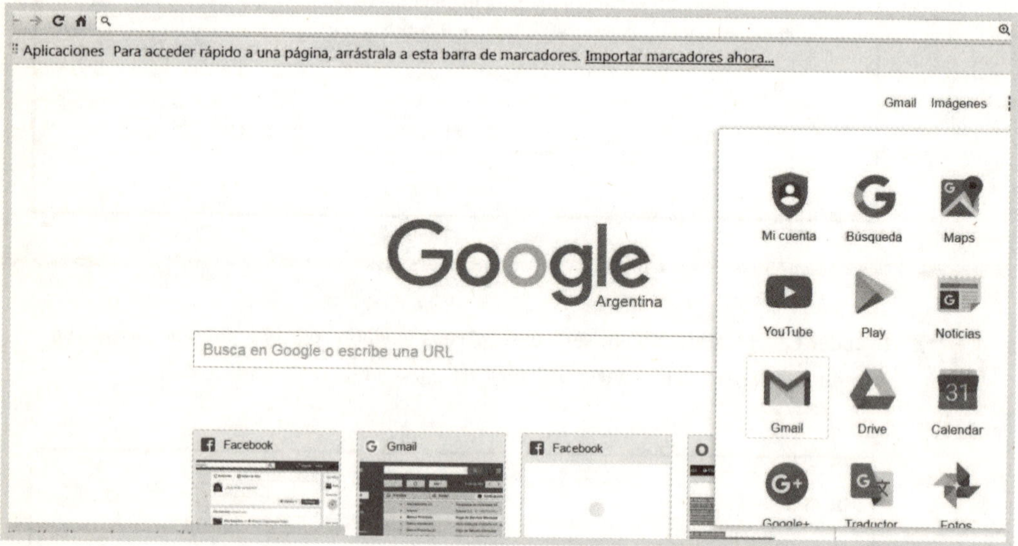

Figura 2. En la página de inicio del buscador Google encontramos dos formas de ingresar directamente a nuestra cuenta de correo electrónico (solo es posible en Google Chrome).

¿QUÉ SIGNIFICA @?

El símbolo @ (arroba), que en inglés se pronuncia **at**, puede traducirse como **en**. Es un elemento fundamental de una dirección de correo electrónico, significa que un usuario determinado está **en** un servidor de correo. Por ejemplo, **virginiacaccuri@gmail.com** indica que la autora de este libro tiene una dirección o está en Gmail.

PXP2: INGRESAR A GMAIL

01 En la barra de direcciones de su navegador escriba **https://accounts.google.com**; en el cuadro de texto escriba su dirección de correo electrónico de Gmail y luego haga clic en el botón `Siguiente`.

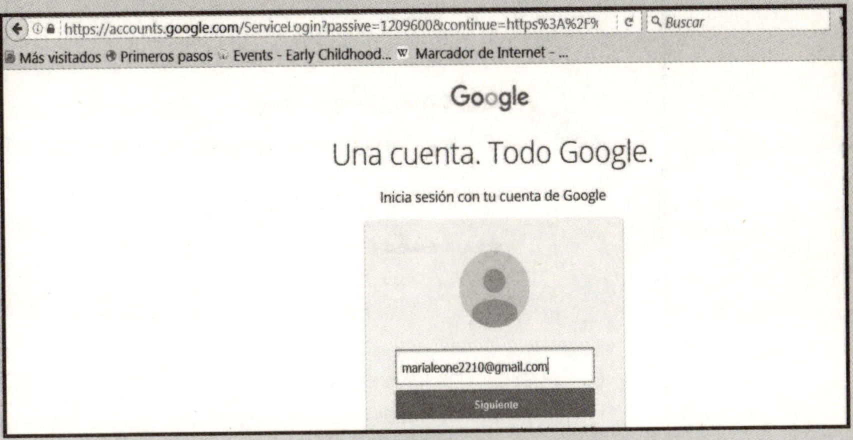

02 En la siguiente pantalla escriba su contraseña. Si está ingresando desde un equipo propio, deje marcada la opción No `cerrar sesión` para ingresar directamente la próxima vez; pero si utiliza un equipo ajeno, es muy recomendable que destilde/desmarque esta opción. Luego haga clic en el botón `Iniciar sesión`.

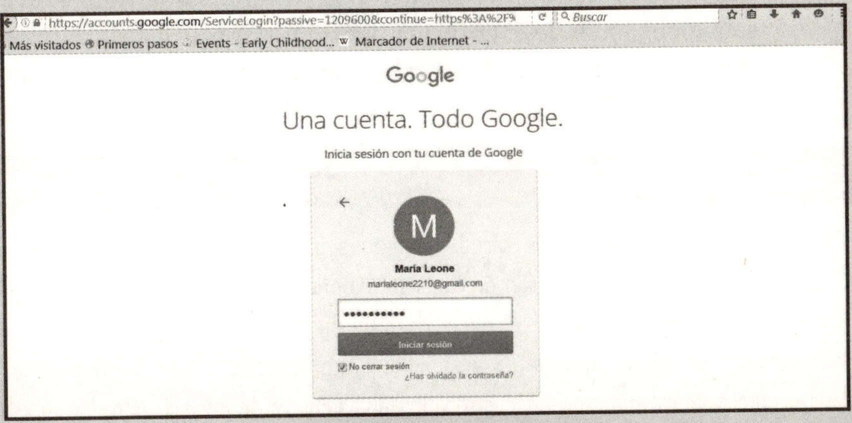

03 Es probable que el navegador muestre una ventana similar a la de la imagen, ofreciéndole recordar su contraseña. Utilice el mismo criterio que en el paso anterior; es decir, si se trata de un equipo propio, elija Recordar.

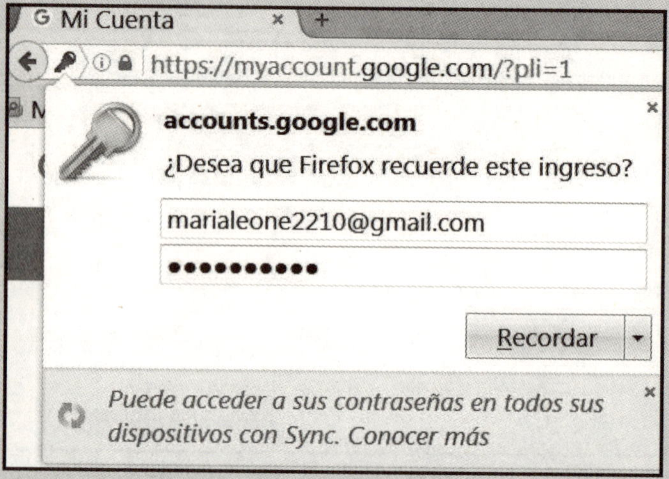

La interfaz de Gmail

Como toda aplicación informática, Gmail tiene una interfaz que debemos conocer para acceder a sus diferentes herramientas y funciones, solo de esta forma podremos aprovecharla al máximo. En la siguiente **Guía Visual** se presentan sus características principales.

GMAIL LABS

Es un servicio de Gmail que ofrece funciones adicionales al correo electrónico. La mayoría de ellas se encuentran en fase de experimentación, y se ponen a disposición de los usuarios para que las prueben. Para usar estas funciones, ingresamos a Gmail, hacemos clic en el icono del engranaje y luego seleccionamos **Configuración**. En la siguiente pantalla hacemos clic en la pestaña **Labs**, y desde allí, podemos explorar y habilitar el uso de diferentes herramientas.

GUÍA VISUAL 1: LA INTERFAZ DE GMAIL

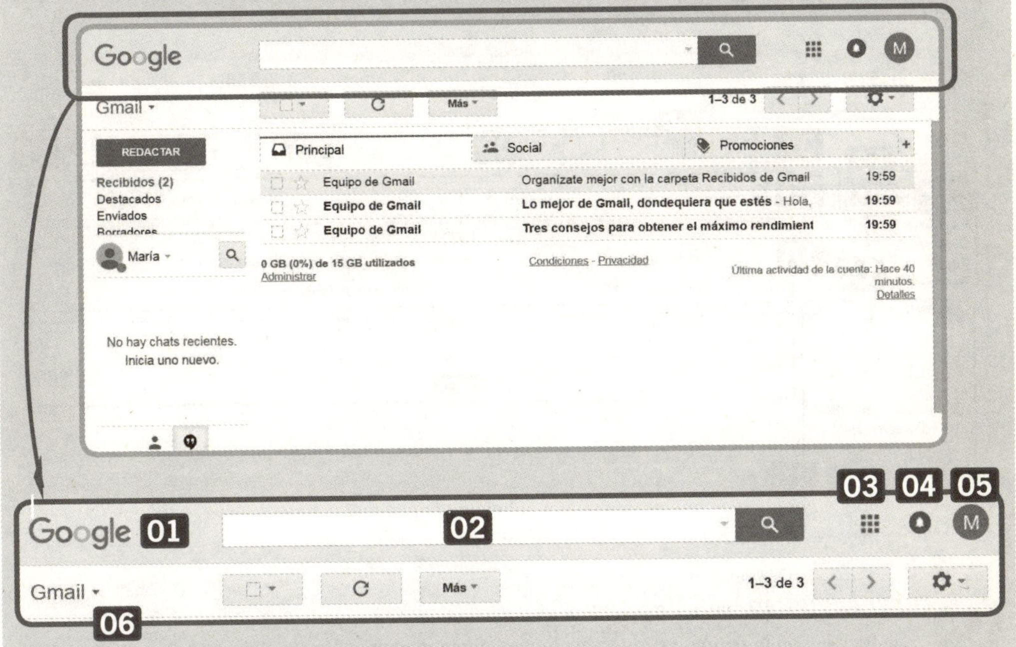

01 **GOOGLE:** El logotipo de Google permite volver a la bandeja de entrada.

02 **CUADRO DE BÚSQUEDA:** permite buscar correos electrónicos utilizando diferentes criterios (por remitente, asunto, palabras clave, etc.). Al hacer clic en la flecha ubicada a la derecha del cuadro se despliega el menú Mostrar **opciones** de búsqueda para configurar diferentes tipos de filtros.

03 **APLICACIONES:** este icono permite acceder a enlaces hacia otros servicios de Google.

04 **NOTIFICACIONES:** muestra las notificaciones que proceden de la red social Google+.

05 **NOMBRE DE USUARIO:** despliega un menú con varias opciones, como configurar la cuenta o cerrar la sesión, entre otras.

06 **GMAIL:** este menú permite acceder a la gestión de contactos y a las tareas.

GUÍA VISUAL 1: LA INTERFAZ DE GMAIL (CONT.)

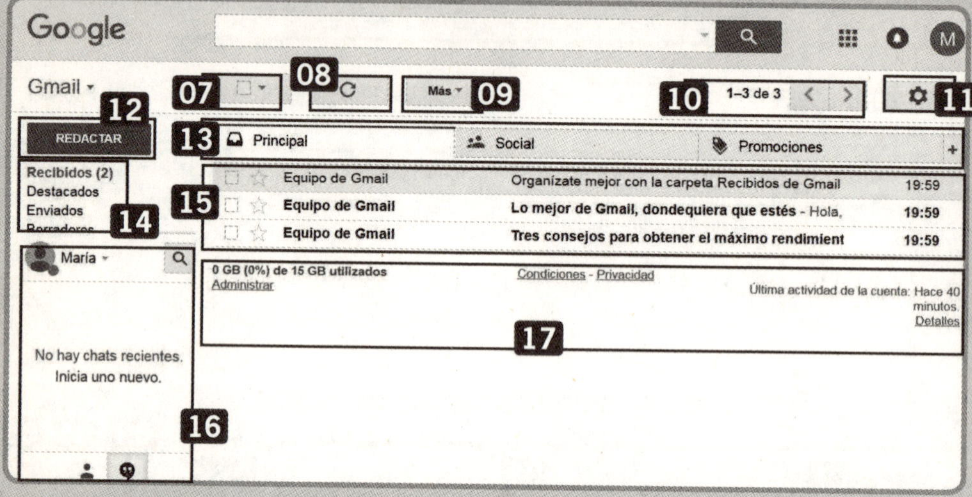

07 **SELECCIONAR:** permite seleccionar varios correos a la vez, atendiendo a distintos criterios, como **Todos**, **Leídos**, **No leídos**, **Destacados**, entre otros.

08 **ACTUALIZAR:** actualiza el contenido de la página (también se puede presionar la tecla **F5**).

09 **MÁS:** si no hay ningún correo seleccionado, este menú nos mostrará la opción denominada **Marcar todo como leído**; si hemos seleccionado uno o varios correos, aparecerán otras opciones para marcar correos.

MENSAJERÍA MEDIANTE HANGOUTS

Hangouts es una aplicación de mensajería instantánea desarrollada por Google. Permite mantener conversaciones entre dos o más usuarios y realizar videollamadas con hasta 15 personas en web y 10 personas desde un dispositivo móvil. Para acceder a esta aplicación desde Gmail hacemos clic en el icono de **Hangouts** que aparece en la parte inferior del panel de chat, o en el icono **Aplicaciones** (y en el menú desplegable seleccionar **Hangouts**).

▶

10 **CONTADOR:** se encarga de mostrar la cantidad de correos que se muestran por página y la cantidad total de correos recibidos. Las flechas de desplazamiento permiten ver el subconjunto anterior o siguiente.

11 **CONFIGURACIÓN:** esta opción nos permite cambiar el modo de visualización del contenido de la página, acceder a las opciones de configuración, cambiar el diseño (Temas) y acceder a la ayuda.

12 **REDACTAR:** se tata de una de las opciones que más utilizaremos, pues abre la ventana de redacción de un nuevo correo.

13 **PESTAÑAS:** permiten organizar los correos por categorías, se pueden personalizar haciendo clic en el signo + que aparece a la derecha de las pestañas predeterminadas. Solo están disponibles si en el panel izquierdo está seleccionada la etiqueta **Recibidos**.

14 **ETIQUETAS:** permite seleccionar los correos por mostrar en el panel central. Por ejemplo, solo recibidos, solo enviados o spam, entre otras. Las primeras etiquetas de esta lista son predeterminadas por Gmail, pero cada usuario puede crear nuevas etiquetas para clasificar los correos con otros criterios.

15 **PANEL CENTRAL:** muestra los correos correspondientes a la etiqueta seleccionada en el panel izquierdo, en orden cronológico inverso y, en el caso de correos recibidos o enviados, agrupados por conversaciones. De cada correo se muestra el remitente, el asunto y la fecha, además de marcadores ubicados a la izquierda para seleccionarlo, marcarlo como destacado o como importante.

16 **CHAT:** permite contactar con otros usuarios y conversar con ellos en directo a través de una aplicación de Google denominada Hangouts.

17 **BLOQUE DE INFORMACIÓN:** muestra el porcentaje del espacio utilizado sobre el total, así como enlaces a las condiciones del servicio y a la información sobre la actividad realizada en la cuenta.

Administrar el correo electrónico

Cuando seleccionamos uno o varios mensajes –haciendo clic en la casilla de verificación que aparece junto a cada correo– se habilita una barra de herramientas desde la cual podemos realizar diferentes acciones, que se analizan en la siguiente **Guía Visual**.

GUÍA VISUAL 2: BARRA DE OPCIONES DE GMAIL

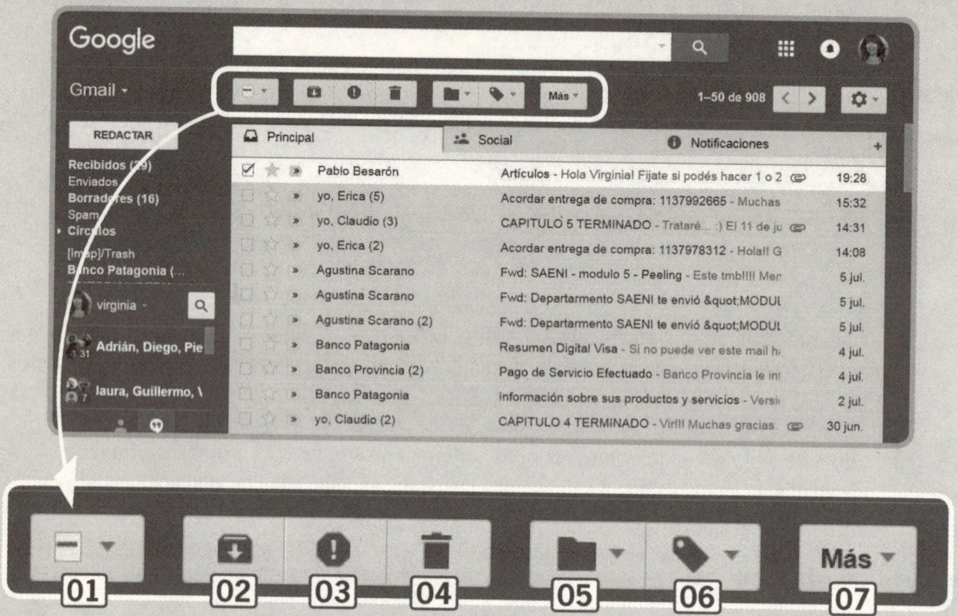

01 **SELECCIONAR:** permite seleccionar varios correos a la vez, atendiendo a distintos criterios, como **Todos**, **Leídos**, **No leídos**, **Destacados**, entre otros.

02 **ARCHIVAR:** los mensajes seleccionados desaparecen de la bandeja de entrada, pero no de la cuenta. Podemos recuperarlos utilizando el cuadro de búsqueda o desplazándonos por el panel izquierdo hasta localizar la opción **Más,** y luego **Todos**.

03 **MARCAR COMO SPAM:** Gmail marca automáticamente como spam los mensajes que considera sospechosos, y los envía directamente a la carpeta **Spam** que se encuentra en el panel lateral. Pero, si recibimos un mensaje en cualquiera de las tres pestañas que se le ha pasado por alto a Gmail y lo consideramos spam, podemos usar esta opción para marcarlo como tal. Se indica a Gmail que ese mensaje es considerado correo no deseado. Esta acción enviará el mensaje a la carpeta **Spam** y lo eliminará de **Recibidos**. Si marcamos como spam varios mensajes del mismo remitente, Gmail enviará automáticamente los mensajes de ese remitente a la carpeta **Spam**.

04 **ELIMINAR:** envía los mensajes seleccionados a la **Papelera**, donde quedarán archivados por 30 días. Pasado ese lapso, se eliminarán de forma definitiva.

▶

▶

05 **MOVER A:** se trata de una opción que mueve los mensajes seleccionados a una carpeta diferente, que se elige desde este menú desplegable.

06 **ETIQUETAS:** desde este menú podemos marcar los mensajes seleccionados con una etiqueta creada por el usuario o utilizar alguna de las pestañas de Gmail. Una vez que ha sido asignada la etiqueta a un mensaje, si hacemos clic en la opción **Archivar**, el mensaje se guardará en esa etiqueta.

07 **MÁS:** esta alternativa nos permite marcar los correos seleccionados como irrelevantes, leídos o destacados, entre otras opciones.

Leer correos

Cuando recibimos un correo electrónico, aparecerá en la etiqueta **Recibidos**. Antes de abrirlo ya podemos obtener información sobre el remitente, el asunto, la fecha y la hora en la que fue enviado y si tiene archivos adjuntos, identificados con el icono de un clip, que aparece a la derecha de la línea del asunto del correo recibido.

También podemos ver unos indicadores a la izquierda que nos permiten seleccionarlo, marcarlo como destacado o como importante. Para destacar un mensaje de correo, hacemos clic sobre la estrella y veremos que cambia su color; si continuamos haciendo clic, tomará diferentes colores. Esta codificación nos permite localizar visualmente los correos que nos interesan. Junto a la estrella aparece el indicador **Marcar como importante**, que es otra forma de destacar correos.

CAMBIAR LA APARIENCIA DE GMAIL

Desde Gmail podemos modificar la apariencia clásica de nuestra cuenta de correo electrónico. Para ello, hacemos clic en el icono del engranaje y luego seleccionamos **Configuración**. En la siguiente pantalla, pulsamos clic en la pestaña **Temas**, y luego en **Fijar un tema**. Se abrirá una ventana que nos permite escoger diferentes fondos con imágenes o combinaciones de colores para adaptar la vista de nuestro correo electrónico a nuestro gusto.

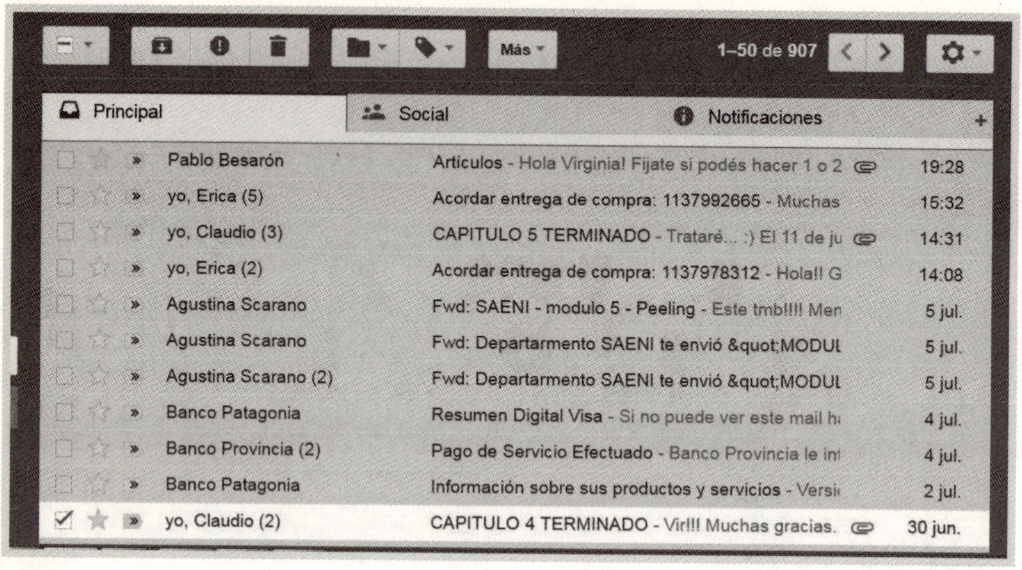

Figura 3. Cuando vemos un indicador amarillo junto a un mensaje recibido, significa que Gmail lo ha clasificado como **Importante**, porque fue escrito directamente a nuestra dirección o proviene de un remitente frecuente.

Para leer el contenido de un correo, solo debemos hacer clic sobre el remitente o sobre la línea del asunto. Por encima del panel del mensaje veremos la barra de opciones para archivarlo, marcarlo como spam, eliminarlo o aplicarle una etiqueta diferente.

CERRAR SESIÓN DE GMAIL

Es recomendable no dejar abierta nuestra cuenta de correo electrónico, especialmente si utilizamos una computadora o un dispositivo móvil ajeno. Para cerrar la sesión desde un navegador web, hacemos clic en nuestro nombre de usuario y, en el menú desplegable, pulsamos clic en **Cerrar sesión**. Pero, si no recordamos si quedó alguna sesión abierta en otro dispositivo, vamos a la parte inferior del panel central y hacemos clic en **Información detallada**, donde veremos toda la actividad de la cuenta, con hora, fecha y lugar. Haciendo clic en **Cerrar todas las demás sesiones abiertas en la web**, podemos cerrar la sesión en cualquier dispositivo.

PRÁCTICA 21: Responder correos

Para responder un correo electrónico es necesario abrirlo. Una vez hecho esto, veremos que a la derecha del remitente y de la fecha y hora de envío, aparece una flecha hacia la izquierda que habilita un espacio para escribir un mensaje de respuesta al remitente. El siguiente **Paso a paso** muestra este sencillo procedimiento.

PXP3: RESPONDER UN CORREO EN GMAIL

01 Abra el correo electrónico que desea responder. En la parte superior derecha, haga clic en la flecha Responder.

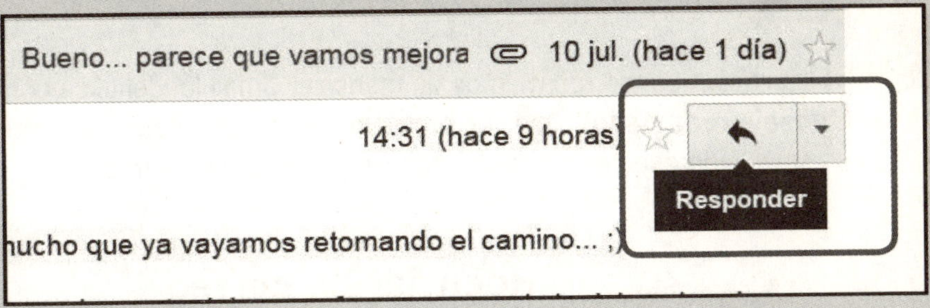

02 Escriba su respuesta y luego haga clic en el botón Enviar.

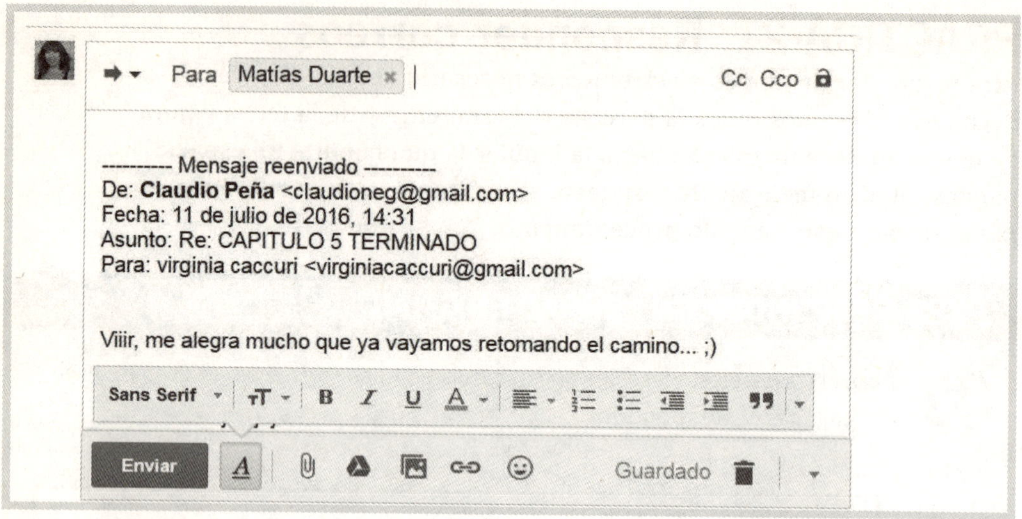

Figura 4. Cuando reenviamos un mensaje, Gmail lo identifica como **Mensaje reenviado**, para que el nuevo destinatario conozca el origen de ese correo que no fue originado por nosotros.

Reenviar un correo electrónico es una tarea común que Gmail nos permite completar en unos pocos pasos.

Reenviar un correo

En algunas ocasiones deseamos enviar el mismo mensaje que recibimos (o con algunos agregados) a otras personas. Para ello, abrimos el correo, hacemos clic en el indicador **Más** que aparece junto a la flecha **Responder**, y en el menú desplegable seleccionamos **Reenviar**. En el campo **Para** escribimos el nombre del nuevo destinatario. Si no deseamos modificar su contenido, hacemos clic directamente en **Enviar**, o agregamos texto antes de hacer clic en este botón.

Redactar correos

Para redactar un mensaje de correo electrónico, en el panel izquierdo debemos hacer clic en la opción **Redactar** y aparecerá la ventana **Mensaje nuevo** para que podamos crearlo. Para ello, es necesario conocer los principales elementos de esta ventana, que se exponen en la siguiente **Guía Visual**.

GUÍA VISUAL 3: REDACTAR UN CORREO EN GMAIL

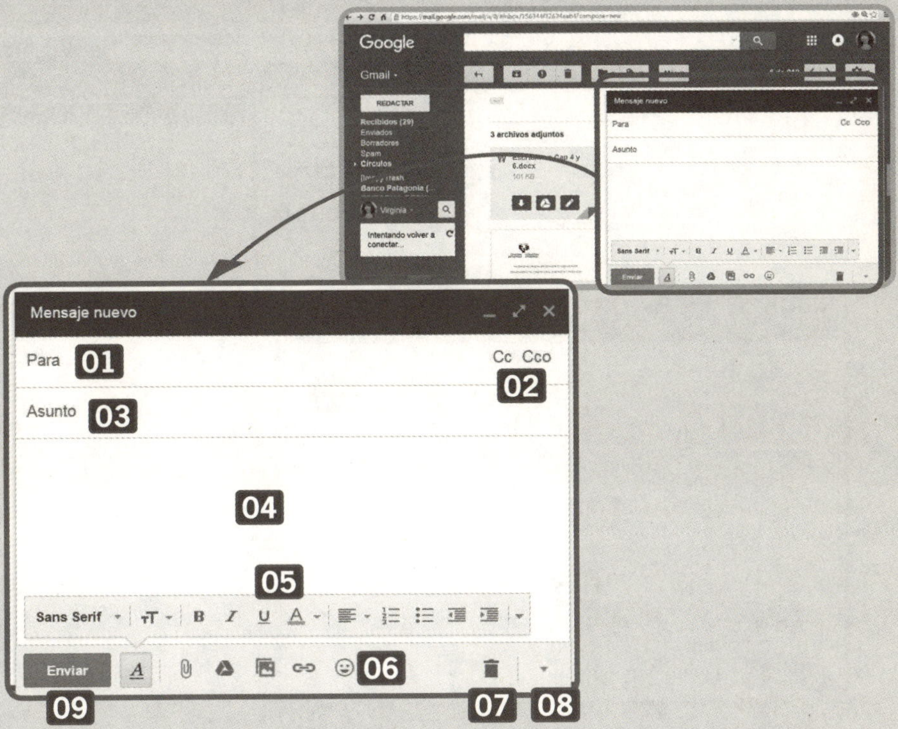

01 **PARA:** en este campo se escribe el nombre o la dirección de correo electrónico del destinatario. También es posible escribir varias direcciones diferentes para enviar el mismo correo a distintos destinatarios

02 **CC Y CCO:** al hacer clic en estos enlaces, se puede enviar una copia del mensaje a otro u otros destinatarios. **CC**, cuyo significado es 'Con Copia', cumple la misma función que escribir varias direcciones en el campo **Para**. Todos los destinatarios pueden ver a quién se ha enviado el mensaje. **CCO**, 'Con Copia Oculta', también permite enviar el mismo mensaje a diferentes destinatarios, pero ninguno de ellos puede ver a quién más ha sido enviado el mensaje.

03 **ASUNTO:** campo para escribir el tema del correo. Es lo que ve el destinatario en su bandeja de entrada. Puede estar en blanco, aunque es recomendable redactar un asunto para anticipar el contenido.

04 **CUERPO DEL MENSAJE:** aquí se escribe el contenido, pero también se pueden agregar imágenes, emoticonos y adjuntar archivos.

GUÍA VISUAL 3: REDACTAR UN CORREO EN GMAIL (CONT.)

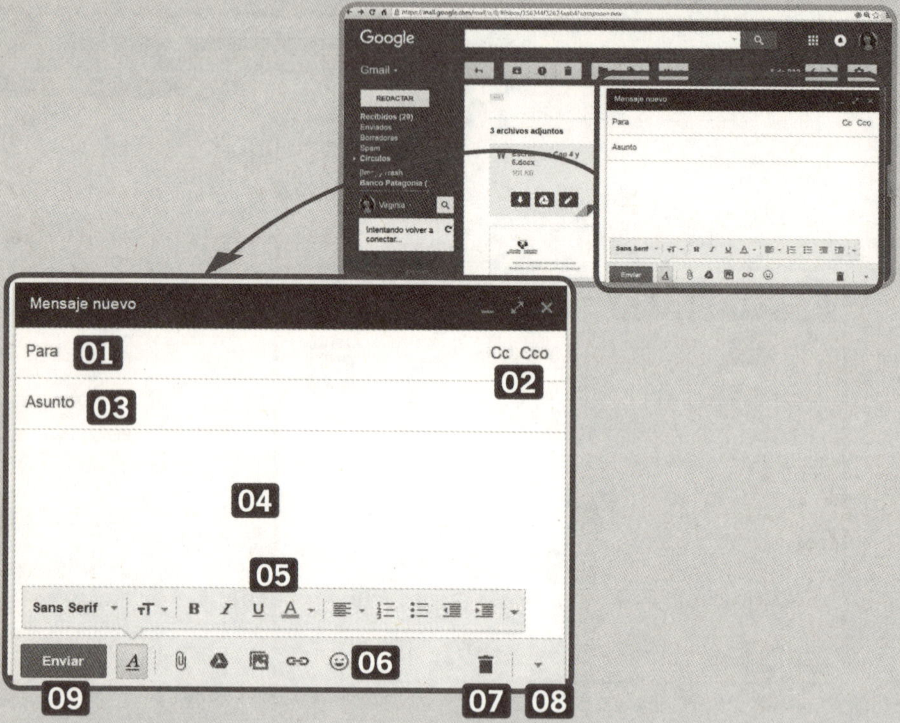

05 **BARRA DE FORMATO:** esta sección incluye diferentes herramientas para aplicar formato al texto, como cambiar el tipo, el tamaño y el color de la letra, aplicar negrita, cursiva y subrayado, cambiar la alineación de los párrafos y crear listas numeradas o con viñetas.

06 **BARRA DE ADJUNTOS:** desde esta barra se pueden adjuntar archivos desde el equipo o desde Google Drive, imágenes y emoticonos.

07 **DESCARTAR BORRADOR:** Gmail guarda automáticamente una versión en borrador del mensaje que se está redactando. Desde este icono podemos eliminar el borrador.

08 **MÁS OPCIONES:** desde este menú desplegable se accede a otras opciones, como ver la ventana de mensaje en pantalla completa o corregir la ortografía, entre otras.

09 **ENVIAR:** desde este botón se envía el correo al o los destinatarios.

CORREO ELECTRÓNICO EN DISPOSITIVOS MÓVILES

Los dispositivos móviles también nos permiten enviar y recibir correos electrónicos, sin necesidad de utilizar una computadora. Al usar un dispositivo con sistema **Android**, se facilita la sincronización de nuestra cuenta de Gmail en todos nuestros equipos. Aunque también, como cualquier móvil, tiene incluida la aplicación **Correo** que nos permite agregar cuentas de otros servicios, como por ejemplo, Outlook.

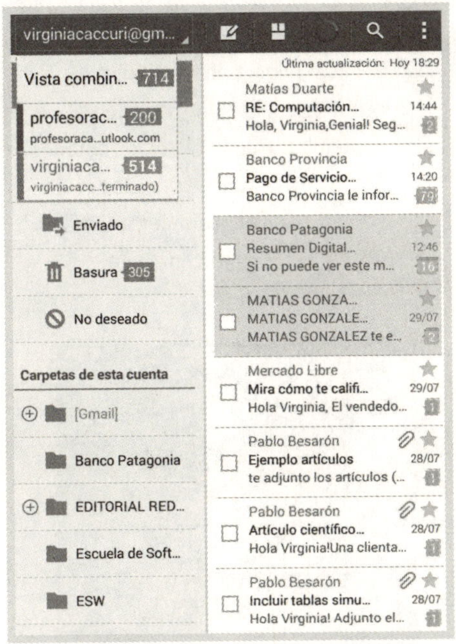

Figura 5. Desde la aplicación **Correo** de un dispositivo móvil, es posible acceder desde un solo lugar a los correos electrónicos de diferentes cuentas.

¿SABÍAS QUE PODEMOS USAR GMAIL TAMBIÉN COMO AGENDA?

Desde la versión web de Gmail podemos entrar en una aplicación que permite crear una lista de actividades pendientes. Para ello, accedemos a Gmail; en la parte superior del panel izquierdo, hacemos clic en el menú desplegable **Gmail** y seleccionamos **Tareas**. Se abrirá la ventana de tareas. Para comenzar a crear una lista, solo debemos escribir y presionar la tecla **ENTER** para agregar más tareas.

PRÁCTICA 22: Leer un correo en un dispositivo móvil

Para ver desde un dispositivo móvil el correo recibido, tenemos que ingresar a la aplicación **Correo**, o a **Gmail**, que en los equipos Android suele encontrarse dentro del conjunto de aplicaciones **Google**. Pero en el siguiente **Paso a paso** aprenderemos a hacerlo desde que recibimos la notificación de un nuevo correo en nuestro Smartphone o tablet.

PXP4: ABRIR UN CORREO EN UN DISPOSITIVO MÓVIL

01 Al recibir un nuevo correo electrónico, verá el icono de Gmail en la barra de notificaciones de su dispositivo, ubicada en la parte superior de la pantalla.

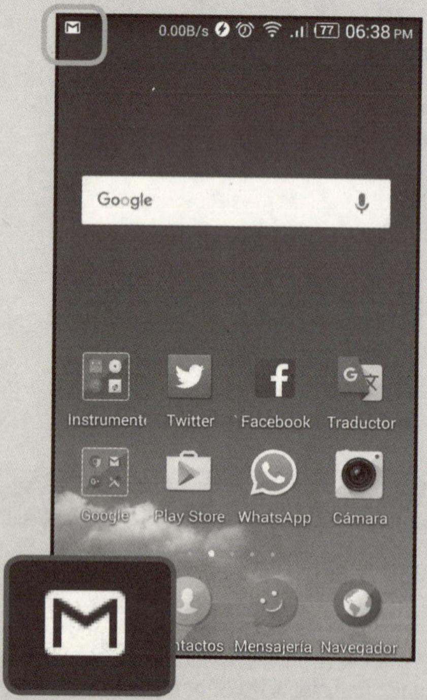

02 Coloque el dedo sobre esta barra y deslícela hacia abajo. Verá el remitente, el asunto y parte del contenido. Puede tocar los botones `Archivar` o `Responder`. Para verlo a pantalla completa, también puede tocar en el centro del extracto del mensaje.

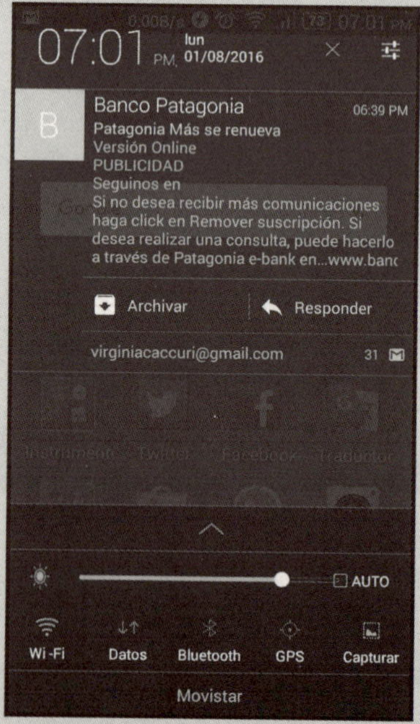

03 Se abrirá el correo completo en Gmail. Desde los iconos de la barra superior puede archivarlo o eliminarlo. Para responder, toque la flecha hacia la izquierda que se encuentra a la derecha del remitente, o haga clic en los tres puntos verticales para acceder a otras opciones, como `Reenviar`, `Destacar` o `Bloquear al remitente`.

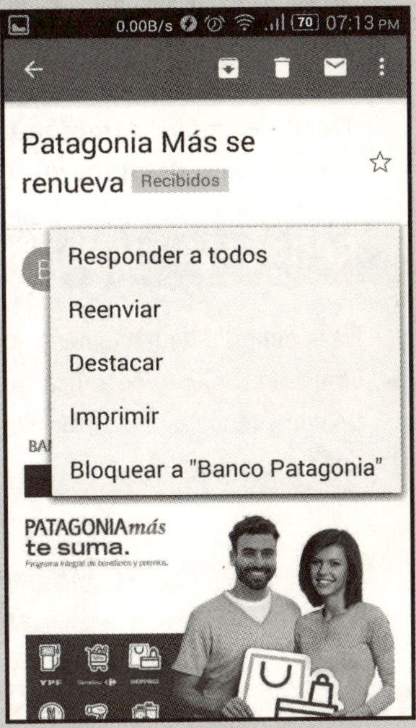

PRÁCTICA 23: Redactar un correo en un dispositivo móvil

Desde el móvil también podemos redactar correos electrónicos, como veremos en el siguiente **Paso a paso**.

PXP5: REDACTAR UN CORREO EN UN DISPOSITIVO MÓVIL

01 En la pantalla de inicio de su móvil busque el conjunto de aplicaciones Google y tóquelo para abrirlo. Luego, toque `Gmail`.

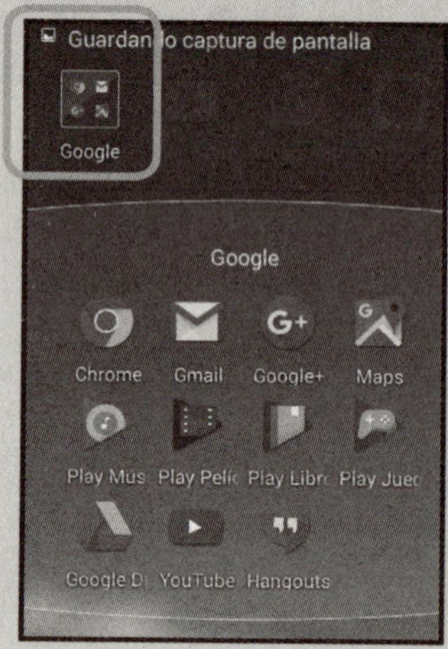

02 Ingresará a la página principal de Gmail. Toque el icono de un lápiz que aparece en la parte inferior derecha de la pantalla

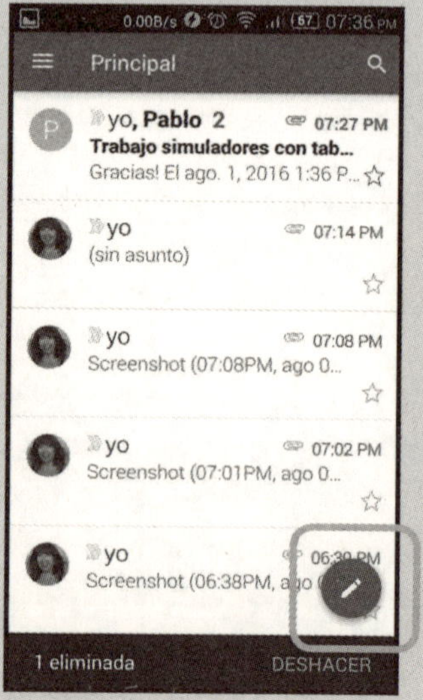

03 Se abrirá la ventana para redactar un nuevo correo. Complete los campos `Para`, `Asunto` y el cuerpo del mensaje. Para adjuntar un archivo, toque el icono del clip que aparece en la barra superior. Para enviar el correo, toque la flecha hacia la derecha que aparece junto al icono del clip.

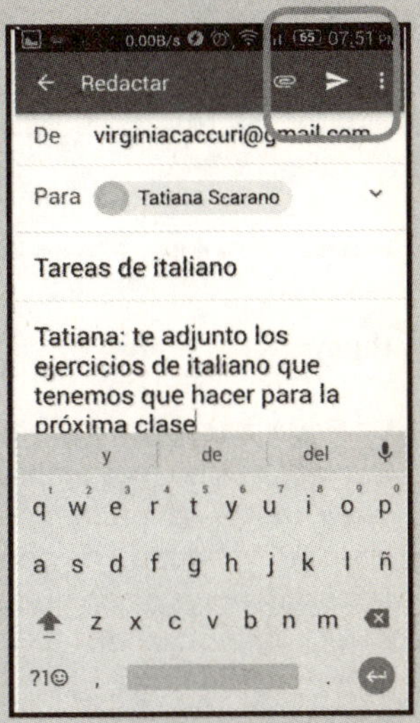

SEGURIDAD EN EL CORREO ELECTRÓNICO

El correo electrónico también puede ser vulnerable a diferentes tipos de amenazas. Mensajes en cadena, correos electrónicos no deseados, estafas, así como mecanismos de infección a través de enlaces maliciosos o por medio de archivos adjuntos son solo algunos ejemplos que ponen en evidencia la importancia de adoptar buenas prácticas de seguridad también cuando usamos este medio de comunicación.

Hoax

Los hoax son noticias falsas propagadas principalmente por correo electrónico (aunque también son muy frecuentes en WhatsApp), que se distribuyen en cadena, con temáticas impactantes o sensacionalistas que aparentan provenir de una fuente confiable, y el mismo mensaje solicita ser reenviado. Algunos son solo molestos ("si cortas esta cadena algo terrible sucederá en los próximos minutos"), pero otros pueden ser una

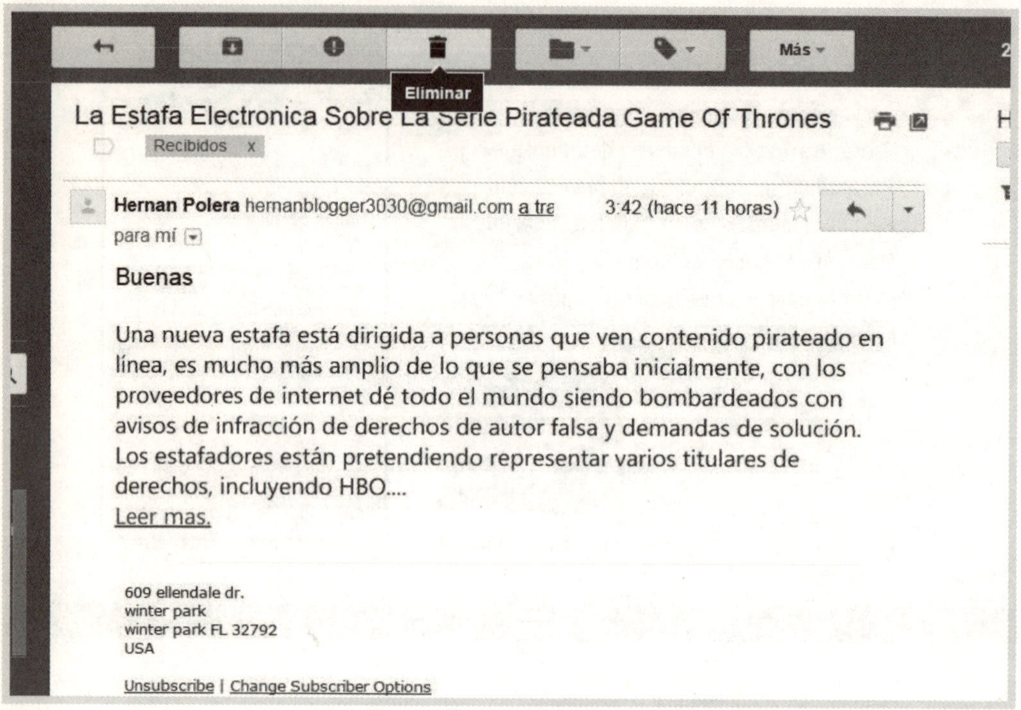

Figura 6. Cuando recibimos un correo electrónico de un remitente desconocido, y muy especialmente si contiene enlaces en el cuerpo del mensaje, debemos eliminarlo inmediatamente.

verdadera amenaza a la seguridad, porque contienen enlaces a sitios maliciosos o buscan robar datos. Por esta razón hay que ignorarlos y eliminarlos de inmediato.

Spam

Se denomina spam al correo electrónico no solicitado, enviado masivamente por parte de un tercero. También se denomina **correo no deseado** o **correo basura**. Generalmente es utilizado para enviar publicidad. Se lo considera un riesgo porque puede incluir contenidos dañinos, además de la molestia que causa al usuario recibir publicidad no deseada.

La principal barrera de protección son las herramientas antispam, que poseen todos los servicios de webmail.

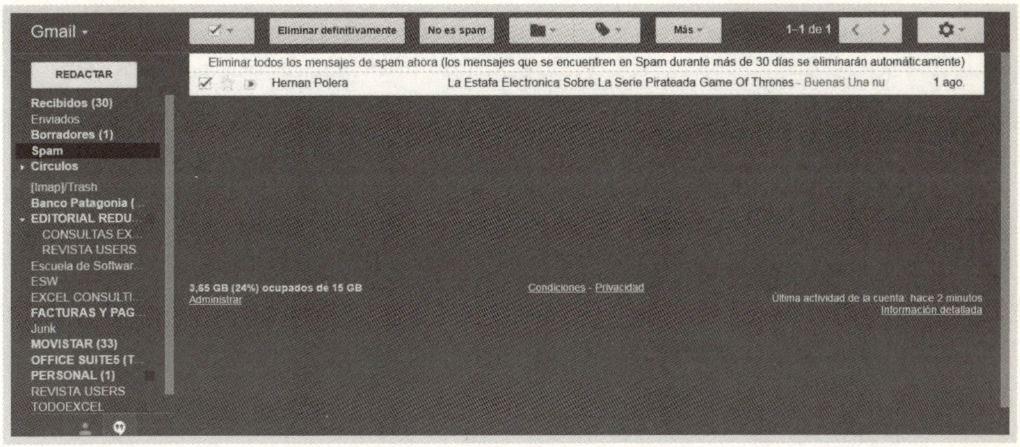

Figura 7. Gmail guarda automáticamente como spam todos los correos sospechosos y los elimina luego de 30 días.

Phishing

El phishing consiste en el robo de nuestros datos personales o financieros, a través de la falsificación de un remitente de confianza. De esta forma, consigue que ingresemos información creyendo que se trata de un sitio de confianza cuando, en realidad, está siendo enviada directamente a un atacante. Por lo general, el ataque comienza con el envío de un correo electrónico que aparentemente proviene de una organización de confianza, como por ejemplo un banco o una reconocida empresa.

Este tipo de correos es difícil de distinguir, porque copian el remitente y hasta el logotipo de otras organizaciones. Sin embargo, hay

BÚSQUEDAS AVANZADAS DE CORREOS

El buscador de Gmail es una gran ayuda para localizar rápidamente un correo electrónico. Con solo escribir algunas palabras relacionadas con el correo que estamos intentando encontrar, Gmail nos devolverá un listado de coincidencias. Pero, si queremos optimizar los resultados, hacemos clic en la flecha que se encuentra a la derecha del cuadro de búsqueda, para ingresar en qué carpeta se debe buscar, quién lo envió o a quién se lo enviamos, por asunto o si contiene o no contiene determinadas palabras.

Debemos ser muy cuidadosos pues todos somos potenciales víctimas de un ataque de phishing.

dos elementos clave: en primer lugar, nos invitan a reingresar una información que ese remitente ya debería tener (como nuestro nombre de usuario o contraseña) y casi siempre incluyen un enlace para ingresar la información solicitada.

Todos somos potenciales víctimas de estos ataques. Por ello, debemos evitar entrar en los enlaces incluidos en los correos electrónicos y muy especialmente, corroborar la legitimidad de un correo que solicite información confidencial, estableciendo contacto telefónico con la entidad.

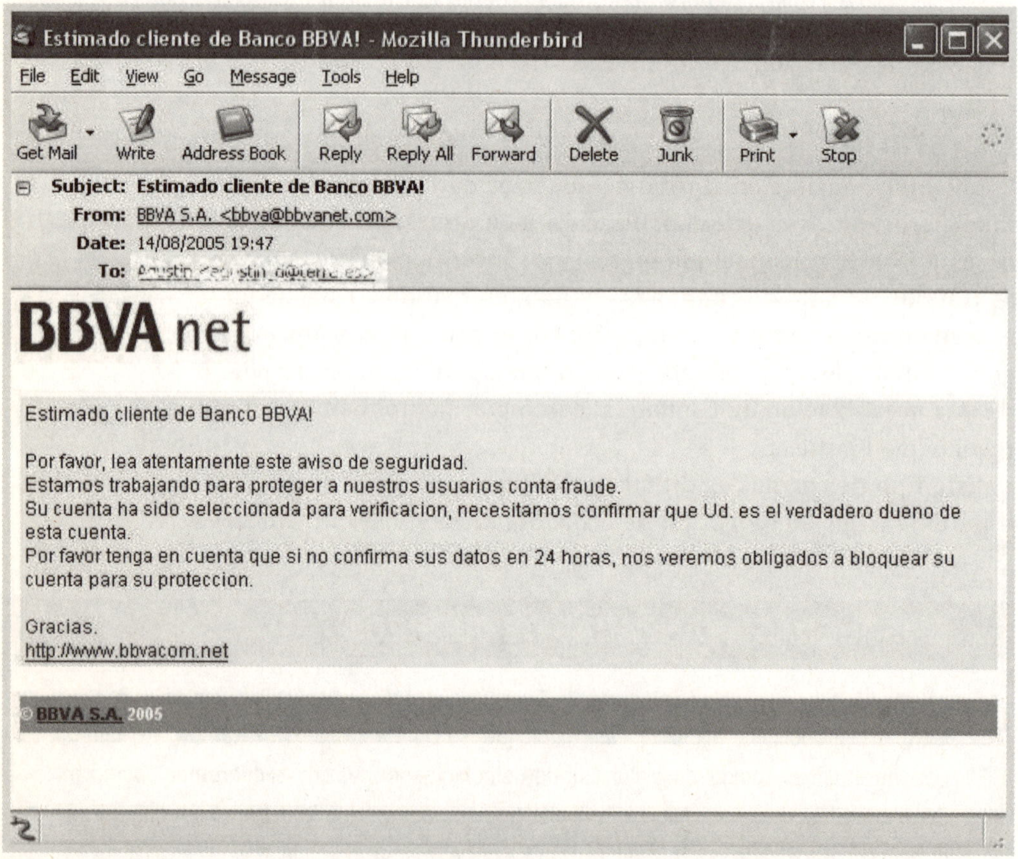

Figura 8. Siempre debemos desconfiar de cualquier correo que tenga estas características y corroborar por otros medios su veracidad.

10 consejos de seguridad

Si bien no existe la seguridad absoluta, es recomendable tener en cuenta estos consejos e incorporarlos como buenas prácticas en el uso del correo electrónico.

1. No reenviar un e-mail en cadena: sin importar su contenido, esta clase de mensajes suelen estar relacionados con algún tipo de engaño. Y además son molestos.

2. No abrir archivos adjuntos de remitentes desconocidos: pueden contener virus.

3. No responder spam: porque al hacerlo, estamos confirmando que nuestra cuenta de correo se encuentra activa y en consecuencia, seguiremos recibiendo este tipo de mensajes.

4. Evitar operaciones privadas en redes públicas: esta situación se complica cuando nos encontramos de vacaciones y tenemos que realizar operaciones bancarias desde la red abierta de un hotel o un aeropuerto. Lo más aconsejable en estos casos es usar medios alternativos, como servidores VPN, o acceder solo a sitios con protocolo https.

5. Recordar que los bancos nunca piden información por correo electrónico: las entidades bancarias utilizan muchos sistemas para garantizar la seguridad de sus clientes, y la información confidencial se maneja por otros medios.

NOTIFICACIONES DE ESCRITORIO

En la versión web de Gmail no es necesario entrar a nuestra cuenta para verificar si hemos recibido un nuevo correo, porque podemos habilitar las notificaciones de escritorio. Para ello, hacemos clic en el icono con forma de engranaje ubicado en la esquina superior derecha y seleccionamos la opción **Configuración**. Luego, desde la pestaña **General**, tildamos una de las siguientes opciones: **Habilitar notificaciones de correo nuevo**, **Habilitar notificaciones de correos importantes** o **Inhabilitar notificaciones de correo**.

6. Cambiar periódicamente la contraseña: esto ayuda a que no rastreen nuestra contraseña y, si alguien pudo obtenerla, no podrá acceder a nuestra cuenta de correo electrónico.

7. Cerrar sesión al finalizar: especialmente si no estamos utilizando equipos propios.

8. Evitar abrir correos desconocidos o sospechosos: aunque tengamos que aguantar nuestra curiosidad, es preferible eliminar este tipo de correos sin abrirlos.

9. Desactivar la vista previa de imágenes y contenido: la mayoría de los servicios de webmail tienen desactivada esta función de forma predeterminada. Gmail pregunta si deseamos mostrar las imágenes; solo debemos hacer clic en este enlace si estamos seguros de la procedencia del correo.

10. Usar CCO: si enviamos un mismo mensaje a distintos destinatarios que no se conocen entre sí, una buena práctica es utilizar la opción con copia oculta, para que ninguno de ellos pueda ver las direcciones de correo de los demás.

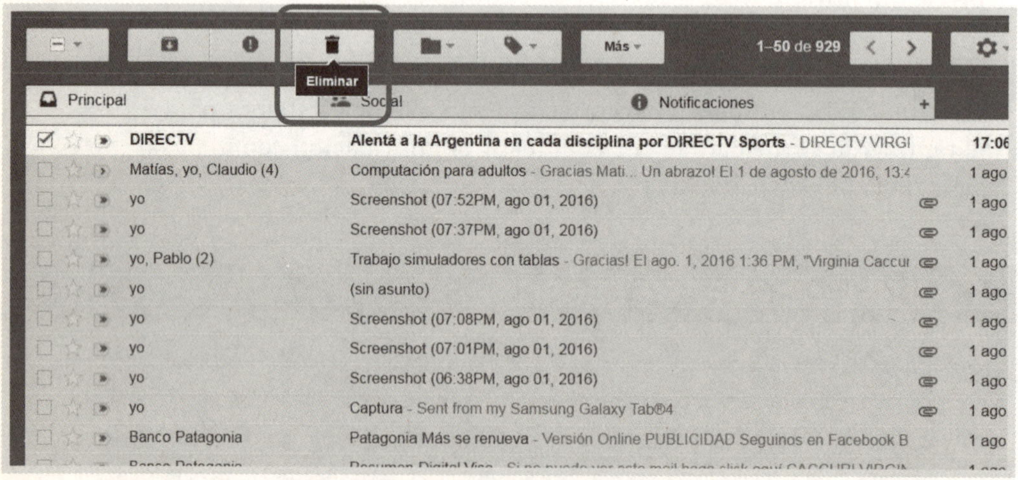

Figura 9. Cuando no estamos seguros de la procedencia de un correo, podemos eliminarlo sin abrirlo. Para ello, lo seleccionamos en la bandeja de entrada y luego hacemos clic en **Eliminar**.

GLOSARIO

El correo electrónico también nos propone nuevo vocabulario, cuyo significado veremos en los próximos apartados.

Cliente de correo electrónico

Es un programa que se instala en una computadora para gestionar nuestra cuenta de correo electrónico de manera local. Aunque necesita una conexión a internet para descargar los nuevos correos o enviar un mensaje, otras funciones pueden realizarse sin conexión. El más conocido es Outlook, incluido en la suite Microsoft Office.

Para gestionar una cuenta de correo, debemos utilizar un cliente de correo electrónico, por ejemplo Outlook.

IMAP

IMAP, siglas de *Internet Message Access Protocol*, es un sistema que permite que nuestro programa

cliente de correo electrónico se conecte a nuestra cuenta de correo y visualice los mensajes allí almacenados. Los correos permanecen en el servidor, por lo que pueden ser visualizados también desde otros dispositivos y programas.

POP

POP, siglas de *Post Office Protocol*, es otro sistema para descargar en forma local los mensajes desde un servidor de correo electrónico. Pero, a diferencia de IMAP, una vez descargados los elimina del servidor y ya no estarán disponibles por correo web.

VPN

VPN, siglas de *Virtual Private Network*, es una tecnología que se utiliza para conectar diferentes computadoras a una red privada. Para ello, utiliza un sistema de cifrado que permite asegurar la confidencialidad e

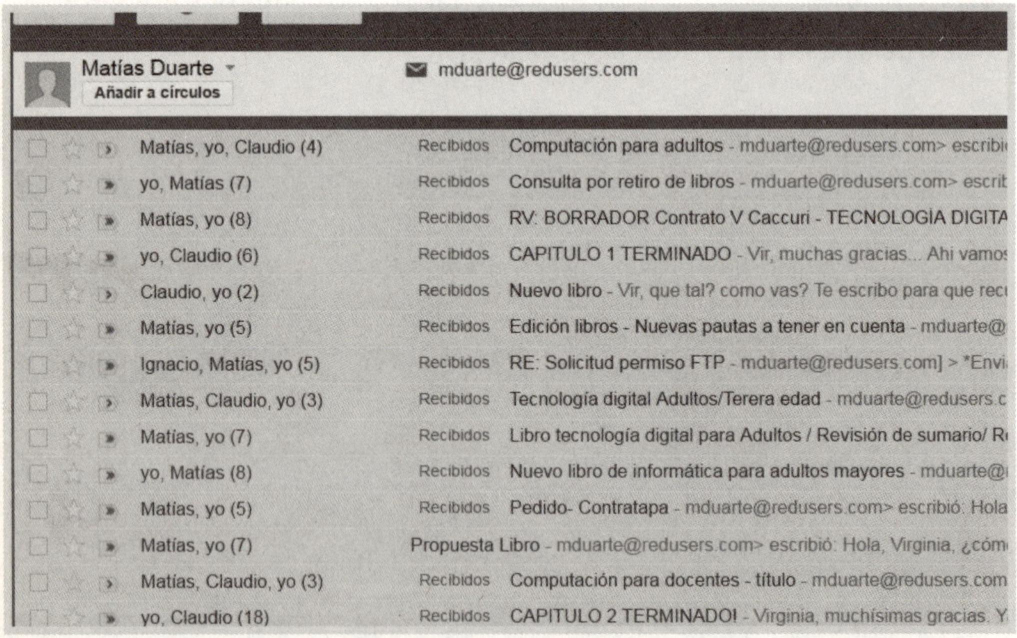

Figura 10. El número que aparece junto a los remitentes de los correos nos indica la cantidad de mensajes que tiene cada conversación.

integridad de la información. Algunos hoteles brindan este servicio en lugar de WiFi, que es una red pública y, por lo tanto, más insegura.

Conversación

En el correo electrónico, una conversación es una forma de agrupar los mensajes enviados y recibidos entre las mismas personas. De ese modo, podemos realizar con mayor facilidad el seguimiento de un tema. La mayoría de los servicios de correo tienen activada esta función de forma predeterminada.

RESUMEN

El correo electrónico es uno de los medios de comunicación más utilizados. Hoy es casi impensable que una persona no posea una cuenta de e-mail porque quedaría prácticamente excluida del acceso a otros servicios de internet –como las redes sociales– o a notificaciones importantes sobre turnos médicos o vencimientos de facturas. En este capítulo aprendimos a utilizar Gmail, uno de los servicios de webmail más usados en la actualidad. Aprendimos a crear una cuenta y a administrar nuestro correo, tanto desde la versión web como en dispositivos móviles. Finalmente, analizamos algunas de las amenazas que atentan contra la seguridad de nuestros datos y repasamos consejos importantes para desarrollar buenas prácticas con el correo electrónico.

ACTIVIDADES

TEST DE AUTOEVALUACIÓN

1 ¿Qué es una cuenta de correo electrónico?

2 ¿Cuál es la diferencia entre un programa cliente de correo electrónico y un servicio de webmail?

3 ¿Qué es Gmail?

4 ¿Qué es lo primero que vemos al recibir un nuevo correo?

5 ¿Qué es el Asunto y para qué sirve?

6 ¿Cuál es la diferencia entre CC y CCO?

7 ¿Cómo se abre un nuevo correo en un dispositivo móvil?

8 ¿Qué es un hoax?

9 ¿Qué es el correo spam?

10 ¿Qué es el phishing?

EJERCICIOS PRÁCTICOS

1 Si aún no tiene una cuenta de correo electrónico en Gmail, cree una.

2 En su cuenta de correo, analice los mensajes recibidos para detectar hoax, spam y phishing.

3 Envíe un mismo mensaje de correo electrónico a distintos destinatarios.

4 Explore la aplicación de correo electrónico desde su dispositivo móvil.

5 Responda a un correo desde el móvil.

PROFESOR EN LÍNEA

Si tiene alguna consulta técnica relacionada con el contenido, puede contactarse con nuestros expertos: profesor@redusers.com.

07 Redes sociales

Las redes sociales se han convertido en un fenómeno que transformó la manera en la que nos comunicamos con otras personas. Casi toda nuestra vida se encuentra reflejada en estos espacios en línea, a través de los cuales intercambiamos opiniones, fotos, mensajes y videos.

LAS REDES SOCIALES EN LA VIDA COTIDIANA

De todos los servicios y las aplicaciones de internet, tal vez sean las redes sociales las que brindan mayores ventajas y beneficios para la tercera edad. El uso de estas redes por parte de los adultos mayores se puede plantear desde un punto de vista lúdico, como generalmente lo utilizan las personas más jóvenes, pero también desde un punto de vista terapéutico, vinculado con la salud tanto mental como física.

A medida que avanza nuestra edad, pueden aparecer limitaciones físicas y emocionales que, en muchas oportunidades, llevan al aislamiento social. Muchas personas mayores viven solas, y algunas de ellas pueden tener, además, alguna discapacidad física que les limita poder salir de sus domicilios y socializar con otras personas; esto hace que, progresivamente, la soledad sea su única compañía.

Las redes sociales pueden facilitar la adaptación al estrés de la vida y brindar una compañía diaria, al mantener un contacto fluido con familiares y amigos. Es importante tener en cuenta que, de ningún modo, estos intercambios sustituyen a los contactos directos y presenciales, pero los complementan abriendo nuevos canales de comunicación que podemos aprovechar.

LAS PRINCIPALES REDES SOCIALES

Por definición, una **red social** es un sitio web en el que los usuarios intercambian información personal y contenidos multimedia, creando una comunidad de amigos virtual e interactiva. Y aunque muchos sitios de internet adoptan funciones y formatos de una red social, existen algunas diseñadas específicamente para este fin. Las más populares son **Facebook** y **Twitter**, pero también comienzan a crecer otras como **Pinterest** y **Google+**. Todas ellas comparten características comunes, y, además, tienen funcionalidades específicas que las distinguen.

Facebook

Facebook (**www.facebook.com**) es la red social más exitosa, conocida y popular de internet. Fue creada en el año 2004 por **Mark Zuckerberg**, un estudiante de la Universidad de Harvard, con el propósito de desarrollar un espacio en el que los alumnos de esta

Figura 1. Un **perfil** de Facebook es una colección de fotos, historias e información de un usuario. El perfil incluye a la **biografía**, que es el espacio donde podemos ver nuestras propias publicaciones.

universidad pudieran establecer una comunicación fluida entre sí, y compartir contenido de forma sencilla a través de internet. Su proyecto, inspirado en los libros de alumnos que exponían el perfil de cada uno de ellos, resultó ser tan innovador que pronto se extendió hasta estar disponible para cualquier usuario.

Twitter

Twitter (**https://twitter.com**) es una red social de **microblogging**, es decir, un espacio para publicar, compartir e intercambiar información mediante comentarios breves en formato de texto, con un máximo de 140 caracteres, llamados **tuits**, que se muestran en la página principal del usuario. Aunque el formato principal de Twitter es el texto, también podemos subir fotos y videos.

Es la plataforma de comunicación en tiempo real más importante que existe en la actualidad, especialmente utilizada por artistas, políticos y periodistas porque, a diferencia de Facebook, no es necesaria la reciprocidad entre los contactos; por ejemplo, podemos seguir las publicaciones de nuestro artista favorito sin que esta

Figura 2. Un **perfil** público de Twitter permite informar a nuestros seguidores quiénes somos y cuáles son nuestros intereses.

persona nos siga a nosotros. Mientras que en Facebook los contactos se establecen entre **amigos** (y por lo tanto son recíprocos), en Twitter se clasifican en **seguidores** y **seguidos**, pudiendo existir o no coincidencia entre ambos grupos. Su principal atractivo es que permite actualizar el estado rápidamente desde dispositivos móviles, y compartir las noticias en tiempo real.

Muchas de las páginas de internet incluyen un botón que permite compartir con nuestros seguidores cualquier página que se considere interesante o útil, y también **retuitear** las publicaciones de las personas a las que seguimos.

Google+

Google+ (**https://plus.google.com**) es tal vez una de las redes sociales menos conocidas. Sin embargo, al crear una cuenta de correo electrónico de Gmail obtenemos automáticamente un perfil en esta red social. Es un espacio muy adecuado para quienes prefieren un intercambio sutil con otros usuarios. Al igual que Twitter, no es

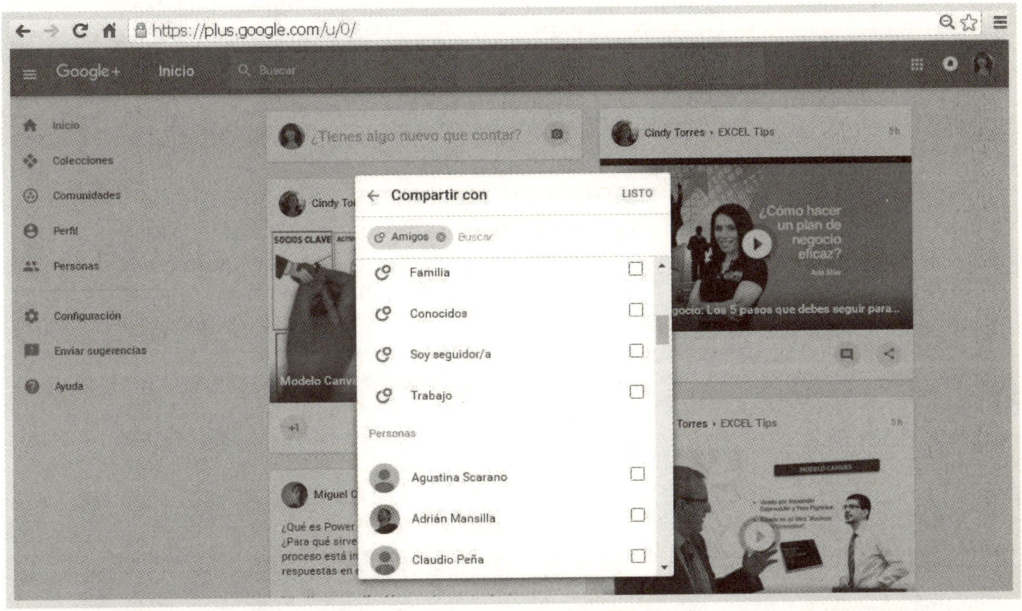

Figura 3. Google+ es otra de las redes sociales que ha ganado notoriedad, aunque no puede competir con alternativas como Twitter, gana seguidores por ser un servicio complementario de Google.

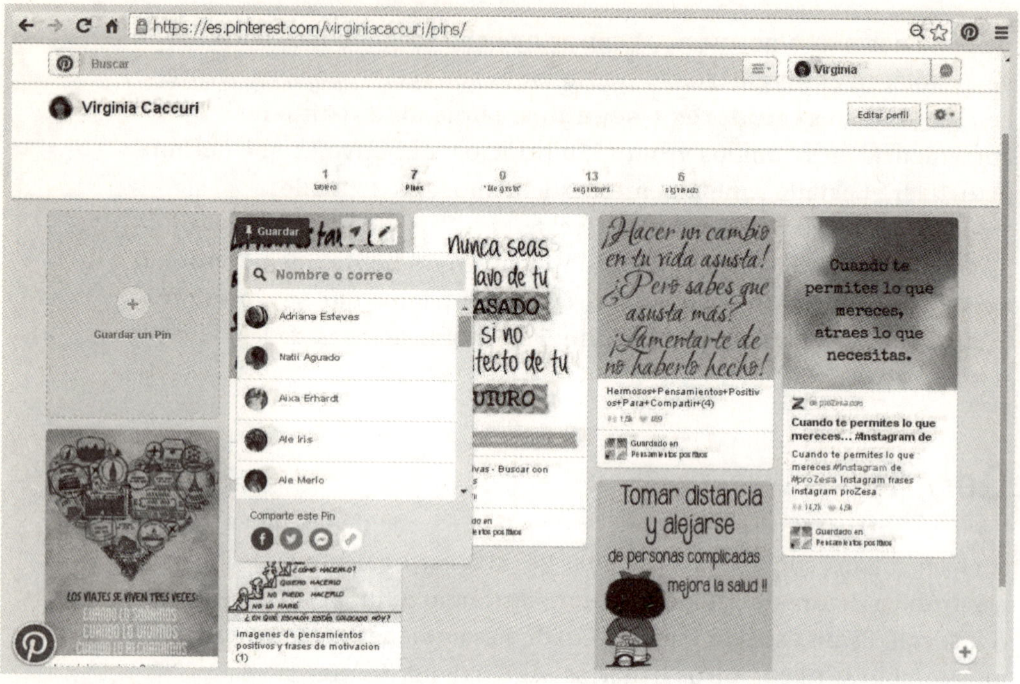

Figura 4. Google+ permite segmentar quienes pueden ver nuestras publicaciones, seleccionando los círculos en los que incluimos a nuestros contactos, o incluso eligiendo a personas específicas.

necesaria la reciprocidad con los contactos, que se clasifican también en **seguidores** y **seguidos**; pero además ofrece la posibilidad de clasificarlos en diferentes **círculos** (amigos, familia, trabajo, entre otros), para compartir diferentes tipos de información y contenido.

SEIS GRADOS DE SEPARACIÓN

La teoría de los seis grados de separación surge en 1929 en el cuento **Chains** del escritor húngaro Frigyes Karinthy, quien sostenía que dos personas desconocidas, aunque vivan en diferentes lugares del planeta, están conectadas por una cadena de conocidos que no excede las 5 personas. Pero Facebook ha reducido esa distancia a menos de cuatro personas, estableciendo un promedio de 3,57 grados de separación. La investigación de Facebook (en inglés) se puede leer en **https://research.facebook.com/blog/three-and-a-half-degrees-of-separation/**.

Emulando a los famosos **Me gusta** de Facebook, Google+ ofrece el botón **+1** debajo de cada publicación de nuestros contactos. Además, permite crear **colecciones**, para organizar las publicaciones por temas, y **comunidades**, para compartir contenido sobre intereses comunes.

Pinterest

Pinterest (**https://es.pinterest.com**) es una red social original y funciona un poco diferente de otras redes sociales. Es, básicamente, un sitio donde compartir, encontrar y organizar colecciones de imágenes. Se maneja como un tablero digital, donde podemos colocar las imágenes que encontramos en internet y que, por algún motivo, nos interesan. Para facilitar la selección de imágenes en las páginas, se debe instalar una extensión en el navegador web; al hacerlo, cada vez que pasemos el mouse por encima de una imagen, aparecerá el botón denominado **Pin it** o **Guardar** y esa imagen inmediatamente se guardará en nuestro tablero. También podemos crear tableros diferentes para organizar nuestros **pines** y clasificarlos por temas.

Veremos también que, al igual que sucede en otras redes sociales, como Twitter y Google+, los contactos que participan se dividen en **seguidores** y **seguidos**, sin necesidad de que exista reciprocidad entre ellos.

Pinterest es una red que se destaca entre otras opciones sociales por presentar un funcionamiento algo diferente, gracias a ello muchos usuarios la utilizan a diario.

INSTAGRAM

Instagram es una red social totalmente orientada a su uso en dispositivos móviles, aunque tiene acceso web desde **www.instagram.com**. Es un servicio gratuito para publicar nuestras fotos y videos de hasta 60 segundos. También podemos seguir a diferentes personas. La aplicación móvil incluye herramientas para aplicar retoques y filtros a las imágenes antes de publicarlas. Una vez subidas desde el móvil, podemos visualizarlas desde la Web.

FACEBOOK

Es posible pensar en Facebook como en un diario personal en el que publicamos nuestra vida cotidiana de forma pública; pero también nos permite estar informados sobre lo que sucede con nuestros familiares y amigos, o en la sociedad en general. Además, encontraremos páginas interesantes sobre actualidad o de empresas y servicios.

Para utilizar esta red social, debemos contar previamente con una dirección de correo electrónico.

PRÁCTICA 24: Crear una cuenta en Facebook

Crear una cuenta en Facebook es muy sencillo: solo tenemos que seguir tres simples pasos, tal como se observa en el siguiente **Paso a paso**. Al crear una cuenta, estamos creando también nuestro **perfil** en esta red social; por lo tanto, es importante tener en cuenta los datos que vamos a ingresar en el proceso de registro, aunque más adelante podemos modificarlos.

PXP1: CREAR UNA CUENTA EN FACEBOOK

01 En la barra de direcciones escriba **www.facebook.com**. Ingresará a la página principal de Facebook y verá, a la derecha de la pantalla, el formulario de registro. Complete los datos teniendo en cuenta que es recomendable utilizar su nombre y apellido reales para que puedan localizarlo/a. Haga clic en `Regístrate`.

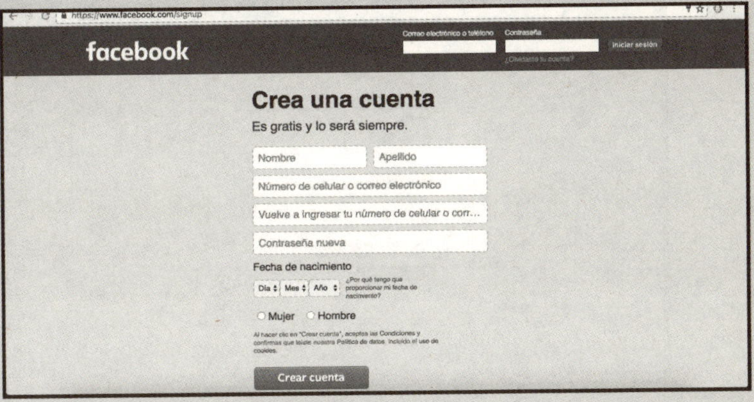

02 En la siguiente pantalla, aparecerá un cuadro de control de seguridad, que solicita que se ingresen las palabras que se muestran. Si no puede distinguirlas claramente, haga clic en el enlace `Prueba con diferentes palabras`. Una vez escritas las palabras, pulse clic en el botón `Regístrate`.

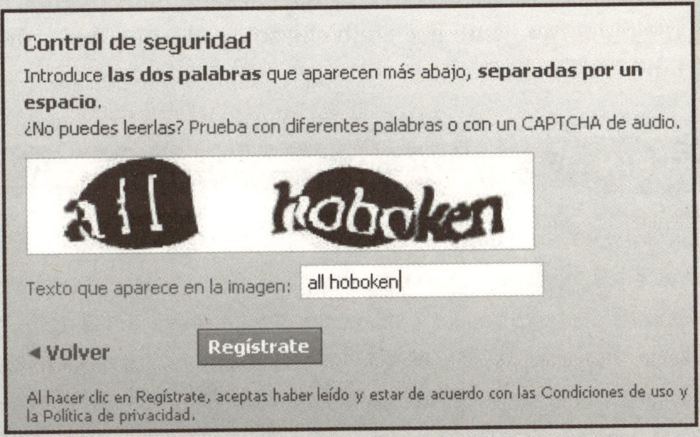

▶ **03** A continuación, puede hacer clic en el botón `Buscar amigos` para agregar a los contactos de la dirección de correo electrónico que proporcionó en el formulario de registro. También puede agregar su foto de perfil subiendo una imagen desde su equipo o tomar una foto con la cámara web.

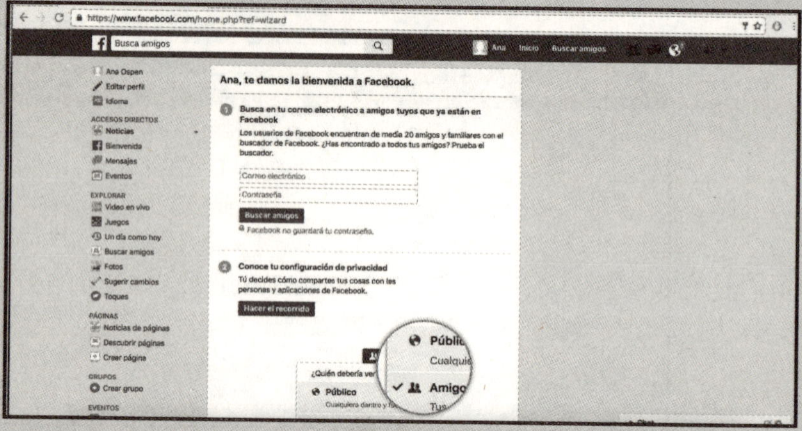

Editar perfil

Al crear nuestra cuenta en Facebook, se ha creado también nuestro perfil o **biografía**, que es lo que los demás ven de nosotros, incluyendo nuestra foto y una foto de portada. Estos dos elementos pueden cambiarse en cualquier momento haciendo clic sobre el icono de la cámara que aparece tanto sobre la foto de perfil como sobre la foto de portada.

LINKEDIN

LinkedIn (**www.linkedin.com**) es una red social orientada exclusivamente al segmento laboral, donde el perfil de los usuarios es su Currículum Vítae que se expone de manera global para que otras personas o empresas puedan contactarlos. Contar con un perfil en LinkedIn sirve para establecer redes de contactos con otros profesionales; ofrece una ventaja considerable en el momento de buscar un nuevo trabajo, establecer nuevas relaciones comerciales y formar parte de grupos de discusión dentro de esta red.

Figura 5. Al hacer clic en el icono de la cámara de la portada, aparecerá un menú con diferentes opciones, para subir una imagen desde nuestro equipo o elegir algunas de las fotos ya publicadas, entre otras.

Uno de los aspectos más importantes de nuestro perfil es la información que proporcionamos, especialmente la que concierne a nuestros datos personales. Un perfil sin información puede generar dificultades para que nuestros amigos nos encuentren en Facebook o desconfianza si deseamos generar nuevas amistades; pero ofrecer demasiados datos, sobre todo los que se consideran **sensibles** –como nuestra dirección o teléfono–, puede exponernos a situaciones de peligro.

En la siguiente **Guía Visual** se describen los principales elementos que aparecen debajo de la foto de portada.

POST55

Post55 (**www.post55.es**) es una red social española dedicada especialmente a los adultos mayores. Su objetivo es que las personas mayores encuentren un espacio adecuado para relacionarse, compartir experiencias, aportar conocimientos, reducir la soledad, hacer amistades y descubrir el beneficio que las nuevas tecnologías ofrecen para mejorar su calidad de vida. Luego del registro gratuito, es posible participar de grupos, chats, crear un blog y acceder a **Canal Senior** para tomar cursos en video.

GUÍA VISUAL 1: BARRA DE NAVEGACIÓN DEL PERFIL

01 **BIOGRAFÍA:** el panel central de esta sección muestra nuestras propias publicaciones y las publicaciones o fotos en las que nos etiquetaron. En el panel izquierdo aparece un resumen de nuestros datos personales, fotos y amigos.

02 **INFORMACIÓN:** desde esta sección podemos modificar los datos personales, que incluyen información de contacto, formación y empleo o situación sentimental, entre otras opciones.

03 **AMIGOS:** muestra el número de contactos en Facebook. Al hacer clic en este enlace, podemos ver el detalle de todos nuestros amigos, filtrar solo aquellos que han realizado nuevas publicaciones, ver quiénes cumplen años en el día de la fecha o al siguiente día, o quiénes viven en nuestra misma ciudad.

04 **FOTOS:** desde aquí podemos acceder a todas nuestras fotos y álbumes propios, y también en las que nos etiquetaron.

05 **MÁS:** desde este menú desplegable podemos acceder a otras secciones, como por ejemplo videos, deportes, libros, música o aplicaciones y juegos. Al final del menú aparece el enlace **Administrar secciones** para elegir qué se muestra en la lista y el orden de preferencia para reorganizar las secciones.

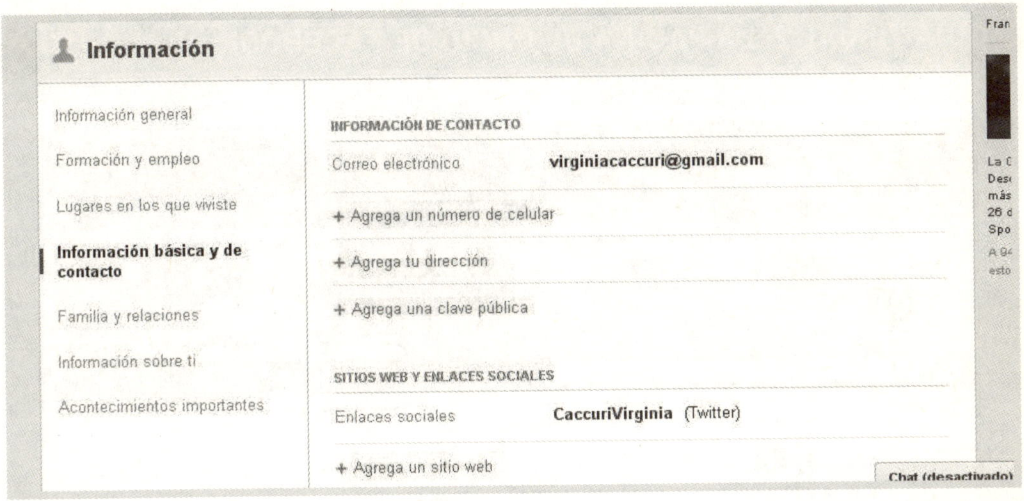

Figura 6. Conviene que, en la sección **Información básica y de contacto**, no coloquemos nuestra dirección ni el número de teléfono. Es preferible que nos contacten por correo electrónico.

La página de inicio

Cuando ingresemos a Facebook veremos la página **Inicio**, que es diferente a la de nuestra biografía, y cuya interfaz se describe en la **Guía Visual** que se presenta a continuación.

GUÍA VISUAL 2: LA PÁGINA DE INICIO DE FACEBOOK

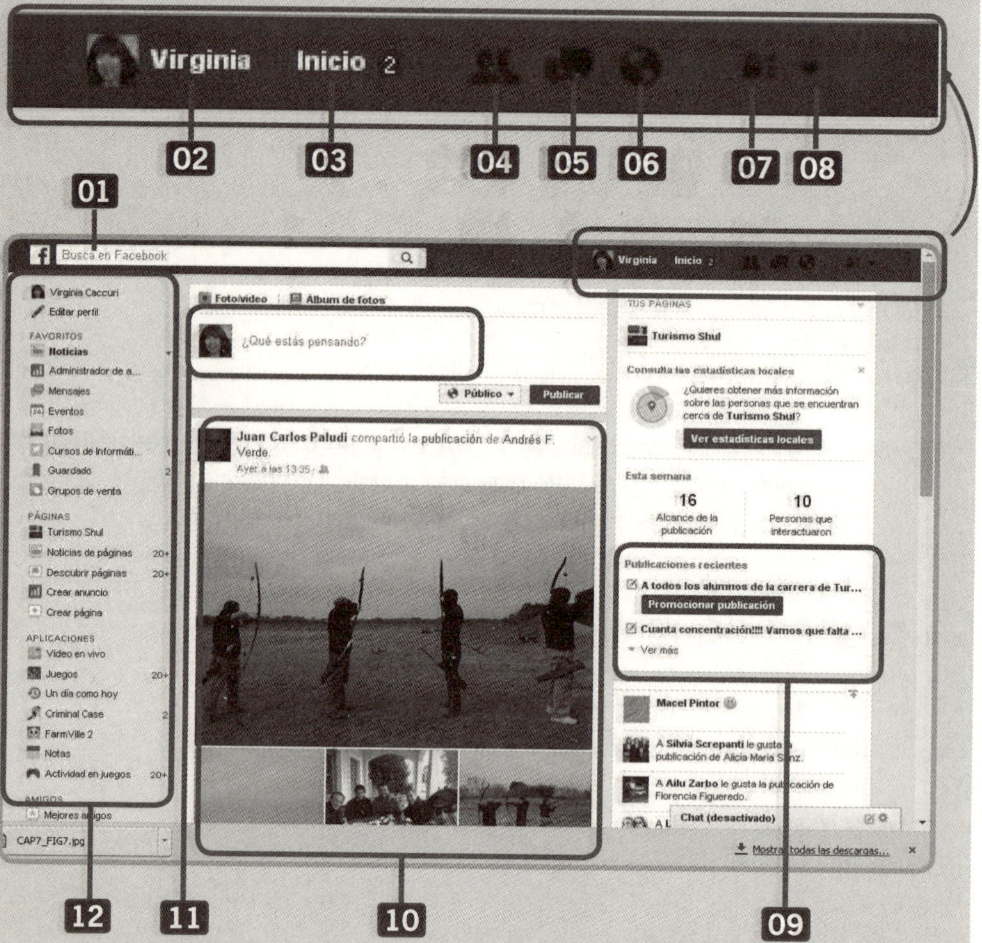

01 **CUADRO DE BÚSQUEDA:** para buscar amigos, grupos o páginas dentro de Facebook.

02 **BIOGRAFÍA:** para acceder a nuestro perfil.

03 **INICIO:** es la página actual. Si aparece un número junto a este enlace significa que hay actualizaciones de estado de nuestros contactos que aún no hemos visto.

►

▶

04 **SOLICITUDES DE AMISTAD:** desde aquí podemos acceder a las peticiones de amistad que nos envían usuarios de Facebook que no forman parte de nuestros amigos o contactos.

05 **MENSAJES:** para ver y enviar mensajes privados a nuestros contactos o a otros usuarios de Facebook a los que deseamos contactar.

06 **NOTIFICACIONES:** desde aquí veremos las notificaciones de publicaciones nuevas, quiénes cumplen años, quieénes han colocado **Me gusta** o han hecho un comentario a nuestras publicaciones.

07 **ACCESOS DIRECTOS DE PRIVACIDAD:** desde este menú desplegable podemos configurar diferentes opciones de privacidad, como quién puede ver nuestras publicaciones o puede ponerse en contacto con nosotros.

08 **CONFIGURACIÓN:** al hacer clic en esta flecha aparece un menú para acceder a la ayuda, configurar nuestra cuenta, crear una página o un grupo o salir de la sesión, entre otras opciones.

09 **INFORMACIÓN INSTANTÁNEA:** muestra la actividad de nuestros contactos en tiempo real. Por debajo de este panel suelen aparecer anuncios publicitarios.

10 **PANEL CENTRAL:** muestra las publicaciones de nuestros amigos, que podemos comentar o simplemente hacer clic en **Me gusta**.

11 **ESTADO:** desde este cuadro podemos escribir, agregar fotos o videos o enlaces a páginas, perfiles de Facebook y sitios web.

12 **PANEL IZQUIERDO:** desde la parte superior de este panel podemos acceder a nuestro perfil o editarlo. También es posible acceder a páginas y grupos, entre otras opciones.

PRÁCTICA 25: Buscar amigos

Aunque durante el proceso de registro Facebook nos haya orientado a buscar contactos a partir de nuestra cuenta de correo electrónico, es probable que se nos ocurra encontrar a un compañero/a de la escuela o la universidad, o a ese amigo o amiga que no vemos hace tiempo, o tal vez, a un viejo amor del pasado. En el siguiente **Paso a paso** aprenderemos a realizar el sencillo procedimiento que nos permite conectarnos con quienes deseamos.

PXP2: BUSCAR AMIGOS EN FACEBOOK

01 Desde su biografía o desde la página de inicio, escriba en el cuadro de búsqueda el nombre de la persona que desea encontrar. Al ingresar las primeras letras, aparecerá el listado de los nombres que coinciden con el criterio de búsqueda. Si aparece en este listado, haga clic sobre el nombre.

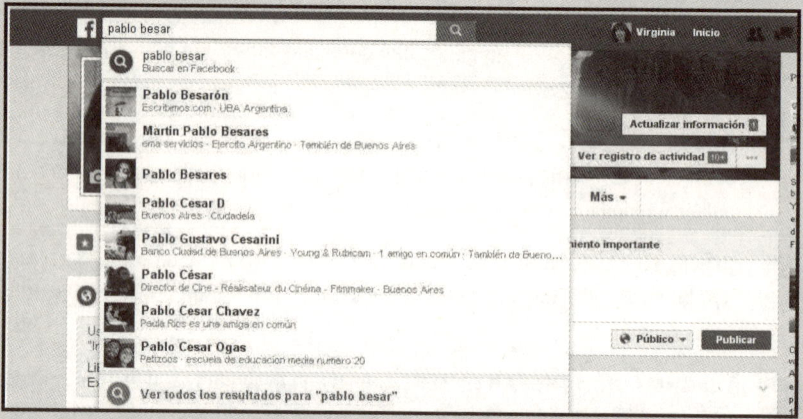

02 Puede hacer clic en el botón `Seguir` o en `Agregar a amigos`. Si elige la primera opción, el botón cambiará a `Siguiendo` y solo podrá ver las publicaciones que esta persona comparta públicamente. Si elige la segunda opción, se enviará una solicitud de amistad que la persona debe aceptar.

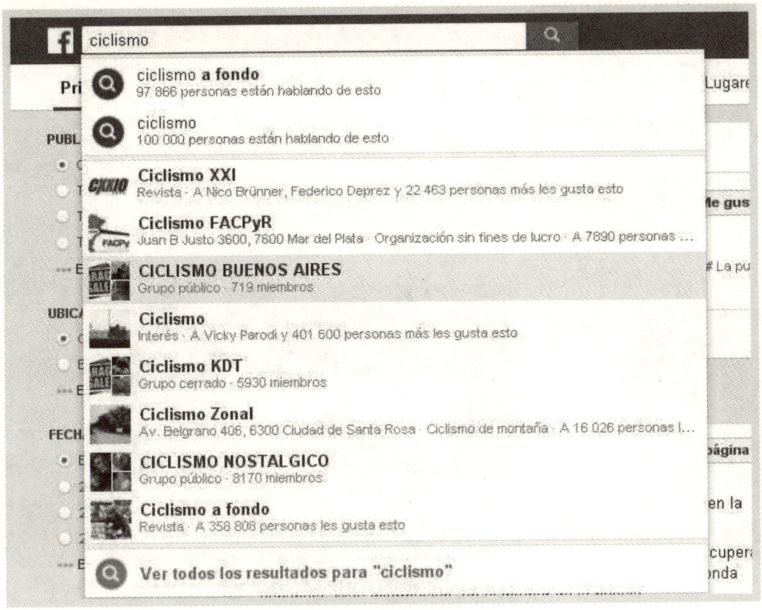

Figura 7. Al ingresar un tema en el cuadro de búsqueda, veremos diferentes resultados. Para asegurarnos de que se trata de un grupo, debemos buscar esta palabra debajo de la descripción.

También podemos buscar grupos dentro de Facebook, para conocer nuevos contactos que comparten intereses comunes. Existen muchos grupos, con diferentes objetivos. Para buscar un grupo podemos ingresar el tema que nos interesa en el cuadro de búsqueda.

Otra forma de encontrar grupos es desde el panel izquierdo de la página de inicio; nos desplazamos hacia abajo en este panel y hacemos clic en **Grupos** para luego seleccionar entre las diferentes categorías que propone Facebook, como **Grupos sugeridos**, **Grupos de amigos**, **Grupos locales** (de nuestra ciudad) o **Grupos de venta**. Si el grupo que elegimos es público, podremos ingresar directamente; si es cerrado, el administrador del grupo debe aceptar nuestra solicitud.

PERFILES, GRUPOS Y PÁGINAS

Los diferentes espacios de intercambio que ofrece Facebook pueden presentar confusiones, y es importante conocer las diferencias. El **perfil** es nuestra cuenta personal, necesaria para acceder a todo el sistema de esta red social. Los **grupos** son adecuados para conectarnos con otros usuarios que tienen intereses en común, mientras que las **páginas** son espacios públicos para empresas, profesionales o servicios.

Figura 8. Luego de seleccionar el grupo que nos interesa, debemos hacer clic en el botón **Unirte**.

Publicar en Facebook

Publicar en Facebook es realmente muy sencillo e intuitivo; tanto en nuestra biografía como en la página de inicio veremos un cuadro de texto en la parte superior del panel central, que nos invita a escribir con la frase **¿Qué estás pensando?** Pero para comprender mejor todos los elementos de una publicación, observemos la siguiente **Guía Visual**.

EVENTOS EN FACEBOOK

Un evento en Facebook es una opción muy útil que ofrece la red social para comunicar a nuestros contactos una celebración o una reunión. Para crear un evento, vamos a la página de inicio, nos desplazamos por el panel izquierdo hasta encontrar la sección **Eventos** y hacemos clic en **Crear evento**. Se abrirá una ventana para escribir el nombre del evento, la ubicación, la fecha y la hora, y una breve descripción de este. Nuestros contactos recibirán la notificación y tendrán la opción de responder a nuestra invitación a través de los botones **Me interesa**, **Asistiré** o **Ignorar**.

GUÍA VISUAL 3: PUBLICAR EN FACEBOOK

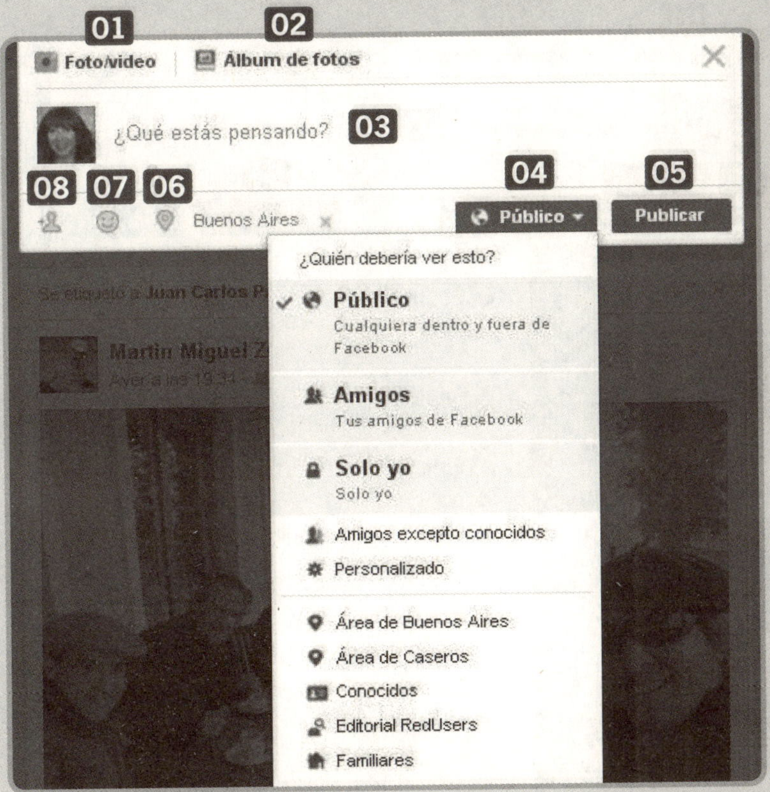

01 **FOTO/VIDEO:** nos permite seleccionar desde nuestro equipo un archivo de imagen o video.

02 **ÁLBUM DE FOTOS:** al hacer clic en este enlace, nos lleva a buscar en nuestro equipo el primer archivo de imagen; luego, podemos agregar otras imágenes, darle un nombre y una descripción al álbum, y agregar una leyenda en cada foto, entre otras opciones.

03 **CUADRO DE TEXTO:** aquí podemos escribir a nuestro gusto, además se puede pegar el enlace a otro sitio dentro de Facebook (una página de una empresa, por ejemplo) o a un sitio web externo.

04 **¿QUIÉN PUEDE VER ESTO?:** de forma predeterminada todas nuestras publicaciones son públicas, es decir, pueden ser vistas por cualquier persona. Pero, si hacemos clic en este icono, podemos definir diferentes opciones de privacidad.

►

▶ GUÍA VISUAL 3: PUBLICAR EN FACEBOOK (CONT.)

▶

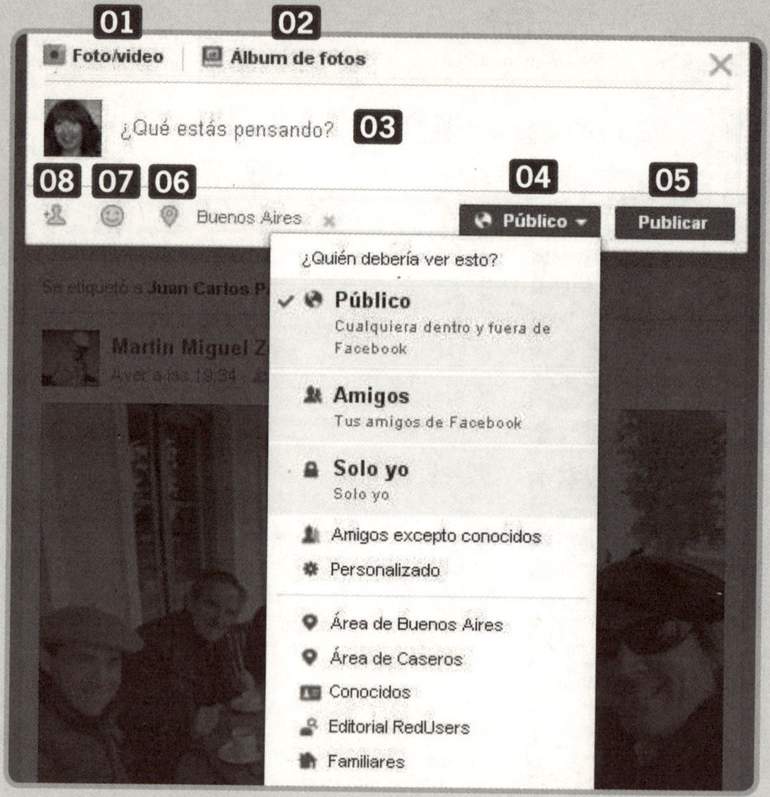

05 **PUBLICAR:** al hacer clic en este botón, la publicación aparecerá en nuestra biografía y en la página de inicio de nuestros contactos. Si nos arrepentimos, antes de hacer clic en este botón, podemos hacer clic en la X que aparece en la esquina superior derecha del cuadro.

06 **UBICACIÓN:** permite indicar dónde estamos, incluyendo ciudades o aeropuertos.

07 **EMOTICONOS:** sirven para ilustrar nuestra publicación con emoticonos que representan cómo nos sentimos o qué estamos haciendo.

08 **ETIQUETAR PERSONAS:** podemos agregar contactos específicos para asegurarnos de que reciban una notificación para ver lo que hemos publicado.

Interactuar con nuestros amigos

Una de las opciones más interesantes de Facebook es la posibilidad de interactuar con nuestros amigos, reaccionando ante sus publicaciones, estableciendo conversaciones a través de los comentarios o compartiendo sus contenidos.

En primer lugar, podemos elegir diferentes tipos de emoticonos para mostrar nuestra reacción frente a una publicación. Al hacer clic en **Me gusta** se desplegará una barra para elegir alguna (o varias) de las siguientes opciones: **Me gusta, Me encanta, Me divierte, Me asombra, Me entristece** y **Me enoja**.

Para comentar una publicación, solo tenemos que escribir en el cuadro de texto con nuestra imagen que aparece debajo de ella o al final de otros comentarios. También podemos responder a los comentarios escritos por otras personas y establecer una conversación o un intercambio de opiniones.

> **Una de las mayores ventajas de las redes sociales es que nos permiten interactuar con otros en forma virtual, Facebook ofrece opciones fáciles para lograrlo.**

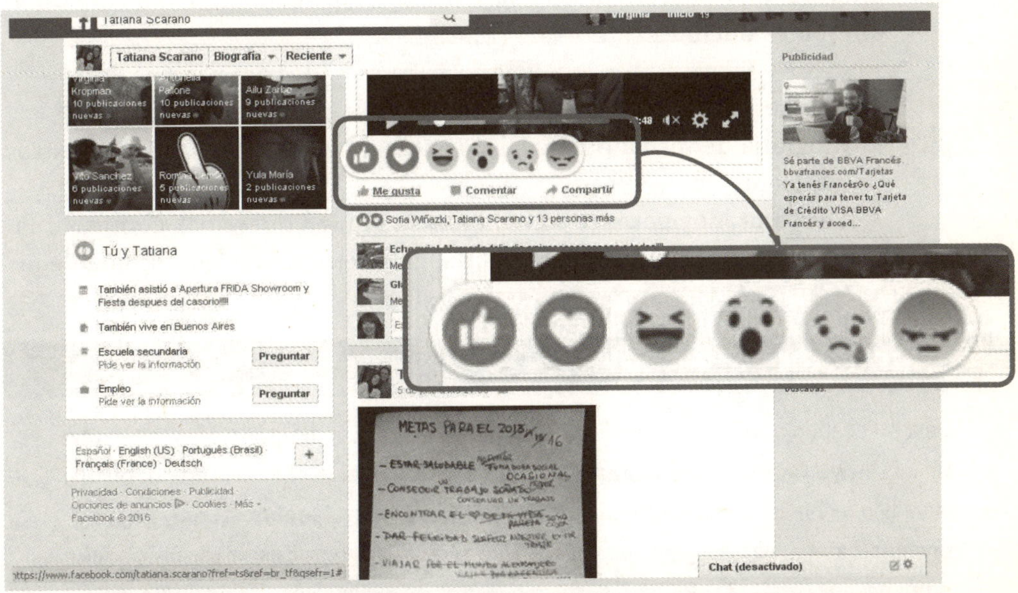

Figura 9. Las reacciones de Facebook son una forma rápida de hacerle saber a nuestros amigos cómo nos sentimos frente a su publicación.

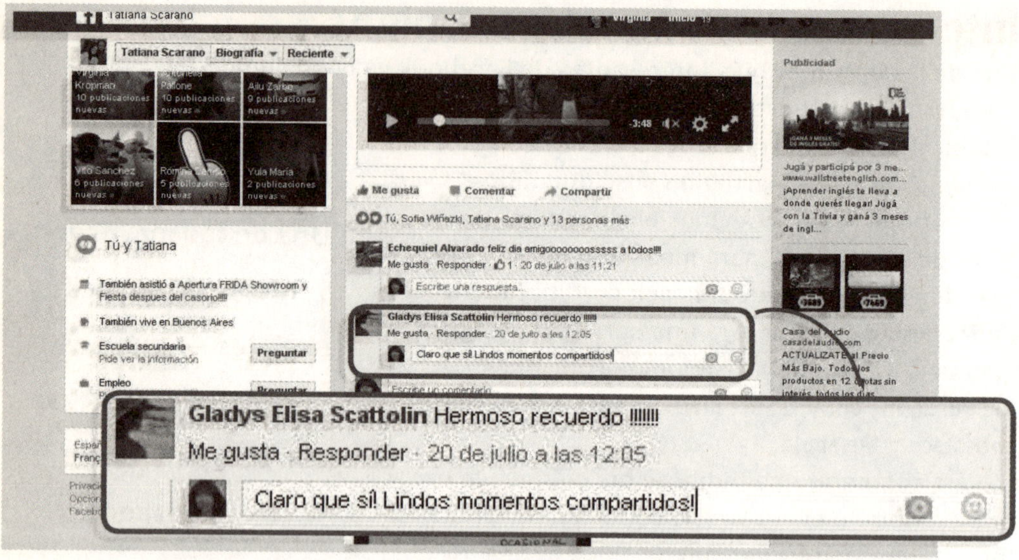

Figura 10. Al hacer clic en **Responder**, se habilita un nuevo cuadro de texto para escribir una respuesta a un comentario específico.

Finalmente, podemos compartir la publicación si nos ha parecido interesante. Al hacer clic en **Compartir** se desplegará un menú con diferentes opciones:

- **Compartir ahora (Público)**: la publicación se comparte en nuestra biografía de forma pública, es decir, será visible para todos nuestros contactos.
- **Compartir**: nos permite seleccionar con quién queremos compartir la publicación (en nuestra biografía, en un grupo, en la biografía de un

JUEGOS EN FACEBOOK

Desde Facebook podemos acceder a cientos de juegos, como por ejemplo, **Candy Crush** (**www.facebook.com/games/candycrush**), que se ha convertido en un auténtico fenómeno a escala global; o **Criminal Case** (**www.facebook.com/games/criminalcase**), para los que les gusta investigar; **Preguntados** (**www.facebook.com/games/triviacrack**), para desafiar nuestros conocimientos, o **FarmVille** (**www.facebook.com/games/farmville-two**), para crear y administrar una granja.

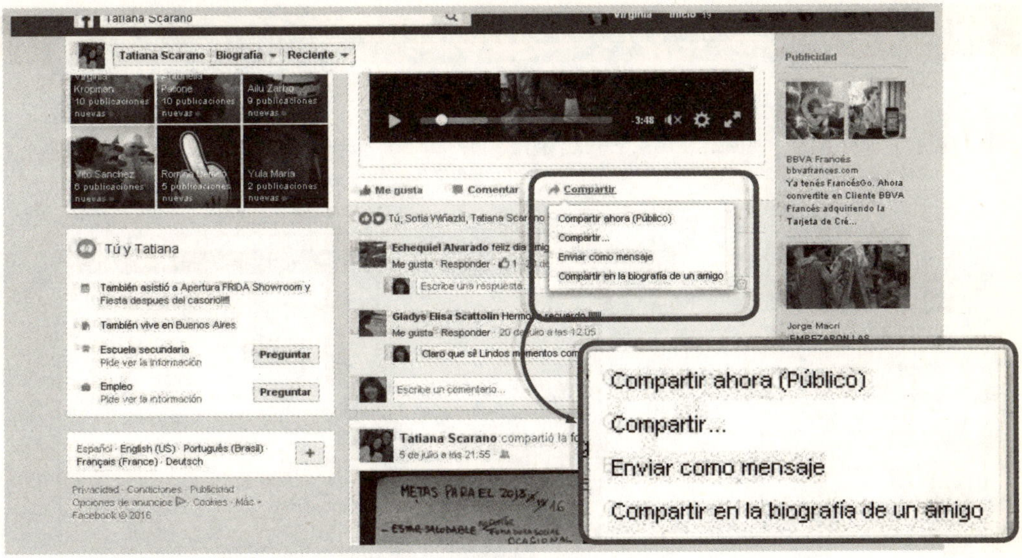

Figura 11. Desde el menú desplegable **Compartir** podemos compartir las publicaciones de nuestros amigos de diferentes formas.

amigo, entre otras opciones) y seleccionar diferentes opciones sobre quiénes pueden ver la publicación compartida, además de poder agregar un texto propio a la publicación.

- **Enviar como mensaje**: la publicación se comparte a través de un mensaje privado con uno o varios destinatarios.
- **Compartir en la biografía de un amigo**: permite compartir la publicación directamente con una persona específica, publicándola en su perfil.

PRÁCTICA 26: Enviar mensajes privados

Los mensajes privados son un servicio de mensajería instantánea incluido en Facebook, que nos permite comunicarnos de forma privada (es decir, sin que aparezcan en nuestra biografía o en la de nuestros amigos) con nuestros contactos. No es necesario que ambos estén conectados simultáneamente; el mensaje será entregado o recibido la próxima vez que iniciemos sesión en Facebook. Los mensajes que nos envían aparecerán en el menú desplegable **Mensajes**, y veremos un cartel en rojo junto a este enlace que nos notifica que tenemos un nuevo mensaje.

En el siguiente **Paso a paso** aprenderemos este sencillo procedimiento para conectarnos de manera privada con quienes deseamos.

PXP3: ENVIAR UN MENSAJE PRIVADO EN FACEBOOK

01 Desde su biografía o desde la página de inicio vaya a la barra superior de Facebook y haga clic en `Mensajes`. En la parte superior del menú desplegable haga clic en `Nuevo mensaje`.

02 Se abrirá la ventana `Nuevo mensaje`. En el campo `Para`, ingrese las primeras letras del nombre del contacto con el que se desea comunicar. Aparecerá un listado de contactos que coinciden con las letras ingresadas. Si el contacto está en esta lista, haga clic sobre su nombre, de lo contrario, continúe escribiendo hasta que aparezca.

03

Luego de agregar al primer contacto, de ser necesario, usted puede agregar más personas a la misma conversación, repitiendo el procedimiento anterior. A continuación, haga clic en el cuadro de texto inferior, escriba su mensaje y presione la tecla ENTER para enviarlo.

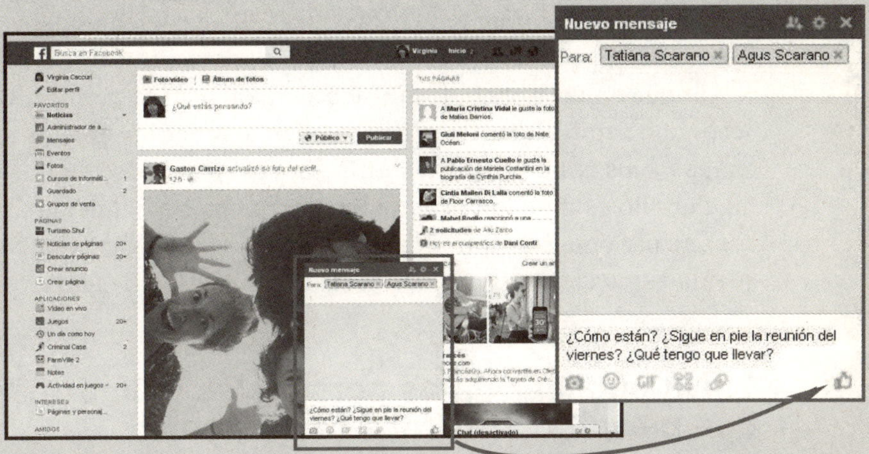

04

En la parte inferior de la ventana de mensaje, verá una barra con iconos que le permiten adjuntar imágenes, emoticonos o gifs animados, entre otras opciones. Seleccione el emoticono o la imagen (puede agregar varias) y presione la tecla ENTER para enviarlas.

CONSEJOS PARA USAR LAS REDES SOCIALES DE FORMA SEGURA

Las redes sociales ofrecen grandes ventajas, pero también conllevan ciertos peligros porque todo está conectado, y cualquier persona que no conocemos puede tener acceso a nuestros datos, fotos y comentarios.

Aunque en un principio solo acceden a nuestros perfiles los amigos aceptados, en realidad, también pueden acceder los amigos de los amigos y los amigos de estos últimos, convirtiéndose en una espiral sin fin. Por ello es muy importante tomar conciencia del peligro que esto supone para nuestra intimidad. Sin pretender alarmar, vale tener en cuenta estos consejos básicos para minimizar los riesgos.

1. No publicar datos personales ni información que permita ubicarnos físicamente

Como ya mencionamos antes, basta con nuestro nombre, una foto y una dirección de correo electrónico. No es necesario proporcionar nuestro domicilio ni el número de teléfono.

2. No aceptar solicitudes de amistad de desconocidos

No importa cuánto deseemos ampliar nuestro círculo y hacer nuevas amistades; este no es el medio. Hay mucha gente que utiliza las redes sociales para captar a personas débiles o solas, generalmente con

CHATS EN FACEBOOK

En la parte inferior izquierda de la biografía o de la página de inicio vemos la ventana **Chat** minimizada. Desde el icono de una rueda dentada, podemos activar o desactivar el chat. Al activarlo, veremos que se despliega la lista de nuestros amigos conectados, identificados con un círculo de color verde. Para iniciar una conversación en tiempo real, solo debemos hacer clic sobre el nombre de uno de ellos. También podemos realizar un chat grupal seleccionando a varios contactos que se encuentren conectados en ese momento.

Figura 12. En Facebook podemos ir a **Solicitudes de amistad** y hacer clic en el botón **Eliminar**.

malas intenciones. En redes sociales no recíprocas, como Twitter o Google+, no podemos evitar que nos sigan, pero no es necesario que sigamos a su vez a estas personas que no conocemos. En Twitter, por ejemplo, podemos bloquear a alguien que nos sigue ingresando a su perfil; luego, hacemos clic en la rueda dentada que aparece debajo de la portada y, en el menú desplegable, seleccionamos **Bloquear**.

3. Compartir nuestro perfil solo con quienes conocemos

Este consejo lleva implícito otro que no debemos olvidar: todo lo que publicamos en internet es **público**; de un modo u otro alguien puede acceder a nuestras fotos, videos, publicaciones o comentarios en las redes sociales. Por lo tanto, antes de publicar algo, debemos pensar cuidadosamente si nos compromete en alguna forma, porque cualquier persona podría ver este contenido e, incluso, usarlo o modificarlo sin nuestro consentimiento. Por esta razón, antes de publicar es una buena idea detenernos y analizarlo en forma detallada.

Figura 13. En Facebook podemos ir a **Accesos directos de privacidad** y configurar quién puede ver nuestras publicaciones, ponerse en contacto con nosotros o bloquear a algún contacto que nos molesta.

Tengamos en claro entonces que no vamos a publicar contenido que consideramos privado o que podría agraviar nuestra intimidad (a menos que deseemos correr el riesgo). Además, podemos configurar adecuadamente el nivel de privacidad, leyendo las **Condiciones de Uso y Privacidad** de cada red social y configurando ciertas opciones.

ACONTECIMIENTOS EN FACEBOOK

La opción **Acontecimiento importante** permite agregar a nuestra biografía experiencias interesantes que deseamos destacar para compartir. Para crear un acontecimiento, debemos ir a nuestra biografía y, en el cuadro de estado, hacemos clic en **Acontecimiento importante**; en la siguiente ventana podemos elegir entre categorías, como **Familia y relaciones**, **Salud y bienestar** o **Viajes y experiencias**. Según la categoría elegida, aparecerán nuevas opciones para describir el tipo de acontecimiento y completar datos adicionales.

4. No dejar nuestro perfil abierto.

Especialmente si utilizamos una red social en un equipo o dispositivo móvil que no sea nuestro. Por ejemplo, en Twitter, hacemos clic sobre nuestra foto de perfil que aparece en la parte superior derecha de la pantalla y en el menú desplegable seleccionamos **Cerrar sesión**. En otras redes sociales debemos buscar esta opción o alguna similar, como **Salir**.

Figura 14. Para cerrar sesión en Facebook, vamos a la parte derecha de la barra superior y hacemos clic en el icono de la flecha; en el menú desplegable seleccionamos **Salir**.

BLOQUEAR UN CONTACTO EN FACEBOOK

Desde nuestra biografía o desde la página de inicio hacemos clic en **Accesos directos de privacidad** y, en el menú desplegable, seleccionamos **¿Cómo evito que alguien me siga molestando?** Aparecerá un cuadro de texto para escribir el nombre de un contacto o su dirección de correo electrónico, luego hacemos clic en el botón **Bloquear**. Los contactos bloqueados no pueden ver lo que publicamos en nuestra biografía. Para desbloquear a un contacto, hacemos clic en **Ver todos los usuarios bloqueados**, y en la lista, hacemos clic en **Desbloquear**.

GLOSARIO

Las redes sociales han generado nuevo vocabulario, que puede parecer incomprensible en un principio, aunque muchas de estas palabras ya nos resultan conocidas por escucharlas en boca de nuestros familiares y amigos o en los medios de comunicación.

Etiquetar

En Facebook, etiquetar significa escribir el nombre de un contacto en una publicación de estado, en un comentario, en una foto o un video. Cuando etiquetamos a alguien, se crea un enlace a su perfil. También es posible que la publicación en la que etiquetamos a esa persona se agregue a su biografía. Esta acción se utiliza generalmente en las fotos, para indicar quién aparece en ellas o al publicar una actualización de estado, para indicar con quién estamos o asegurarnos que esa persona lo vea.

Figura 15. Para etiquetar una foto en Facebook, hacemos clic sobre el rostro de una persona y se habilitará un cuadro de texto para escribir su nombre.

Hashtag

El término *hashtag* en Twitter es el equivalente a *etiquetar* en Facebook. Se trata de una palabra precedida del símbolo #, como por ejemplo, **#Imperdible** o **#RedesSociales** (si es más de una palabra debe escribirse sin espacios). De esta forma, se clasifican los mensajes vinculados con un mismo tema, para facilitar su búsqueda.

Figura 16. Los hashtags generan automáticamente un enlace a todos los tweets que los hayan utilizado.

Retweet (Retuit)

Retuitear (RT) es reenviar un tuit para compartir con nuestros seguidores con información que haya sido publicada por alguna de las personas que seguimos. Podemos reenviar el tuitt directamente o añadir un comentario personal antes de publicarlo en nuestro propio perfil, pero no es posible modificar el tuitt original. El retuitt se borrará de nuestro perfil si el usuario elimina el tuit original.

Figura 17. Para hacer un retuit, pulsamos clic sobre el tuit que nos interesa y, en la nueva ventana, hacemos clic en **`Retweetear`**.

Trending topic

Trending Topic o Tendencias son las palabras clave más utilizadas en Twitter en un período determinado. Se generan a partir de la cantidad de hashtags que más se han utilizado, marcando una tendencia y sobre lo que más se está hablando en ese momento en esta red social. Técnicamente, un Trending Topic es un algoritmo que se encarga de destacar y clasificar aquellos términos que los usuarios utilizan en Twitter. Este algoritmo va clasificando en tiempo real, y son diversos los factores que se toman en cuenta, como el número de usuarios distintos que lo están usando o los retuits que incluyen ese término.

Seguir los Trending Topic es una buena forma de enterarnos de los temas populares en Twitter.

Figura 18. Sin duda, los Trending Topic en Twitter se han convertido en sensores sociales sobre los temas con mayor tráfico e importancia en un momento determinado.

RESUMEN

En este capítulo hicimos un recorrido por las redes sociales de mayor uso en la actualidad, pero profundizamos especialmente las herramientas de Facebook, por ser la red social de más impacto y cantidad de usuarios en todo el mundo. A partir de los beneficios que aporta su uso para los adultos mayores, aprendimos a crear una cuenta, a editar nuestro perfil, buscar amigos, publicar e interactuar con ellos y a enviar mensajes privados. Pero también aprendimos que a pesar de sus grandes ventajas, su uso implica riesgos que podemos minimizar con buenas prácticas.

ACTIVIDADES

TEST DE AUTOEVALUACIÓN

1 ¿Qué es una red social?

2 ¿Cuáles son los beneficios que aporta para los adultos mayores?

3 ¿Cuáles son las redes sociales más utilizadas y para qué sirve cada una de ellas?

4 ¿Cuál es la diferencia entre Facebook y otras redes sociales en cuanto a la reciprocidad de los contactos?

5 ¿Cómo podemos buscar personas en Facebook?

6 ¿Qué es un mensaje privado?

7 ¿Por qué no debemos publicar datos que permitan ubicarnos físicamente?

8 ¿Cuáles cree usted que son los riesgos de aceptar solicitudes de amistad de desconocidos?

9 ¿Por qué no debemos publicar información, fotos o videos que puedan comprometer nuestra privacidad o intimidad?

EJERCICIOS PRÁCTICOS

1 Elija alguna de las redes sociales que se han mencionado en este capítulo. Regístrese y explore sus herramientas y posibilidades.

2 Si aún no tiene una cuenta en Facebook, cree una. Busque a algún amigo/a o familiar que no ve hace tiempo. Envíele una solicitud de amistad y un mensaje privado.

3 Publique en Facebook una foto de antaño y etiquete a las personas que aparecen en ella.

PROFESOR EN LÍNEA

Si tiene alguna consulta técnica relacionada con el contenido, puede contactarse con nuestros expertos: profesor@redusers.com.

08 Skype

Programas como Skype nos permiten romper las barreras de la distancia. Comunicarnos cara a cara con otra persona a través de una pantalla logra que mantengamos el contacto y el vínculo con nuestros seres queridos.

¿QUÉ ES SKYPE?

Skype es el programa más utilizado para realizar **videollamadas**, es decir, una llamada de audio y video en **tiempo real**. Para ello, es necesario que las dos personas participantes sean usuarias de Skype; este se puede instalar en computadoras, dispositivos móviles e, incluso en nuestro Smart Tv. Solo necesitamos un equipo con conexión a internet y con capacidad para soportar micrófono, parlantes y cámara, para así aprovechar todas las posibilidades que brinda este programa.

Si nunca antes usamos Skype, imaginemos las siguientes situaciones:

- Una abuela se comunica con su hija que vive en otra ciudad, y puede ver cómo está y observar cómo crecen sus nietos.
- Dos personas se conocen durante un viaje y luego tienen que volver a sus lugares de residencia. En este caso pueden mantener su relación a través del contacto diario de las videollamadas, hasta que puedan volver a encontrarse.
- Nuestro médico realiza una interconsulta con un especialista de otro país, y le muestra nuestros estudios y exámenes a través de la pantalla de la computadora para que pueda colaborar mejor en el diagnóstico.

Estos son solo algunos ejemplos de los usos de este programa, que acorta las distancias y nos permite comunicarnos a través de internet. Las principales funciones de Skype están disponibles de manera gratuita. Existen también planes pagos que ofrecen más funciones. Entre las principales funciones gratuitas encontramos:

- Comunicación por texto (chat), voz (llamada) o videollamada entre dos usuarios de Skype.
- Comunicación grupal o conferencia de voz y video con capacidad de hasta 25 usuarios de Skype.
- Traducción a 8 idiomas para llamadas de voz y video y a 50 idiomas para el chat.

PRÁCTICA 27. Instalar Skype

En el siguiente **Paso a paso** aprenderemos la forma adecuada para descargar e instalar este programa.

PXP1: DESCARGAR E INSTALAR SKYPE EN UNA COMPUTADORA

01 En la barra de direcciones de su navegador, escriba **www.skype.com/es/download-skype/skype-for-computer**. Haga clic en el botón `Descargar Skype para Windows` si este es el sistema operativo de su equipo; o desplácese hacia abajo para encontrar las versiones para otros sistemas operativos.

02 Se abrirá una ventana de **Guardar como** para que busque una ubicación en su equipo para guardar el archivo de instalación. Haga clic en `Guardar como`.

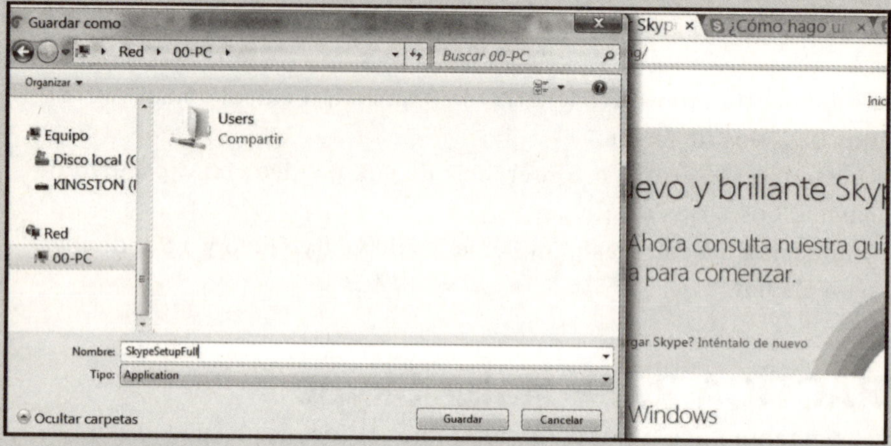

03 El archivo descargado aparecerá en la parte inferior de la pantalla del navegador. Para abrirlo, haga doble clic sobre el nombre o pulse clic en la flecha que aparece junto a él y ,en el menú, seleccione `Abrir`.

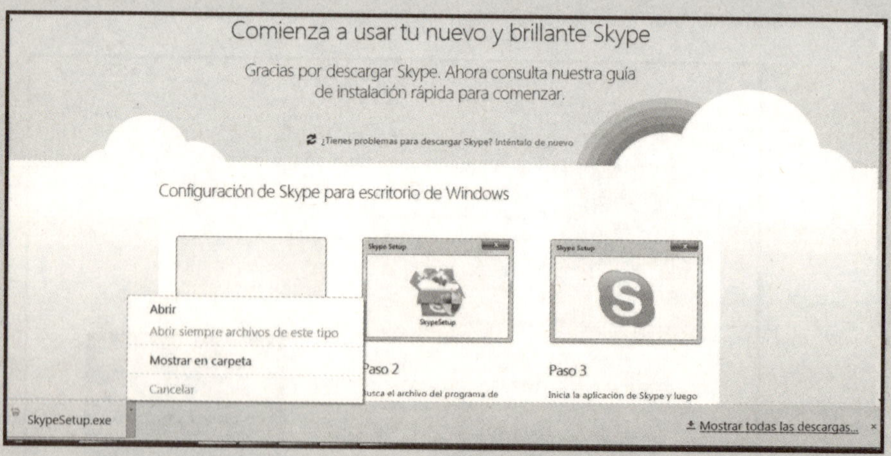

04 En la siguiente ventana seleccione el idioma y, luego, haga clic en `Acepto.` Después pulse clic en `Siguiente`.

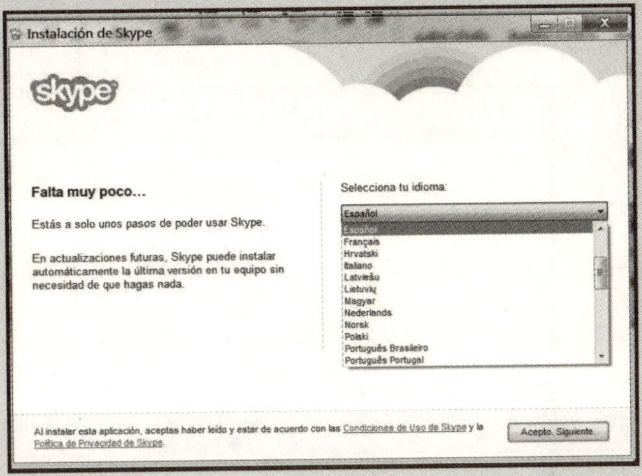

05 Espere hasta que finalice el proceso de instalación. Puede demorar algunos minutos.

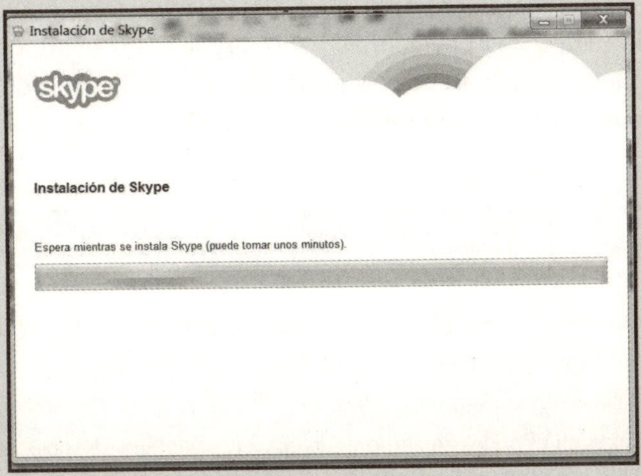

▶
06 Finalmente, el programa le pedirá que inicie sesión en Skype. Si ya lo utiliza en otro equipo, escriba su nombre de usuario y contraseña, o haga clic en `Crear una cuenta`. También puede hacer clic en `Iniciar sesión a través de Facebook`.

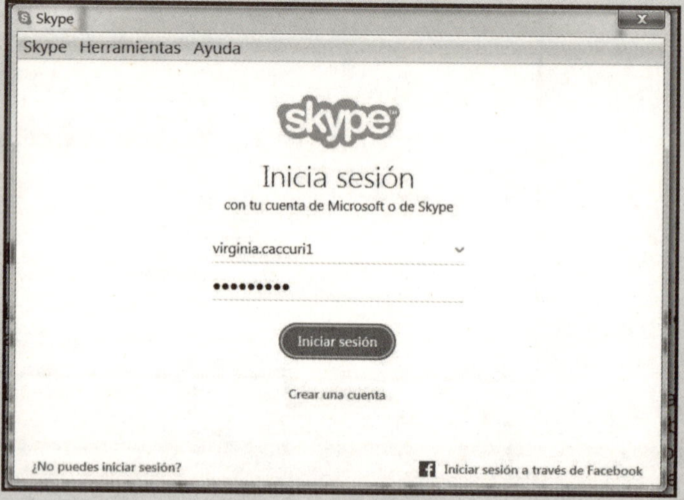

Para instalar Skype en un dispositivo móvil tenemos que entrar a la tienda de aplicaciones y descargarlo desde allí. Debemos tener en cuenta que la tienda de apps será distinta según el sistema operativo que utilicemos en nuetro dispositivo.

LLAMADA DE PRUEBA

Luego de instalarlo, Skype suele quedar bien configurado. Sin embargo, para comprobar que el micrófono y los parlantes funcionen correctamente en este programa, podemos realizar una llamada de prueba. Para ello, vamos al menú **Herramientas** y hacemos clic en **Opciones**; en el panel izquierdo de la siguiente ventana seleccionamos **Configuración de sonido** y, en el panel central, hacemos clic en **Haz una llamada de prueba**.

PRÁCTICA 28. Buscar y agregar contactos

Para poder hablar con otro usuario de Skype, es necesario agregarlo a nuestra lista de contactos. Al igual que en Facebook, los contactos de Skype son recíprocos, es decir, no podremos comunicarnos con alguien que primero no haya aceptado ser nuestro contacto, de la misma manera que nadie podrá comunicarse con nosotros si no lo hemos aceptado como contacto en Skype. En el siguiente **Paso a paso** aprenderemos a buscar y agregar contactos.

PXP2: BUSCAR Y AGREGAR CONTACTOS EN SKYPE

01 Inicie sesión en Skype. En el cuadro de búsqueda del panel lateral escriba alguna de las siguientes opciones: 1) nombre de usuario que utiliza en Skype el contacto que usted busca, si lo sabe; 2) nombre completo del usuario que busca, si no sabe con certeza si utiliza Skype o bien, no conoce su nombre de usuario de Skype; 3) correo electrónico del usuario que busca, si no sabe si utiliza Skype o no conoce su nombre de usuario de Skype. Luego haga clic en Buscar en Skype.

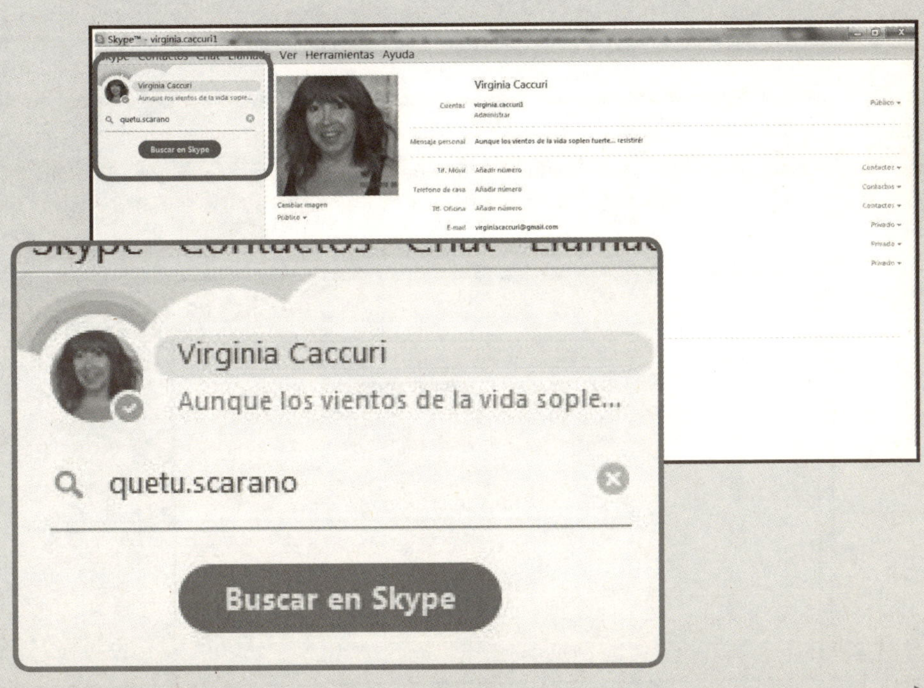

02 Los perfiles que coincidan con la información de búsqueda se mostrarán en el panel lateral. Haga clic en el contacto que desea añadir.

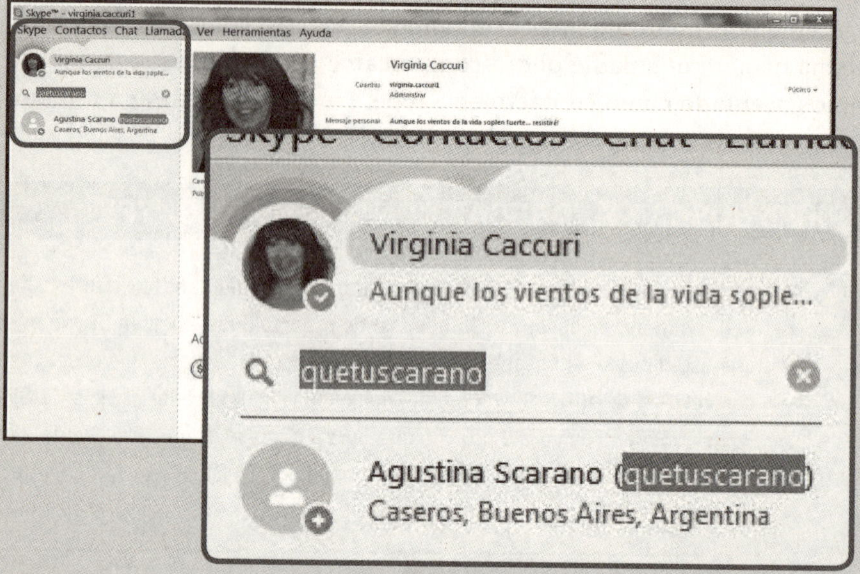

03 En el panel central verá la información pública del contacto seleccionado. Haga clic en `Añadir a contactos`.

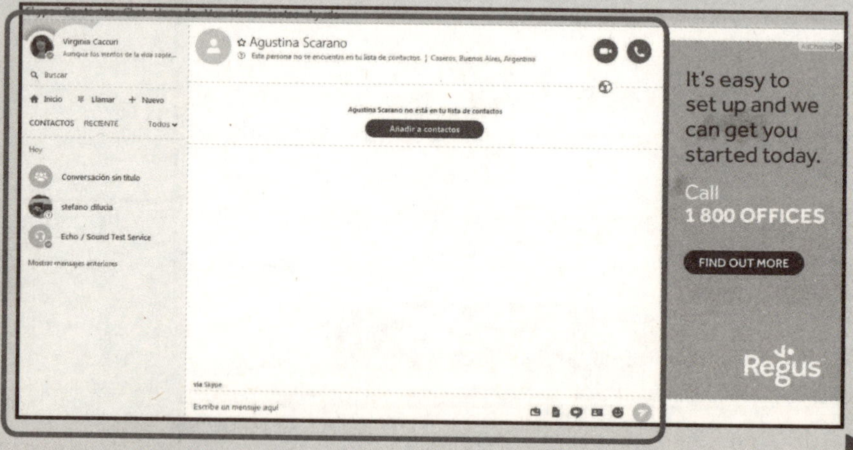

04 Aparecerá un cuadro para escribir un mensaje personalizado o utilizar el predeterminado. Luego, haga clic en `Enviar`.

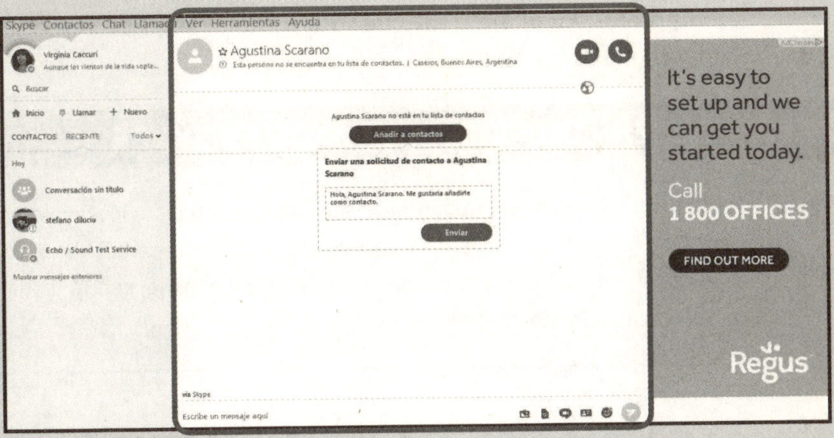

El nuevo contacto aparecerá en el panel izquierdo, en la lista de contactos, pero bajo su nombre veremos un signo de interrogación junto a la leyenda **Autorización pendiente** hasta que se acepte la solicitud que corresponde. Una vez que la haya aceptado, podremos ver cuándo está conectado, y realizar llamadas y videollamadas gratis con este contacto.

Los contactos aparecerán con un signo de interrogación hasta que hayan sido autorizados.

LAS VIDEOLLAMADAS

Una de las características más importantes de Skype es la posibilidad de realizar videollamadas, es decir, comunicarnos a través de internet cara a cara con otro usuario del programa. El procedimiento para realizar una videollamada es tan sencillo que pronto estaremos utilizando esta forma de contacto con frecuencia, incorporándolo a nuestras actividades cotidianas con la tecnología.

PRÁCTICA 29: Realizar una videollamada

Una videollamada permite la conexión entre dos personas utilizando recursos de audio y video en la computadora, los teléfonos celulares, u otros dispositivos con conexión a internet, simultáneamente y en tiempo real. En el siguiente **Paso a paso** se explica cómo hacer una videollamada en Skype.

PXP3: REALIZAR UNA VIDEOLLAMADA EN SKYPE

01 Inicie Skype. En el panel izquierdo seleccione un contacto o localícelo a través del cuadro de búsqueda. Cuando haya encontrado al contacto con el que desea comunicarse, haga clic sobre el nombre de este. En el panel central haga clic sobre el icono de la cámara de video.

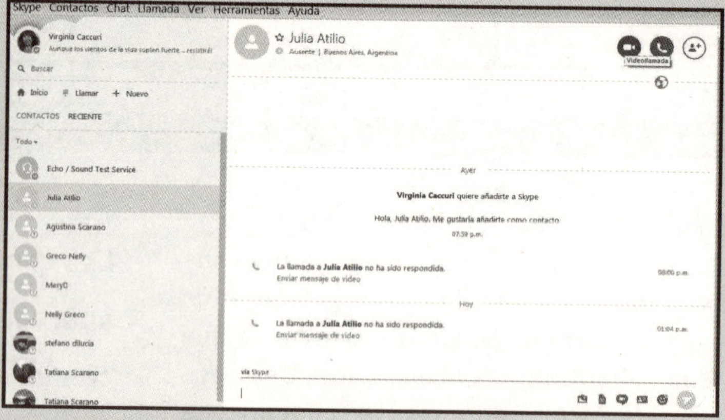

COMPROBAR EL FUNCIONAMIENTO DE LA CÁMARA WEB

Antes de hacer una videollamada por primera vez, podemos comprobar el funcionamiento de la cámara web y si el programa la ha reconocido sin problemas. Para ello, iniciamos Skype, hacemos clic en el menú **Herramientas** y luego en **Opciones**; en el panel izquierdo de la siguiente ventana seleccionamos **Configuración de video**. Si en el panel central podemos ver nuestra propia imagen con nitidez, significa que funciona correctamente. Si notamos alguna dificultad o no se muestra nuestra imagen, hacemos clic en **Configuración de la cámara web** para realizar los ajustes necesarios.

▶

02 Aparecerá la pantalla de videollamada y se iniciará el proceso de conexión.

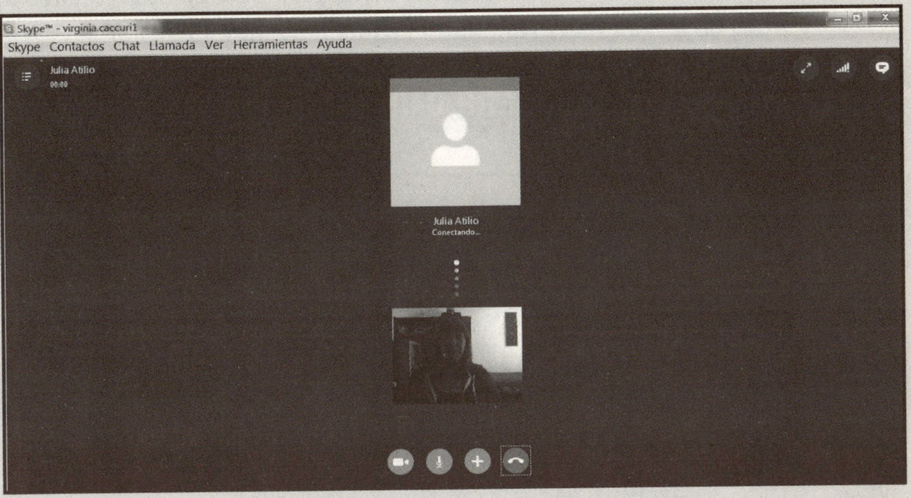

03 En la pantalla verá la imagen de la persona con la que se está comunicando y, en la esquina inferior derecha, verá una pantalla pequeña con su propia imagen, que es lo que está viendo la otra persona.

Acciones durante una videollamada

Durante la comunicación, veremos que en la parte inferior de la pantalla aparece una barra de herramientas con iconos a través de los cuales podemos realizar diferentes acciones. En la siguiente **Guía visual** observamos la función de estas herramientas.

GUÍA VISUAL 1: BARRA DE HERRAMIENTAS PARA VIDEOLLAMADAS

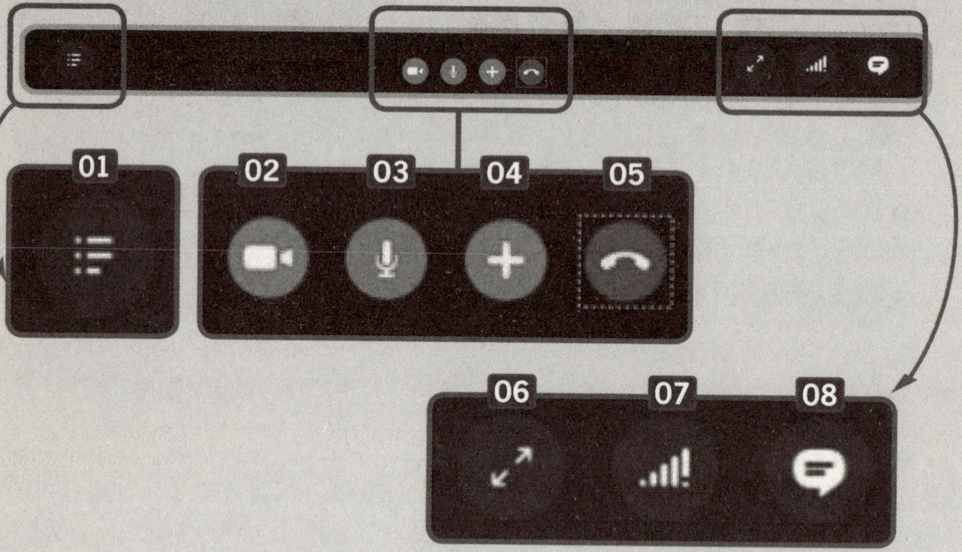

01 **MOSTRAR CONTACTOS:** activa/desactiva el panel izquierdo de contactos.

02 **APAGAR VIDEO:** si hacemos clic en la cámara de video –activa cuando iniciamos la videollamada–, el icono aparecerá tachado y desactivaremos la cámara web. La comunicación continúa normalmente; podemos ver a la persona con la que nos estamos comunicando pero esta no podrá vernos. Para activar otra vez la cámara web, hacemos clic en el icono tachado de la cámara de video.

03 **SILENCIAR:** si hacemos clic en el micrófono –activo cuando iniciamos la videollamada–, el icono aparecerá tachado y desactivaremos el micrófono. La comunicación continúa; podemos ver y escuchar a la persona con la que nos estamos comunicando, pero esta no podrá escucharnos. Para activarlo nuevamente, hacemos clic en el icono tachado del micrófono.

04 **AÑADIR PARTICIPANTES, ENVIAR ARCHIVOS Y MÁS:** desde este icono accedemos a otras herramientas, tales como `Tomar foto`, para capturar la imagen de la persona con la que nos estamos comunicando; `Enviar archivos`, para adjuntar un archivo de nuestro equipo; `Enviar contactos`, para enviar los detalles de uno o varios de nuestros contactos a la persona con la que nos estamos comunicando; `Compartir pantalla`, para mostrar cualquier pantalla de nuestro equipo; o `Añadir personas a esta llamada`, para agregar a otros contactos a participar de la videollamada, entre otras opciones.

05 **FINALIZAR LLAMADA:** haciendo clic sobre este icono, terminamos la comunicación.

06 **PANTALLA COMPLETA:** activa o desactiva la vista a pantalla completa.

07 **INFORMACIÓN SOBRE LA CALIDAD DE LA LLAMADA:** despliega un menú con información sobre el funcionamiento del micrófono, los parlantes, la cámara web, la velocidad del equipo y la conexión, factores que influyen en la calidad de la llamada.

08 **MOSTRAR MENSAJES INSTANTÁNEOS:** activa o desactiva el panel de chat, para que podamos enviar mensajes instantáneos durante la comunicación.

Esta barra de herramientas se muestra y se oculta automáticamente con solo pasar el mouse por encima de ella. Si solo deseamos comunicarnos, la dejamos oculta. Si necesitamos llevar a cabo otras acciones durante la comunicación, acercamos el mouse a la parte inferior de la pantalla de videollamada para activarla.

BLOQUEAR UN CONTACTO DE SKYPE

Si por distintos motivos ya no deseamos que un contacto forme parte de nuestra lista de Skype, podemos bloquearlo. Al bloquear un contacto, se impide que nos llame, envíe mensajes instantáneos y vea nuestro estado. Para ello, en el panel izquierdo de Skype hacemos clic con el botón secundario del mouse sobre el contacto que deseamos bloquear y, en el menú, seleccionamos **Bloquear a esta persona**. La persona bloqueada no aparecerá más en nuestra lista de contactos, pero podemos buscarla a través del cuadro de búsqueda.

GLOSARIO

En este apartado definimos algunas palabras relacionadas con el uso de Skype, que nos permiten conocer mejor el funcionamiento de este programa.

P2P

Skype opera con base en el modelo **P2P** o red **peer-to-peer**, par-a-par o red entre pares, que funciona a través de internet. Es una red de dispositivos en la que todos o algunos aspectos funcionan por medio de una serie de nodos (puntos de conexión) que se comportan como iguales entre sí. Es decir, actúan simultáneamente como receptores y emisores respecto a los demás nodos de la red. Las redes P2P permiten el intercambio directo de información, en cualquier formato, entre los dispositivos interconectados.

VoIP

VoIP es la abreviatura en inglés de **voz sobre IP** o voz sobre protocolo de internet. El término se utiliza para identificar la tecnología de comunicaciones que permite transmitir voz y video a través de internet. VoIP es una tecnología que usa el protocolo de internet (IP) a través del cual se comprimen y descomprimen paquetes de datos, para permitir la comunicación de dos o más usuarios a través de una red, como internet. Con esta tecnología pueden prestarse servicios de telefonía o videoconferencia, entre otros.

CONFIGURACIÓN DE ESTADO EN SKYPE

Skype tiene también una versión web que se puede usar desde cualquier navegador y sin necesidad de instalar el programa. Para aprovechar este servicio, debemos ingresar a **https://web.skype.com** y registrar una cuenta. Si ya tenemos instalado Skype en cualquiera de nuestros equipos, debemos ingresar nuestros datos de usuario. Entonces, tanto nuestros contactos como el historial de chats, llamadas y videollamadas estarán visibles en el navegador. También podremos enviar mensajes, aunque para realizar videollamadas es necesario instalar un plug-in.

La principal ventaja de este tipo de servicios es que evita los cargos altos de telefonía (principalmente de larga distancia) que se generan al usar la telefonía convencional.

RESUMEN

En este capítulo analizamos el uso y las funciones de Skype, uno de los programas más utilizados en todo el mundo para realizar videollamadas. Aprendimos a descargar y a instalar este programa, a buscar y agregar contactos, a realizar una videollamada y a activar Skype Translator, una función del programa que nos permite traducir, simultáneamente y en tiempo real, voz y texto, para comunicarnos mejor con quienes no hablan nuestro idioma. Con Skype ya no tenemos barreras de distancia para mantenernos en contacto diario con nuestros afectos.

ACTIVIDADES

TEST DE AUTOEVALUACIÓN

1 ¿Qué es Skype?

2 ¿Cuáles son las principales funciones que ofrece este programa en su versión gratuita?

3 ¿Cómo podemos buscar un contacto en Skype?

4 ¿Es posible comunicarse con una persona que no sea nuestro contacto en Skype?

5 ¿Qué es una videollamada?

6 ¿Cuáles son las principales acciones que podemos realizar durante una videollamada?

7 ¿A qué tipo de funciones podemos acceder durante una videollamada desde el icono **+**?

8 ¿Qué es Skype Translator?

9 ¿Qué significa P2P?

10 ¿En qué consiste la tecnología VoIP?

EJERCICIOS PRÁCTICOS

1 Si aún no tiene instalado Skype en su computadora, descárguelo e instálelo. Realice lo mismo en sus dispositivos móviles.

2 Inicie Skype y comience a buscar contactos. Envíeles una solicitud.

3 Inicie una videollamada desde Skype con uno de sus contactos. Active también el chat.

4 Utilice Skype para intercambiar mensajes con uno de sus contactos.

PROFESOR EN LÍNEA

Si tiene alguna consulta técnica relacionada con el contenido, puede contactarse con nuestros expertos: profesor@redusers.com.

09 Información útil

En este último capítulo se ofrece información sobre temas diversos, pero todos vinculados con el uso de las tecnologías digitales. Aprenderemos a mantener una postura correcta cuando usamos la computadora y los dispositivos móviles, a gestionar nuestro homebanking y a manejar un Smart TV.

TECNOLOGÍAS DIGITALES Y CUIDADO DE LA SALUD

Luego de haber leído y analizado los capítulos anteriores, seguramente ya estamos convencidos de los beneficios que las diferentes tecnologías digitales pueden aportar para mejorar nuestra calidad de vida. Sin embargo, el uso excesivo de ellas o las posturas corporales incorrectas que podemos adoptar al utilizar la computadora, el teclado, el mouse y los dispositivos móviles pueden actuar negativamente en nuestra salud física. Cada vez son más frecuentes las consultas médicas por dolores de espalda, cervicales, síndrome del túnel carpiano o codo de tenista, por parte de personas de todas las edades. Pero, especialmente en la tercera edad, las posturas incorrectas agravan las dolencias preexistentes o provocan la aparición de nuevos problemas.

Las posturas forzadas, los malos movimientos y la tensión indebida en los músculos de la mano son responsables de causar más dolor que placer al usar la tecnología. Por lo tanto, debemos actuar antes que esto genere consecuencias permanentes y, además, ser un buen ejemplo para los más jóvenes.

Figura 1. El uso prolongado de una laptop sobre las piernas puede ocasionar eritemas en los muslos por el calor que desprende el equipo, además de aumentar la tensión en la espalda y en las manos.

Buenas prácticas al usar el teclado y el mouse

Al manipular el teclado y el mouse de una computadora, solemos descuidar la posición de las manos y adoptar una postura forzada; los movimientos repetitivos pueden provocar tendinitis y otras lesiones asociadas a dichos sobreesfuerzos. Para evitar estas molestias, los especialistas recomiendan:

- Mantener las manos rectas y paralelas cuando escribimos con el teclado, sin torcerlas ni alzarlas demasiado.
- Debemos cuidar que las manos estén relajadas y la presión sobre las teclas debe ser suave.
- Se recomienda que el teclado esté a la altura de los codos para poder descansar los hombros, con un apoyo adecuado de antebrazos y muñecas. Debe ubicarse justo debajo del monitor.
- El mouse debe ubicarse junto al teclado para que nuestros brazos estén siempre a la misma altura.
- Mantener el antebrazo recto y apoyado por completo en la mesa cuando estamos usando el mouse.
- Mover el mouse con todo el antebrazo y no sólo con la muñeca.

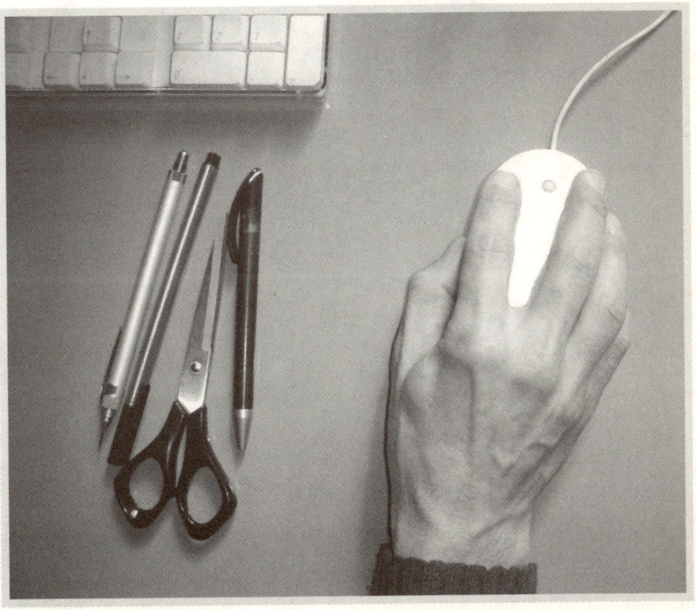

Figura 2. La mano que maneja el mouse debe estar completamente apoyada sobre la parte superior de este, sin ejercer presión.

Posturas correctas frente a la computadora

Es oportuno señalar que la postura ideal es aquella en la que nos encontramos más cómodos; sin embargo, para evitar la fatiga y las tensiones musculares que pueden ocasionarnos malestares, es conveniente adoptar una postura correcta frente a una computadora. Los especialistas recomiendan mantener un ángulo de 90 grados o un poco más entre el brazo y el antebrazo así como en las rodillas, la cabeza derecha, la espalda erguida y los pies apoyados en el suelo o en un soporte.

En la siguiente **Guía Visual** se describe cómo sentarnos correctamente frente a un equipo de escritorio.

GUÍA VISUAL 1: POSTURA CORRECTA PARA USAR UNA COMPUTADORA

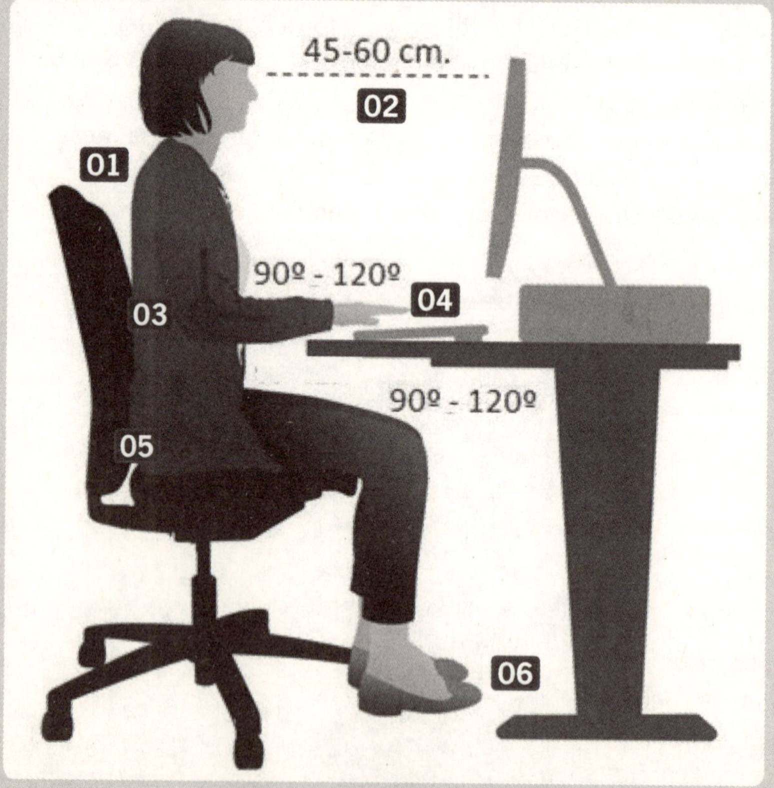

01 **ESPALDA ERGUIDA:** debe estar recta y apoyada sobre el respaldar de la silla. La cabeza se debe mantener derecha y los hombros relajados.

02 **DISTANCIA VISUAL:** es recomendable que la pantalla se encuentre a una distancia de entre 45 y 60 cm. Si no logramos ver con comodidad, es recomendable aumentar el zoom, pero no acercar la cabeza. Los ojos deben estar a la altura de la parte superior de la pantalla.

03 **BRAZOS Y CODOS:** se debe lograr un ángulo de entre 90° a 120° en la articulación del codo. Deben estar ligeramente separados del cuerpo.

04 **MANOS Y MUÑECAS:** las manos deben estar levantadas y paralelas al teclado; las muñecas bajas, pero no pegadas al teclado. Los dedos deben mantenerse curvos.

05 **CADERA Y RODILLAS:** se debe lograr un ángulo de 90° en la articulación de la cadera con la pierna, y de entre 90° a 120° en las rodillas.

06 **PIES:** deben estar apoyados en el suelo o en un soporte.

HOMEBANKING

Las tecnologías digitales también nos permiten realizar operaciones bancarias sin necesidad de salir de nuestra casa. El término inglés **homebanking** se ha popularizado en todo el mundo para hacer referencia a la banca en el hogar, a través de internet. Por medio de este servicio que ofrecen los bancos, podemos consultar el saldo de nuestra cuenta, pagar servicios y tarjetas de crédito, hacer transferencias o armar plazos fijos, entre otras opciones. Solo necesitamos una computadora o un dispositivo móvil con conexión a internet.

PRÁCTICA 31: Acceder al servicio de homebanking

Para hacer uso de este servicio, cada banco provee diversos tipos de acceso para validar nuestra identidad. En el siguiente **Paso a paso** se muestra cómo realizar el acceso por primera vez, aunque debemos tener en cuenta que los procedimientos pueden variar según el banco y el país. En cualquier caso, siempre es necesario que previamente seamos clientes del banco, es decir, que tengamos una cuenta activa en él.

PXP1: ACCESO A HOMEBANKING

01 Antes de acceder al servicio de homebanking a través de internet, hay que obtener una contraseña especial para ingresar al sitio web de su banco. Dependiendo de las políticas de la entidad, puede solicitar la contraseña por teléfono, obtenerla en la página web del banco, o a través de un cajero automático desde la opción `Claves` / `Clave Internet` o `Clave Homebanking`.

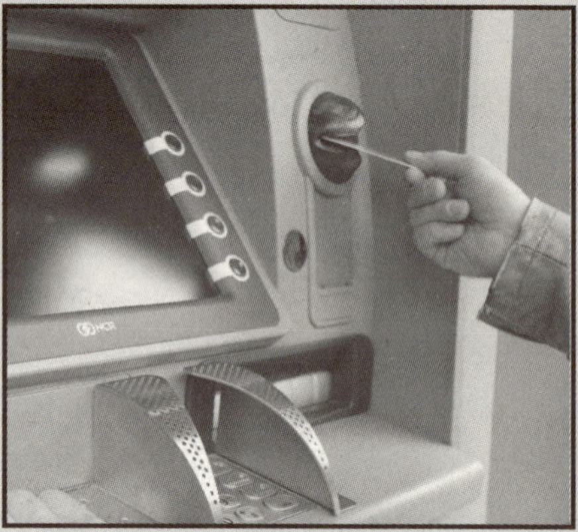

02 Desde su computadora, ingrese al sitio web de su banco y busque la opción para banca en línea, banca internet o homebanking. Luego, ingrese el nombre de usuario y la contraseña obtenida en el paso anterior. Haga clic en `Aceptar` para confirmar sus datos. Tenga en cuenta que algunos sistemas pueden pedirle otras opciones para validar su identidad, como la elección de una imagen o preguntas de seguridad.

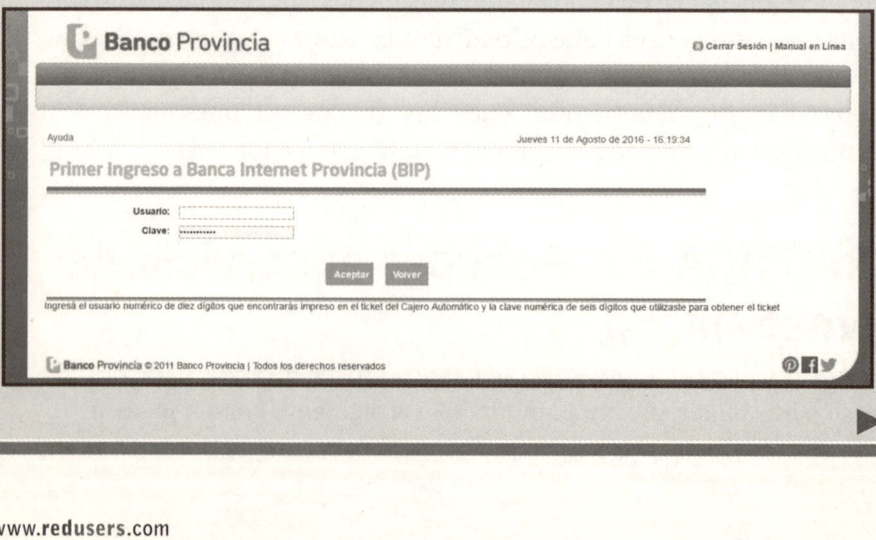

03 El sistema se reiniciará y le pedirá que ingrese nuevamente su nombre de usuario y contraseña.

04 Ya puede comenzar a utilizar su homebanking y realizar las operaciones disponibles en línea.

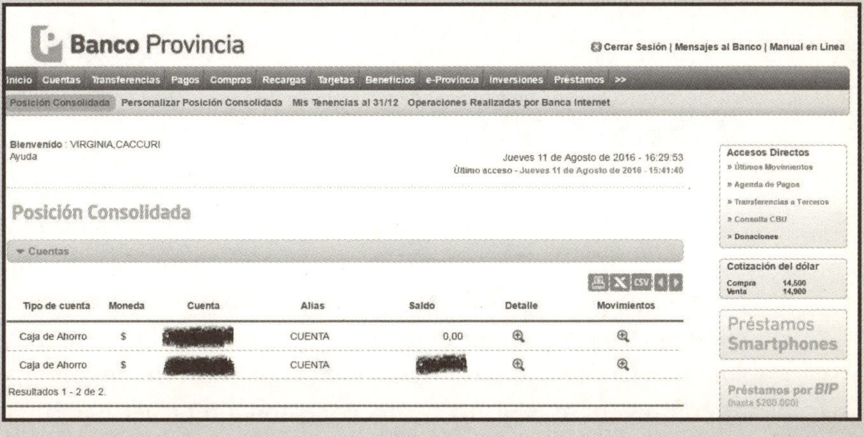

Consejos para usar homebanking con seguridad

- No usar la misma clave del banco para otros sitios de internet.
- No aceptar la opción **Recordar clave** que ofrecen los navegadores. Es más seguro escribir la clave cada vez que ingresamos al sitio.
- Jamás tomar en cuenta correos electrónicos en los que se solicite la clave o pidan cambiarla.
- Cambiar frecuentemente la clave. Muchos sistemas lo solicitan a través de su sitio, nunca por otro medio.
- Evitar entrar al homebanking desde otros equipos que no sean de nuestra propiedad.

Compras en línea

En la actualidad, podemos comprar todo tipo de cosas por internet, desde ropa y objetos cotidianos hasta boletos de avión y reservaciones en hoteles. Y aunque estos sitios se caracterizan por la seguridad que ofrecen en las transacciones, es recomendable tener en cuenta algunos consejos. En primer lugar, es necesario tener una tarjeta de crédito activa y con límite disponible. Luego, debemos verificar que lo que se quiere comprar llegue a nuestro país. También es recomendable verificar si el producto o el servicio tiene garantía u ofrece posibilidad de cambios, en especial si se trata de ropa o calzado. Por último, antes de pagar, es conveniente revisar los detalles de la compra.

SMART TV

Los televisores inteligentes con conexión a internet han transformado nuestro modo de ver televisión, convirtiéndonos de espectadores pasivos en usuarios interactivos que compartimos y comentamos contenido mientras miramos nuestro programa favorito. Los Smart TV son televisores que permiten, además de reproducir contenido desde diferentes fuentes, utilizar una conexión a internet para instalar o usar aplicaciones diseñadas para estos modelos, y otras que antes solo estaban disponibles para PC o dispositivos móviles.

PRÁCTICA 32: Cómo conectar un Smart TV a internet

Si hemos adquirido un Smart TV y aún no lo hemos conectado a internet, estamos desaprovechando esta tecnología, porque no podemos acceder a todos sus servicios y aplicaciones. En el siguiente **Paso a paso** se explica cómo conectar un Smart TV a internet, primer intento para conseguir que nuestro nuevo televisor sea realmente inteligente. El ejemplo desarrollado corresponde a un Smart TV **Samsung**, aunque el procedimiento es similar con otras marcas.

PXP2: CONECTAR SAMSUNG SMART TV A INTERNET

01 Acceda al Menú de su televisor pulsando el botón Home de su mando a distancia. Luego, utilice las flechas de desplazamiento de su control remoto para seleccionar `Red` y, después, `Configuración de red`. Presione la tecla ENTER que se encuentra entre las cuatro flechas de dirección de su control.

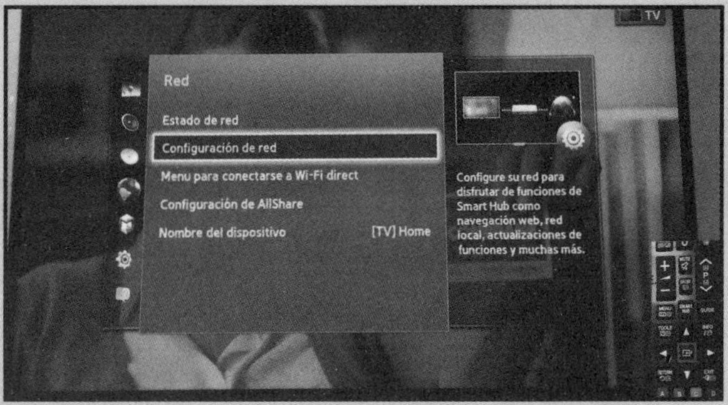

BANCA MÓVIL

Se denomina **banca móvil** a los servicios de homebanking a los que podemos acceder desde un Smartphone o una tablet. A través de una app, que se descarga desde la tienda de aplicaciones correspondiente a nuestro sistema operativo móvil, podemos realizar todas las operaciones que hacemos desde la página de nuestro banco, aunque algunas instituciones financieras tienen restricciones al acceder a través de la banca móvil.

▶ 02 En la siguiente pantalla elija el tipo de conexión y siga los pasos que se indican para la conexión seleccionada: 1) `Inalámbrica`, para utilizar la red WiFi de su hogar; 2) `WPS (PBC)`, para conectar directamente al router inalámbrico pulsando el botón WPS de este; y 3) `Cable LAN` si tiene un cable de red **Ethernet** o **LAN** que conecta directamente el router con el televisor.

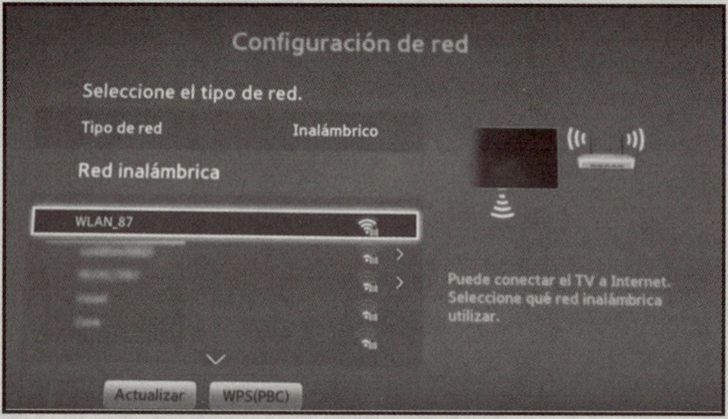

03 Una vez realizado el proceso, el sistema le informará que está correctamente conectado a internet. Pulse `Aceptar` para continuar.

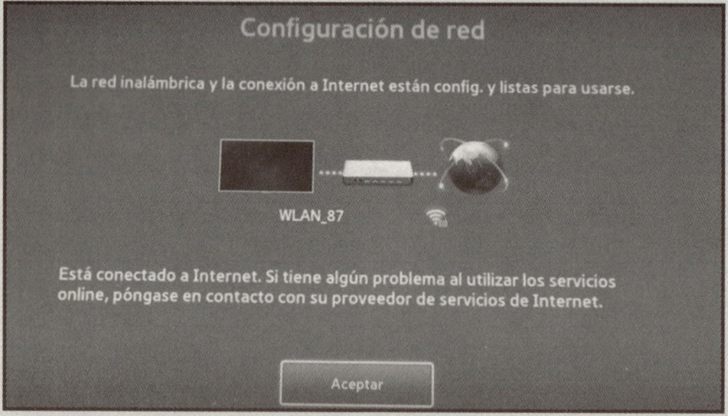

Nuestro televisor ya está conectado a internet, pero algunas marcas pueden solicitar la creación de una cuenta. En un TV **Samsung**, pulsamos **Home** en el control remoto y, en el menú seleccionamos **Funciones Smart** y después **Cuenta de Samsung**. A continuación, introducimos nuestra dirección de correo electrónico y una contraseña.

Cómo aprovechar un Smart TV

Muchas personas han comprado un Smart TV porque es elegante y moderno; sin embargo, está comprobado que muchos usuarios no saben aprovechar todas las funciones de esta nueva tecnología, no por incapacidad, sino más bien por desconocimiento. Utilizar este tipo de televisores solo para ver películas o partidos de fútbol que se transmiten por cable es como usar un Smartphone solo para hacer llamadas y recibirlas. Aprovechar un Smart TV al máximo implica usarlo realmente como un dispositivo inteligente, valiéndose de su conexión a internet para usar las redes sociales, navegar en la Web y descargar aplicaciones. Y para explotar este potencial, es necesario investigar, explorar y descubrir algunas herramientas que ofrece.

Además de **Netflix**, existen otras aplicaciones similares, como **Wuaki TV**, que brinda la posibilidad de alquilar películas sin necesidad de suscribirse a un servicio mensual. Otra función interesante de los televisores inteligentes es la de escuchar música. Casi todos los Smart TV ofrecen las aplicaciones **Spotify** para armar y escuchar listas de reproducción con millones de canciones, y **TuneIn**, que permite escuchar radios de cualquier parte del mundo.

LOS SMART TV , ¿TIENEN UN SISTEMA OPERATIVO?

La respuesta es: "Sí". Los televisores inteligentes tienen un sistema operativo, al igual que las computadoras y los dispositivos móviles, y en cada marca puede variar el ecosistema que ofrecen entre aplicaciones y contenido. Los Smart Tv **Sony**, **Philips** o **Sharp** utilizan **Android TV**; **Samsung** tiene el sistema operativo **Tizen**, que se destaca por la simplicidad y el diseño intuitivo de su interfaz de usuario **Smart Hub**; en **LG** encontramos el sistema **WebOS**, y los televisores **Panasonic** emplean **Firefox OS**.

GUÍA VISUAL 2: CONTROL REMOTO SMART TV

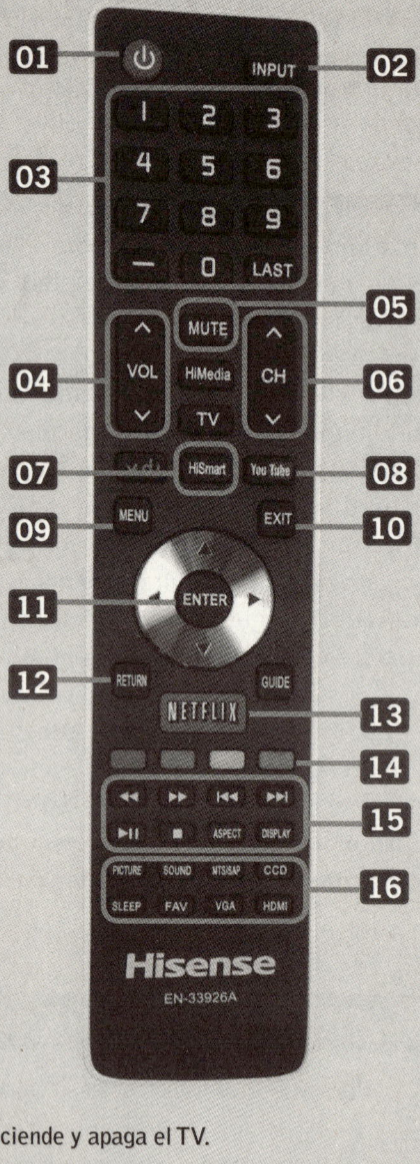

01 **BOTÓN POWER:** enciende y apaga el TV.

02 **BOTÓN SOURCE/INPUT:** nos permite seleccionar la fuente de entrada de señal, por ejemplo, TV Aire, HDMI, cable o VGA (cuando conectamos otros dispositivos al TV), entre otros.

▶

03 **BOTONES NUMÉRICOS:** permiten elegir el canal o el programa.

04 **BOTONES VOL-/VOL+:** aumenta o disminuye el volumen.

05 **BOTÓN MUTE:** silencia el audio.

06 **BOTONES CH ▲ /CH ▼:** permiten elegir el canal siguiente o anterior.

07 **BOTÓN SMART:** permite ingresar a las funciones SMART (conectadas a internet), donde podremos ejecutar diversas aplicaciones, tales como WebBrowser, Twitter, Picasa o Facebook, entre otras.

08 **YOUTUBE:** nos permite acceder directamente a YouTube.

09 **BOTÓN MENÚ:** muestra el menú.

10 **BOTÓN EXIT:** sale de la sección del menú donde nos encontremos.

11 **BOTONES ▲▼▶◀:** nos permiten desplazarnos por el menú.

12 **BOTÓN RETURN:** vuelve al menú anterior.

13 **NETFLIX:** nos permite acceder directamente a Netflix.

14 **BOTONES DE COLORES:** funciones especiales de EPG y DMP, como la navegación por la guía electrónica de programas.

15 **BOTONES DE FUNCIONES MULTIMEDIA.:** nos permiten acceder a funciones como adelantar, reproducir o pausar, entre otras.

16 **OTROS BOTONES:** en esta sección encontramos los botones adecuados para mostrar los canales favoritos, grabar un programa, cambiar el formato de imagen o configurar el temporizador de apagado, entre otras.

Figura 4. **Netflix** y **YouTube** son las aplicaciones que más se usan en un Smart TV. Y aunque son un buen comienzo, eso no es todo lo que tiene para ofrecer un televisor inteligente.

Opciones de accesibilidad

Al igual que otras tecnologías, los Smart TV ofrecen diferentes opciones de accesibilidad para adaptarse a personas con discapacidad auditiva, problemas de visión o dificultad cognitiva. Entre las diversas funciones, se destacan: el reconocimiento de voz para controlar aspectos básicos –como el control de volumen o programa– y el lector de pantalla, para que las personas con discapacidad visual severa puedan acceder a la guía de canales electrónica, a la grabación de programas y a la

CONTROL REMOTO DEL SMART TV DESDE EL MÓVIL

Otra de las posibilidades que nos ofrecen nuestros dispositivos móviles es la de convertirlos en controles remotos de nuestro Smart TV. Para ello, si tenemos un dispositivo Android, desde **Play Store** podemos descargar **Control Remoto Universal TV** que funciona con todas las marcas de televisores, **TV Remote for Samsung** para televisores Samsung Smart TV, o **LG TV Remote**, para televisores LG.

reproducción del material grabado. Asimismo, incorporan opciones de accesibilidad específicas como variar el contraste o aumentar el tamaño de la fuente para personas con baja visión y problemas oculares.

Estas funciones deben buscarse en el menú de cada televisor. A modo de ejemplo, para acceder a las funciones de accesibilidad en un Smart TV **Samsung**, debemos ingresar al menú en pantalla y, luego, a **Sistema / Accesibilidad**.

A pesar de estas funcionalidades, aún existe un desafío para los fabricantes de Smart TV: avanzar hacia un diseño de interfaces más simplificadas y personalizables –como ya se está haciendo en el mercado de los Smartphones– para que la televisión inteligente sea fácilmente operable por los adultos mayores.

RESUMEN

En este capítulo se plantearon diferentes temas vinculados con el uso de las tecnologías digitales. En primer lugar, revisamos un aspecto esencial para cuidar nuestra salud: cómo es la postura correcta del cuerpo, brazos y manos cuando usamos la computadora y los dispositivos móviles, para evitar la aparición de dolencias o agravar enfermedades preexistentes. Luego, aprendimos a acceder a homebanking, un servicio en línea que nos permite realizar operaciones bancarias sin movernos de nuestra casa. Por último, repasamos cómo conectar nuestro Smart TV a internet, para aprovechar todas las nuevas funciones que brinda esta tecnología.

ACTIVIDADES

TEST DE AUTOEVALUACIÓN

1	¿Qué tipo de dolencias pueden ser causadas por las malas posturas al usar la computadora y los dispositivos móviles?
2	¿Qué debemos tener en cuenta al sentarnos frente a una computadora de escritorio?
3	¿En qué posición deben colocarse las manos sobre el teclado?
4	¿Cuál es la forma correcta de mover el mouse?
5	¿Cuáles son las recomendaciones para usar adecuadamente un móvil?
6	¿Qué es el homebanking?
7	¿Qué medidas de seguridad se deben aplicar para usar homebanking?
8	¿Cuáles son las tres formas de conexión a internet que ofrecen los Smart TV?
9	¿Qué posibilidades ofrece un Smart TV además de ver televisión?
10	¿Qué aplicación se puede utilizar para escuchar música en un televisor inteligente?

PROFESOR EN LÍNEA

Si tiene alguna consulta técnica relacionada con el contenido, puede contactarse con nuestros expertos: profesor@redusers.com.